U0114456

增訂重編

體育敎材敎法研究

吳 萬 福 著

吳文忠校訂

台灣學生書局印行

韓　序

　　蔣總統在民生主義育樂兩篇補述裏昭示：「教育的內容是包括智育、德育、體育和羣育。一個人要做獨立自由的現代國家的國民，一定要完全受到這四育，這四育合起來，纔是健全的教育」。健全的教育，應該注重智、德、體、羣四育並進。

　　俗語說：「健全的精神，寓於健全的身體」，古代的「射」「御」之教，近代的體育教學，卽在鍛鍊健強的體魄和培養健全的精神，而爲造就良好公民，具有適應社會生活能力的主要課程。體育實施在我國，雖有了五十多年的歷史，但其成效，並不十分顯著。推其原因，固由於學校教育重視書本知識，未能加強體育教學，提高體育興趣；而事在人爲，體育師資缺乏，實爲癥結所在。

　　師範專科學校爲培養國校師資的場所，有關體育教學，開設有「普通體育」和「體育教材教法研究」兩種學科。前者在鍛鍊學生體魄，使其身心得以均衡的發展；後者則在充實體育教學的知能，培養國校健全的師資。

　　吳萬福先生畢業於師範大學體育學系，並曾赴日深造，不僅精通體育學理，跑、跳、擲、機巧亦爲能手。執教北師有年，改進體育教學，不遺餘力。現擔任本校「體育教材教法研究」科目講授；爲便於教學進行，根據平素經驗心得，參考中外書籍，編寫講義；經數度修訂已成佳構，經敦促鉛印成書，以爲敎本。

　　本書內容有關體育概論，兒童發展概況、體操遊戲、整隊行進、田徑運動、機巧運動、球類運動、韻律活動、水上運動教材教法等，均經詳加闡述，最後又論及體育成績考核辦法，實亦可作爲自修用書。

　　　　　　　韓寶鑑　　中華民國五十三年六月

自　序

　　近年來政府不斷提倡國民體育，旨在强健國民體格，增進民族精神，以期建設富强康樂之國家。如言提倡，實須從學校體育著手，教育部基於事實需要，於民國五十一年七月修訂公佈國民學校課程標準，其中對體育科教學目標，教學通則，教材分配，以及教學實施要點等均經過專家學者詳加擬定，內容不僅切合實際，並具體可行。

　　有關國民學校體育教材教法之書籍，坊間已有不少版本，可供教學之參考。筆者才疏學淺，本無意編著此書，惟因教學之需要，編寫講義之際，承臺北師專韓校長寶鑑之策勵，乃鼓起勇氣貿然執筆。本書初版於五十二年十月間以臺北師範專科學校叢書（第二十）印成，並作爲體育教學教本。由於編寫匆促，加之校閱期間住院開刀，以致錯字漏句甚多。正擬補充內容，重新編寫，冀能再版，復承母校師大體育學系主任吳文忠教授囑編「體育教材教法研究」一書，因能得償心願。

　　本書編撰，係根據最新部頒國民學校課程標準，另參考中外書籍。爲增進教學效果起見本書共分十二章，其要點略言如下：

　　一、在理論方面：包括緒論，兒童身心及社會態度的發展概況，
　　　　各國小學體育概況，教材教法的意義與種類等。
　　二、在教材教法研究方面：包括體操遊戲、整隊行進、田徑、機
　　　　巧、球類、韻律、水上等各項運動的教材教法研究，其內容
　　　　分爲技能的教學與社會態度，健康安全習慣的培養等。
　　三、分別說明體育成績考核辦法與簡易統計法。

　　本書採用實際資料，多以圖示，藉以增進了解。內容雖力求充實，仍難免遺漏缺失之處，尚祈先進專家惠多指正。

　　本書出版荷蒙韓校長贊助，吳教授文忠校正，溫兆宗、廖幼芽、宋景濤、林受波、程日利、姜孝慈諸先生指導，北師專五四級甲班學生柯正彥等同學抄寫，併此致謝。

　　　　　　吳萬福　謹識　　　中華民國五十三年六月

再 版 序

　　光陰似箭，本書初版問世迄今已滿十二載有餘。此間爲配合國家與社會需要，各級學校課程標準曾修訂若干次。國民小學體育課程標準及體育實施方案亦不例外。

　　本書係根據民國五十一年七月修訂公佈之國民學校體育課程標準，編撰國民小學體育教材教法，以供師專學生及國民小學教師從事體育教學之參考，然而經過五十七年一月及六十四年八月之二次修訂國民小學課程標準後，部份內容顯然無法適應當前體育教學之需要。因此趁再版之際，根據現行國民小學體育課程標準（五十七年一月公佈）及六十四年八月公佈之體育課程標準加以修正補充。其修正補充重點如下：

1. 補充教育部修訂公佈之（五十七年一月及六十四年八月）國民小學體育課程標準教材綱要。
2. 修改體育教學設計（教案），補充行爲目標方式之大單元體育教學設計示例。
3. 新撰國民小學中、高年級國術教材教法，以資教學之用。
4. 補充體育教學法的評鑑及成績考核。
5. 補充教育部於五十九年六月公佈之國民小學兒童的體能測驗方法。

　　本書經過此次修正補充之後，諒可供師專學生及國小教師從事體育教學之參考。惟各科教材教法不斷的隨着歲月突飛猛進中，但願本書能成爲革新體育教學的跳石，引起國小教師同仁研究之動機，同時祈請體育界先進不吝指正。

　　末了藉此再版之際，對提供國術教材之省立臺北師專溫兆宗教授、湯錦宏先生及協助再版之學生書局表示深沉謝意。

　　　　　　　　　　　民國六十五年七月　　　著者　　謹識

目　次

第一章　緒　　　論

第一節　體育的意義與目的

甲、體育（Physical Education）的意義

體育是教育的一環，其所採用的教學方式和環境的佈置雖有差異，但是其最終的目的則相同。在我們要了解體育的意義以前，應先認識教育的意義。綜合教育家對於教育的看法，可歸納為：「教育就是充實機體，增加適應能力，承受社會經驗，加以吸收消化；運用知能促進社會，發展人格，改造經驗，使人類生活得以繁榮」。

體育既然是教育的一方面，其最後的目的亦應相同。根據體育專家們對體育所下的定義約如下列：

一、威廉姆斯（J. F.Williams）：體育為善用領導與設備的環境，使個人和團體得到健全的體格，充足的智慧，及社會的發展。又說體育是：

㈠必需的教育。㈡並非是身體的教育，乃是應用身體的一種教育。㈢是聯絡學校生活於一致的教育。

二、那許（ Nash. J. B ）：體育是整個個體活動的教育，其功效則身心並行。

三、麥可樂（McCloy）：體育是從運動神經系統的經驗中得來的教育，人類進化的歷史，完全從身體活動能力中產生德、智、體健全的整個人生。

四、田姆（C. Diem）：體育是基本原理的第一條，為體育在教育上的價值。使男女發展能力，活潑而有生氣；這是個人、家庭、社會及民族所要求的。游泳、射擊、乘騎運動等即為發展這種能力的工具，競爭性質的運動，更可發揮教育的功效。體育訓

練必須是双方面的，卽是義務亦是權利，是工作也是工作的調劑；須忍耐亦須愉快，須認眞亦須輕鬆。

綜合各體育專家對於體育意義的解釋，我們可得下列結論：

一、體育是動的教育，並非僅限於身體的教育。它以各種方式的身體活動爲方法，來完成教育上的目的。

二、體育的主要任務，在促進人類對於生活的適應能力，以期能够有效的發揮生命的價值，享受人生的樂趣，了解人生的眞諦。

三、體育能够供給最有利的環境，來培養個人對團體生活應有的態度與觀念。一方面人生不能無群，他方面社會沒有個人也不能成立，共存共榮，息息相關。

四、體育不僅能促進機體的健康，維護正常的心理狀態，且爲發展優良品格的理想園地。

由上述我們可了解，體育與教育的意義在本質上，並無區別。增加適應能力，促進社會，發展人格，改造經驗，進而使人類生活繁榮完美。這是教育的意義，也是體育的意義；唯一的區別是在於佈置環境和施教的方式各有不同而已。所以我們可以說：「體育就是教育；體育是以大肌肉活動爲方式的教育」。

乙、體育的目的

目的是有意義動作的結果而爲決定行爲方向及實行方法的因素。人類的一切行爲，必須有目的，因爲有目的的行動，常能使人思而後行，循序而進，並且預知結果，不致茫然不知所適。人能預知目的，則在達到目的的過程中，必有三種作用：

一、因欲達到目的，對於當前事勢，必能深刻注意和觀察，並避免障礙的發生。

二、當採用方法或使用手段時，必能加以選擇，取其經濟有效者。

三、因已知目的所在，所採用的方法或手段，如有不適，能够隨時研究改進，繼續努力，以實現最後的目的。

人爲萬物的首領，其行動不可無目的。對從事體育教學或體育學習的

教師或學生亦然。

目的既然是活動的結果，又必須是活動「擇善而從的途徑」，那麼我們應了解具備何種條件才是優良的目的，以便選擇理想的目的。通常優良的目的應具備下列條件：

一、使參與的人，明瞭目的所在。

二、目的與手段或方法，應有密切的聯繫。

三、決定目的不可過於抽象或距事實太遠，應具體可行。

四、目的不可永久固定，應因時制宜，使活動而能實驗改進。

五、目的須為活動的一階段，而非終點。

體育是教育的一種，其最後的目的與教育相同，但是因施教的方式和佈置環境相異，體育具有獨特的性質。因此體育的目的應包括下列六點：

一、身體的目的：體育是以各種經過嚴密選擇的各項運動做為教材，這些運動可以刺激機體，促進內臟各器官的功能，發達骨骼肌肉，使人體能夠獲得平衡的發育，促進健康。

二、心理的目的：為體育教材的大肌肉活動並非單純的物體的運動。大肌肉活動的發生是起於內在的動機和外在的誘因。在從事大肌肉活動時，不僅發生生理上或解剖上的變化，心理上也發生不斷的變化。我們可以從日常生活中觀察出，各種大肌肉活動隨伴着意志、情緒、知能等心理因素。為體育教材的各項運動均含有很多的機會，培養積極、勇敢、堅毅、公正、誠實、奮鬥、樂觀等健全的心理。

三、社會性的目的：人類不能脫離羣體的社會生活而生存。人類的文化，科學的文明均為人類社會生活的遺產。個人為求社會的繁榮和幸福，必須貢獻個人的智慧或力量，互助合作，才能達到共存共榮的目的。體育運動的場合，包含很多可以培養互助合作、同情、友愛、服從、服務、犧牲、寬宏等良好社會性的機會。

四、技能的目的：任何一個健康的人，莫不具有身體活動的原始慾

— 3 —

望。這些身體活動的慾望包括：控制身體運動的慾望，克服困難學習更難的運動技術的慾望等。體育運動裏包含各種難易度或技巧不同的運動技術。從事這些運動的練習後可以滿足克服困難的慾望，並能學習各種較難的運動技術，訓練操縱或運用身體的能力。進而研究各種運動理論或技術，創造更燦爛的運動文化財產，遺留給我們的下一代。

五、休閒娛樂的目的：隨着文明的發展，人類的生活愈來愈複雜，工作愈來愈單調。機械化的工廠，煩雜的交通，莫不使人類的神經不時陷入緊張的狀態中。爲了解決這嚴重的問題，必須有適當的休閒娛樂活動，以資調劑。體育運動具有調劑緊張精神生活的功效，如能在學校教育時期中，學會各項運動技能，將來在社會上從事工作時，能做爲理想的休閒娛樂之用，不僅對於身心的健康有益，亦能培養良好的興趣。

六、健康安全的目的：根據生物進化的三個法則（適當的刺激可促進機體的機能，過小的刺激會減弱或衰退機能，過度的刺激會損傷機體），我們必須從事適當的運動才能够維持或促進身體的健康。適當的體育運動確可以促進身心的健康，並訓練應付危難情況的技能。例如學習游泳不僅可以促進健康並且臨危救己助人的生命；學習機巧運動，臨危可保護自己或他人的生命。

第二節　理想的體育教材應具備的條件

教材是各學科的內容，教學時所用的材料。它是取之於人類的文化遺產中，加以嚴密的選擇，合理的排列而成爲有系統的教學材料。其目的是在灌輸或供給學習者的學習，以充實個體，改進人類的生活。

要期望良好的教學效果，必須充實器材設備，與提高教師素質，但選擇良好的教材亦不可忽視。教材的選擇據近年來的趨勢，最重要的兩種原則爲適合社會需要和顧及兒童身心發展及其本身的需要。體育是以大肌肉活動爲方式的教育，其最終目的雖與教育目的相同，但是所採用的教學方式不同，所用的教材更不相同。體育教材，大部份

取之於大肌肉活動。而這些大肌肉活動應具備下列條件，才能成為理想的體育教材。

一、所選擇的教材應遍及全身大肌肉的運動。這些運動應能刺激全身各部神經，產生全身協調作用，其重心的移動幅度要大。遍及身體各部份的大肌肉活動可以充份的刺激身體各系統的器官，例如肌肉的伸縮，呼吸循環的加快，機能的提高，運動神經系統或自律神經系統的支配等，使全身得以在解剖上有所促進與發展。

根據婁克斯（W. Roux）的生物學三法則：㈠不使用（運動）即瘦弱。㈡適當的使用(運動)不僅可維持原狀，尚可促進機能。㈢過度的使用（運動）反而有害。可知動物須接受刺激從事適當的身體運動，才能維持現狀或促進機體的功能。不足或過度的運動均無法獲得理想的效果。斯查爾（W. Schnell）曾說，體育運動確可使個人的能力發展至最高限度，也可增加個人的儲備能力。馬西亞士（E. Mathies）也說，運動是所有器官的基本性格，沒有運動就沒有刺激，沒有刺激即沒有適應，沒有適應就沒有發展。運動可促進肌肉與神經之間良好的協調，提高支配身體的能力。

二、能刺激呼吸循環作用，促進代謝機能，消耗大量熱能的運動。從事身體運動，需消耗相當大的熱量，為了輸送氧氣，營養素等燃料及排洩二氧化碳、乳酸等廢物，呼吸循環器官等代謝機能必須加速從事工作。透過這種工作，身體的代謝機能，才可獲得適當的發達。

三、能合乎兒童興趣者。使兒童或青年可以該運動為目的，以滿足其活動的慾望。活動是人類的本能，在發育期間的兒童或青年，其活動慾望更強，以教育方式滿足其活動的慾望，可收到安定情緒的效果。

四、具有培養良好社會性的運動。兒童的生活，可說大部份為運動與遊戲。從這些運動或遊戲中，可培養良好的待人處事的習慣與態度。體育教學，可以各項團體的運動培養良好的社會性。

五、具有技巧性，啓發性、難度性的運動。使兒童青年在學習過程中

獲得技術上的進步，養成克難、創造、堅毅的精神態度，使其能養成繼續不斷求進步的動機。

以上是選擇體育教材必須具備的基本條件。惟有具備上述五種條件，才能成為有價值的教材，以期達成體育教學的目標。

經過慎重選擇後的教材，在配合運用時應注意如何才能供給兒童青年有寶貴的經驗過程。人生是經驗的連續，經驗內容的良莠會影響個人的前途。教育的目的可說是製造並供給良好的經驗機會給學生去體驗。由體驗中，吸收人類的文化遺產，加以消化後創造新的文化產物，以造福人類。體育教材的編配亦應如此，應特別注意如何去安排經驗過程，使學生有所獲益。舊的經驗可為將來待人處事的藍本，第一次的失敗或成功，可為第二次做事的參考，有意義有價值的經驗，可做為今後解決問題的指南。參加比賽結果，不論其獲勝或失敗，從檢討中能獲得可貴的經驗結果；是在合作上有問題？或是技術不如人？或是鬥志太差？尋出正確原因後，對症下藥，加以勤練和改進，不難在下次比賽中獲得優異的表現。

一般性的經驗，雖然可做為將來學習的參考。但是困難度較高的經驗，更能加深印象，對今後的幫助更大。如何製造難易度較高，富有教育價值的經驗機會，供給學生去嘗試或體驗；這是教師的責任。盲目的選擇教材，迎合學生的一時興趣，選配粗淺無教育價值的體育教材，不僅得不到教育的效果，反而有害。

據各種運動生理實驗研究或觀察的結果，已知適當的大肌肉活動，可以鍛鍊體魄，培養運動基本技能，養成良好的社會性，增進健康和安全的習慣與態度，養成正當娛樂的生活態度等，但更重要的是在教學或練習過程的設計，使學生能從學習過程中，體驗寶貴的經驗，而這些經驗可助開拓前途者。個人的過去經驗，往往會決定一個人的前途與成就，身為教師者在選配教材，設計教學過程時，應該慎重從事。

第三節　體育教材（各類運動）的特性

體育是以大肌肉活動為方式的教育。為求體育教學目標的實現，

必須選擇富有價值的敎材。在前節曾經提到理想體育敎材應具備的條件。人所共知,這些敎材當然都是取之於各類運動。運動的種類繁多,其所包含的敎育價值和特性也各不相同。今日各國學校體育中所選的體育敎材,約可分爲體操（Gymnastics）,運動（Sports）,舞蹈（Dance）和遊戲（Plays）四大類。茲分別敍述各種運動的類別及其特性,以供選配敎材時的參考。

甲、體操

　　體操與其他運動,遊戲、舞蹈等所謂自然發生的運動不同。是根據人類生活的需要所創造的人爲運動。體操的起源很早,古代希臘與我國周朝時已有各種健身體操和醫療體操。但是根據人體解剖學和人體生理學所創編的近代體操,是產生於西洋文藝復興以後。最著名的是林氏（Pehr Henrik Ling）所創的瑞典體操；顧滋姆斯（Johann Friedrich. Gutsmuths）楊氏（Friedrich Ludwig Jahn）所首創之德國體操；拿哈德考爾（Franz Nachtegall）所創之丹麥體操等。這些體操,隨著年代的變遷,科學文明的發達,敎育技術的進步,體操內容也不斷的在進步和充實。茲將體操分爲徒手體操和器械體操兩類,敍述其種類與特性。

　　一、徒手體操：以運動的目的可分爲下列七種。

　　　　㈠準備體操：從事劇烈的全身運動以前,必須先活動筋骨,促進呼吸循環器官等體內各種機能,提高體溫,促進神經與肌肉協調的效率,集中注意力,以準備從事劇烈的運動。這種準備性的徒手操稱謂準備體操。

　　　　㈡柔軟體操：人類隨着年齡的增加,由於不良的姿勢或運動不足等原因,肌肉的伸縮性減低,身體各部份的活動範圍縮小。柔軟體操可促使全身各部位肌肉能得到充分的伸縮機會,減少拮抗作用,使身體的活動範圍增加。

　　　　㈢改正體操：由於先天性的缺陷或因偏重某一部機體的工作,人體會形成畸型或不良的姿勢。爲預防或改正此缺陷或不良姿態,可從事改正體操。

㈣醫療體操：醫療體操的起源甚古。我國周朝時已有這種體操。其特質是利用適當的和緩運動，治療身體的疾病。近年來由於醫學發達，從體育醫學的立場研究有效的醫療體操，以供患者使用，以期恢復健康。

㈤美容體操：文明愈進步，社會愈進化，人類的身體也隨着衰弱。爲了鍛鍊優美的體型，健康的身體所創造的體操稱謂美容體操。這種體操，不僅可運用於減胖，更重要的是養成健全的體態和增進機能。是時代男女都需要的一種體操。

㈥補助體操：爲加強基本體力，促進運動機能，提高運動成績，實施較大運動量的體操。除利用本身體重來訓練力量、速度、彈性、耐力以外，亦可用鐵啞鈴等輕器械加重訓練。

㈦整理體操，經過劇烈運動的刺激，內臟各器官或神經系統，各部位肌肉均極爲興奮或疲勞，爲求恢復安靜、迅速消除疲勞，需要輕鬆的全身性的整理體操。這種整理體操，不僅在生理上有效果，對於恢復安靜正常的心理狀態亦有著效。

二、徒手體操的一般特性

㈠不需要任何備設或器材，可在任何地方在短時間內可以從事有效的全身運動。

㈡視目的或需要，可以隨時調整運動量，運動時間，運動形式，運動難易度；並且可以多數人同時運動。

㈢徒手體操可以促進身體各部位的平衡發展，保持優美的體態，增進健康。

㈣運動範圍大，可以促進肌肉的伸縮性，擴大關節的可動性，提高內臟各器官的功能。

㈤可以防止或改正畸型的體態，消除疲勞。

㈥可做爲各項劇烈運動的準備、整理、補助等運動。

㈦徒手體操不易收到鍛鍊肌力，敏捷性，耐久力，並且培養良好的社會性的機會較少。

三、器械體操的分類

㈠瑞典式器械體操：依使用器材可分為橫木運動，肋木運動、雲梯運動、平均台運動、吊繩運動、吊棒運動、跳箱運動、坐椅運動、跳台、樑木運動等。

㈡德國式器械體操：依使用器材，可分為單槓運動、雙槓運動、吊環運動、鞍馬運動、跳馬運動等。

四、器械體操的特性

㈠可以促進基本運動能力的發達。

㈡增加力量，促進柔軟性。

㈢促進運動神經與肌肉的協調率。

㈣提高優美的表現能力。

㈤促進身體的平衡發展。

㈥可以培養自信、勇氣、果斷、忍耐、合作研究等精神與態度。

乙、運動（Sports）

「Sports」一詞源於拉丁話。後來演變為Disport（法語），再演變為Sports（英語）。其字義，原為打獵、冒險等。後來被解釋為「從工作場所移心至其他地方」；換言之，指工作以外的全身性運動。Sports的起源甚早，與人類生活共同存在；是從遊戲活動，逐漸隨著社會生活的進化，發展為有組織、有規則、有一定場地設備，使用一定器材或裁判的運動。

一、運動（Sport）的種類：運動的分類法很多，難以個別區分，茲分為兩大類。

㈠以發生的原因區分：

1. 爭鬥性運動：例如摔角與角力、射箭、射擊、拳擊與拳術、擊劍、柔道等。

2. 生活性運動：滑雪、滑水、游泳、划船、帆船、獨木舟、馬術、自行車等。

3. 娛樂性運動：登山、露營、遠足、打獵、釣魚或其他娛樂性運動。

4. 體育性運動：田徑運動、體操運動（比賽）、球類運動如

籃球、排球、足球、橄欖球、捧球、壘球、網球、羽毛球、桌球、曲棍球、手球、馬球、高爾夫球等。

(二)以目的區分為：

　　1. 業餘性的運動：以娛樂或業餘性為目的所從事的運動。

　　2. 職業性的運動：以經濟或謀生為目的的運動。例如職業籃球、捧球、拳擊等。

二、運動（Sports）的特性

運動是基於人類的活動慾望，隨著社會及生活進化所產生的文化遺產。這些運動凡具有下列特性者才能成為良好的體育教材。

(一)是自然活動形式的種族活動：人類的運動（Sports）起自於原始社會，其形式是自然的也是種族性的。種族活動包括兩方面，一方面為解剖上的；則運動的動作須合乎人體解剖上的要求。另一方面為符合種族經驗的過程。

(二)是全身性的活動，也是大肌肉活動：這些運動會引起一連串的生理變化，如血液循環加速，呼吸急促，體溫增高等，並且能大量消耗體力者。

(三)是意志性的活動：這些運動應具有強烈堅毅的意志行為，使其能鍛鍊強健的精神。

(四)是自主性、社會性的活動：這些運動應能培養自主性與社會性的。

(五)是休閒娛樂性的活動：經過一段時間的學習後，這些運動可做為業餘的休閒娛樂活動，並能促進身心健康者。

運動的種類甚多，在選擇體育教材時，應特別注意是否具備上述特性，俾使教學時能獲得良好的效果。

丙、舞蹈（Dance）

舞蹈是人類用以表現思想或情感的全身性運動。其起源甚早。依考據，古代埃及、希臘、以色列等均已有高度藝術性的舞蹈。茲將舞蹈的種類與特性介紹如下：

一、舞蹈的種類：舞蹈的分類方法極多，有的從藝術觀點上區分，

有的以宗教的立場區分，有的則以欣賞的立場或體育的立場區分。然而通常可分爲下列四大類：

㈠交際舞（Social Dance）㈡土風舞（Folk Dance）

㈢藝術舞或舞台舞（Stage Dance）㈣學校舞（School Dance）

二、做爲體育教材的舞蹈，應具備下列特性：

㈠能適合兒童身心需要，能力和促進發展的。

㈡能培養韻律感、創造能力的。

㈢能自由表現思想或情感，並能陶冶情操，安定情緒的。

㈣能訓練優美輕快的動作，促進運用身體能力的。

㈤可以促進舞蹈的理解力，培養欣賞能力，可以成爲休閒娛樂
活動的。

㈥能培養禮貌、和靄、互助合作、友愛等良好社會行爲，審美
態度的。

丁、遊戲（Play）

人類自古就有遊戲，遊戲的歷史，雖然很久，但尙無明確固定的定義。遊戲並無一定的形式，確切的規則、裁判、場地、設備、器材等；而是以參加者的主觀態度來決定。在遊戲中活動本身就是它的目的，遊戲的結果，並非其目的。上述的運動（Sports）便是從遊戲發展的。茲將各專家對於遊戲所下的定義介紹如下：

一、精力過剩說（Sarplus Energy theory）：由德國大詩人薛來爾
所倡，英國名哲學家斯賓塞氏附和。他們認爲遊戲是人類在日
常生活所剩餘下來的過剩精力發洩出來的活動。

二、休養說（Recreation theory）：此說之倡導者爲德國體操鼻祖
顧滋姆斯。擁護此說最力者爲柏林大學教授拉柴路斯氏。他們
認爲遊戲是爲調節或恢復身心疲勞所從事的身體活動。

三、放鬆說（Relaxation theory）：首創此說者爲近代心理學家伯
屈克氏。他認爲遊戲時人類從緊張生活中獲得身心放鬆的活動。

四、本能練習說（Instinct–practice theory）：此說爲瑞士科學家
葛羅可氏所倡。認爲遊戲是一種人類的本能活動。

五、行為複演說（Recapitulation theory）：創此說者為美國斯太雷赫爾氏。認為遊戲是人類從太古時代至文明社會之行為發展的複演活動。

六、自我表現說（Self-Expression theory）：創此說者為美國密西根大學教授，密西爾氏。認為遊戲活動是人類自我表現的活動。

遊戲的種類極多，並有幾種分類法。做為體育教材的遊戲，應站在目的或目標的立場上來分類，或以其遊戲的內容分類。

一、以目的或目標分類：

　　㈠促進身心發展的遊戲。　㈡為訓練敏捷性、熟練性的遊戲。㈢促進身體的柔軟性或優美性的遊戲。　㈣為訓練運動基礎的遊戲。　㈤能培養良好社會性格的遊戲。　㈥能促進母性本能的遊戲。

二、以具體性內容的分類

　　㈠模仿遊戲，故事遊戲。　㈡韻律遊戲。
　　㈢球類遊戲。　　　　　　㈣爭鬥遊戲。
　　㈤競爭遊戲。　　　　　　㈥使用器械，用具的遊戲。
　　㈦水上、冰上、雪上遊戲。

　　上述遊戲可分為個人的和團體性的遊戲。年齡較小幼兒較喜歡個人遊戲，隨着年齡增大，轉變為團體性的遊戲。其遊戲的方式也由簡單的演變為複雜，逐漸進入競爭性的各項運動比賽。同時男子多喜歡競爭遊戲或爭鬥性遊戲，女子則喜歡靜的或韻律性團體遊戲。

遊戲是人類的本能活動，是與生俱來的自然活動。根據密契爾（Michell)氏的說明，遊戲是追求並滿足下列各種慾望的自我教育活動，即：

一、要求新經驗的慾望（例如爭鬥、競爭、打獵等）

二、安全的慾望（逃避危險，自我所有，宗教等）

三、反應的慾望（社交性、求愛、友愛等）

四、認識的慾望（勝利、優越、指導等）

五、參加的慾望。

六、美的慾望。

遊戲的特性：

一、包含各項運動的要素，能訓練跑、跳、擲等基本運動能力，促進身體平衡的發展。

二、遊戲活動中包含許多培養良好社會性的因素，可供訓練互助合作、友愛、公正、誠實、服從、守法等德性。

三、遊戲可以使兒童充分表現活動的慾望，和安定情緒。

第四節　體育的基本科學

體育是一種綜合性的科學，它的科學基礎是建立在身體學、精神學和運動學上。身體學包括解剖學、生理學；精神學包括心理學、社會學；運動學包括方法學和管理學等。體育已不再靠經驗上的知識，而是根據上述各種科學，站在身心一元的立場上，運用最新的原理和方法，對大肌肉活動，建立科學判斷的基礎。

正如上述，現代體育學的研究是站在身體學、精神學、運動學上，並以體育的立場求其發展的。那麼為研究體育學需要包括那些基本科學呢？玆依序介紹如後：

甲、體育生理學：

一、體育生理學的性質：在我們從事體育運動時，無論有無意識，身體內必會發生生理變化，在價值論方面而言，一般人士對於體育運動的各種態度，可作以下的區分：

㈠不在生理上的變化而盡情享受體育運動。

㈡考慮體育運動對於生理的變化，從事適合身心的體育運動。

㈢不受運動時所發生的生理變化的約束，從事積極的體育運動。

因此為了促進體育運動對於身心的效果，增進健康的目的，應該了解體育運動對身體的生理變化或生理學的原理，從事有意的合理的體育運動，另一方面也應了解各項運動的特性，選擇適合個人的運動項目。

體育生理學是以生理學為基礎，以體育的立場研究人體在運動時之生理變化。使身體透過體育運動，能够順利的發展，提高人生的價值。生理學的範圍極廣，人體生理學與研究體育最有密切的關係，也是體育生理學的重心和基礎。

二、體育生理學的研究課題：生理學對研究體育的重要性，正如解剖學對於體育一樣。生理學與解剖學是一體兩面的學問，是相輔而成的。

體育生理學的研究課題可分為三類：

㈠分析並研究身體運動所發生的生理變化。這些研究包括身體各部的生理機能，隨運動所發生的變化，這些變化的統計性的價值判斷；調查疲勞或營養等問題的關連性；分析體育運動在何種關係上特別有效果等。

㈡研究從事何種運動對於身體的發育有何效果。換言之，從肌肉、骨骼、神經等綜合研究，進一步探討與運動力學的關係；確立改進技術的科學根據。

㈢研究特殊的生理現象：例如研究性別差異，年齡大小，發育階段與實施體育運動的關係。

乙、體育心理學：

一、體育心理學的性質：體育既然是教育的一環，那麼體育心理學與教育心理學在本質上應有許多共同的地方。惟體育的教學方式和普通教育不同，有些地方無法採用教育心理學的方法來解決問題。必須以特殊的觀點研究體育運動時的心理過程，解決各種體育心理的問題。

研究體育心理學，必須綜合運用各種心理學的方法。例如研究行為心理現象的普通心理學；研究發展過程的發展心理學；研究個別差異的個性心理學；研究體育運動中之社會行為的社會心理學；研究體育運動的文化或藝術價值的文化心理學，研究運動成績或評價教育效果的應用心理學等；才能够解明體育心理學的各種問題。

由上述可知體育心理學，雖然是由一般心理學或教育心理學所發展的學問，但是無法完全採用這些原理和方法來解決體育運動的特殊心理過程。故可以說體育心理學是綜合運用各種心理學的方法，研究體育運動的心理過程（包括外場的行為和內場的行為），並供給實施體育教育時的基本原則和方法的學問。

二、體育心理學的研究課題

近年來體育心學學的研究範圍逐漸擴大，已將體育心理學應用在體育課程的研究上，並對合理的體育教學有極大的貢獻。由於體育心理學的歷史尚短，其研究範圍尚未能確定，茲將近年來體育心理學的研究課題介紹如下：

㈠為決定體育目的或目標，研究身心發展的過程，慾望，興趣和學習能力。

㈡研究構成體育課程所需要的心理學問題；提供訂定體育實施計劃的基本條件。

㈢說明大肌肉活動的心理特性和教育意義。

㈣研究體育學習效果的遷移問題。

㈤研究體育運動對性格形成的影響。

㈥分析個別或性別的差異，研究合理的體育教學方法。

㈦研究促進學習效果的原理，方法和體育評價的問題。

丙、運動衛生學：

一、運動衛生學的性格：運動衛生學是運動醫學和衛生學的一領域。其目的是以國民的健康生活為基礎，探討威脅或危害人類生活等問題，並研究預防或消除疾病與傷患的方法，以提高人類生活能力的學問。

廣義的衛生學可分個人衛生學和公共衛生學。運動衛生學是研究身體運動對增進健康的功效和，以運動消除疾病或災害的學問。因此吾人須了解衛生學的法則。

㈠運動不足，機體會萎縮，機能會衰弱；㈡適當的運動可促進機體的發育，增進機能；㈢過度的運動，反而會危害或損傷機

體，體育運動如能以個別為對象，實施個別教學，其效果必更大。

二、運動衛生學的研究課題

(一)以科學方法，分析因運動而起的身體變化，尤其是肌肉、呼吸、循環系統所受的影響，做為調整運動量的依據。

(二)研究各項運動的熱能代謝率和遷移情形如何？並做為評價訓練效果的依據。

(三)研究營養、休息、姿勢、自然環境等體外因素對體格或體質的影響，並進一步探求這些因素和體力的關係。

(四)研究做為治療食慾不振，神經衰弱病、虛弱體質等合理的體育教學法。

(五)研究體育事故，運動傷害等具體的預防對策。

丁、運動力學：

一、運動力學的性格：人的身體運動可分為兩類：一是日常生活的立、坐、走、處理公事、工作等；一是從事跑、跳、擲、踢、推、滾、翻、攀登、游泳等體育運動的身體活動。消耗最少的熱能，以獲最有效的工作效率，是最理想的日常生活的身體活動。同樣的，為求最高的運動成績，不僅須要發揮最大的體力，同時也須要求最高的效率。要達成這些目標，必須研究支配或控制身體的合理原則和方法。

過去從事運動教練者，多依賴個人的經驗與常識，從事主觀的教學或指導。甚少依據解剖學、生理學或力學加以合理的指導或訓練。

所謂運動力學是根據人體解剖學、人體生理學，再應用物理學來探討身體運動的力學原理，使「人」的運動技術能夠獲得更進步的學問。

二、運動力學的研究課題：有關體育的各種科學，例如體育生理學、體育心理學，運動衛生學等已成為有組織有系統的學問。然而運動力學，至今尚無確定的學說，可說還在研究階段中。運動

力學的較晚成立，可能基於下列原因：

㈠力學的本質是以無生命的物體爲研究對象。

㈡所有的身體運動，均以複雜的生命體爲主，無法完全站在純粹的力學來研究有機體的生命現象。

㈢作用於主體（人）的各種外場（環境）的條件，不斷的在那裏發生變動。

㈣因熱能的充沛或短缺，發生心理或生理變化。

以上諸因所構成的問題，如能根據運動力學的原理，研究方法上的理論，不難獲得解決。因此運動力學的研究課題應包括：

㈠研究運動三大法則的根本理論。卽慣性的法則，加速度的法則，反作用的法則。

㈡分析日常生活中以形態變化爲中心的「人」的動作。例如重心的移動變化，平衡等問題。

㈢研究有關身體運動的重心與穩定性、運動速度、加速度、旋轉、滾翻、擺振、摩擦力等運動與力學的相關問題。

㈣研究離開人體後，加速度狀態的物體運動的原理。例如籃球投籃的拋物線、擲棒球的曲線運動，以球拍擊網球的反射角，划船時划槳與水的抵抗力，橫竿與起跳角度等有關物理學的研究。

㈤以物理學的立場與生理學的立場上來說，加力的方向不一定均相同，提供根據運動力學的理論基礎所做選擇的合理與否的判定。

戊、體育管理學（廣義的體育行政）

一、體育管理學的性格：體育管理的意義是爲達成目的所需要的所有手續或方法。包括有關體育法規、指導者（教師）、行政組織、設備器材、教育內容、教學活動計劃、經費、社會的聯繫等問題。體育管理學是將上述各問題做一合理的運用實施的學問。換言之，是研究爲達成體育目標，確定必須的基本實施計劃，並實際經營或管理活動的學問。

學校的體育活動包括體育正課、課外體育運動、野外活動、校際比賽、練習、校內比賽及其他體育活動。茲列舉管理上的重點如下：

㈠配合學校的教育目標，擬訂體育目標。根據該目標，編製詳細可行的計劃，並執行之。

㈡健全體育活動的人事組織（包括師生），整理學校體育的場地設備器材，以達到人盡其才，物盡其用的地步。

㈢隨時檢討各種體育活動的進行或體育管理上的問題，以資改進參考。

二、體育管理學的研究課題：以前對於體育管理內容的解釋，只限於場地、設備、器材的管理方面，近年來體育管理的內容不僅包括上述各點，更包括整理與運用達成體育目標所需要的各種條件，並研究理想環境與如何管理等問題。故學校體育管理學的研究課題應包括：

㈠研究全學年體育行事曆與實施的具體辦法、場地、設備器材的利用與管理法，充實體育正課的內容，籌措體育經費和合理的運用，提倡課外運動等問題。

㈡加強體育評價，以期良好的教學效果。則實施定期的健康檢查，運動能力測驗，實施體力分組，研究合理的體育成績考核方法等。

㈢研究如何成立各種體育行政組織，以期合理的發揮行政或管理的效能。例如體育教師的組織教學研究會，管理各種比賽的組織（課外運動的組織），保健中心，體育場地，設備器材的管理組織等。

㈣研究適應學生的身心健康而實施的合理體育教學法。

㈤整備並管理場地、設備、器材。指導學生善用課餘或休閒時間，從事有益的課外運動，以達成鍛鍊身體，善用閒暇，促進健康的目的。

己、體育社會學：

一、體育社會學的性質：體育社會學是以社會學的立場，運用社會學的理論與方法，分析研究體育的事實或問題的學問。因此應從體育的社會面着手研究。

二、體育社會學的研究課題：

㈠研究各種運動俱樂部，運動團體，觀衆，各項運動的贊助團體，性格的形成等問題。

㈡文化的產生是由社會環境所促成的。這些文化對性格的形成具有決定性的影響力，因此研究文化的歷史條件，文化的規定性，對文化的適應性，文化與社會學的變動等，也是體育社會學的重要研究課題。在體育方面來說，應研究體育設備器材，運動理論或方法，運動技術或規則，體育的制度等。

㈢爲縮小社會生活的階級差異，緩和國際間的緊張狀態，應研究勞動者善用休閒時間的方法，靑少年的休閒娛樂活動，升學與健康等問題。

庚、體育方法學：

一、體育方法學的性質：要求教育發揮其功能，必須先研究教育材料和所運用的教育方法。而這兩種條件不能脫離現實的活動。同樣的，要求體育能發揮其功能，必須研究包含「身心」的身體，然後根據需要發現體育方法的原理或原則，創造合理的指導（教學）方法。因此體育方法是事先了解人類的生物學要素和心理的慾望，然後以此爲基礎，研究改造「人」的原理，實施適合個別差異的教學方法，以期獲得良好的體育效果。故研究體育方法學，必須以人體解剖學、人體生理學、社會學、心理學等爲基礎，了解體育的理想與目的，研究具體可行的有效方法才能勝任。

二、體育方法學的研究課題：爲達成體育目的，體育方法學應研究的課題如下：

㈠研究爲達成體育目的或目標的具體方法。

㈡研究體育方法上的原理，並研究能適應該原理的教學方法。

㈢研究生物學或心理學等，發現適應個體需要的方法。

㈣研究體育方法所根據的體育原理。

第五節　體育教材教法的意義和分類

甲、體育教材的意義和種類：

　教材是為達到教育目標，在教學時所使用的各種材料。換言之，「教材」是各學科的內容，教學時所用的材料。這些教材取之於人類社會文化遺產，包括生活上所必需的各種知識、技能、習慣、態度、理想等。由於教材是從人類生活經驗中選擇出來的事物，所以是滿足人類生活需要的最佳經驗。教師指導學生學習教材，可使學生學習生活的方法，擴展自己的經驗，以適應或改造生活環境。

所謂體育教材是為達到體育教學目標所使用的各種材料。體育教材包括很廣；有各項運動，體育衛生知識等。體育教材與一般教材不同之處是，體育教材多採用全身活動的運動。並非完全靠書本的知識來學習，而是透過身體活動來體驗的。

通常學校體育所採用的體育教材包括下列三大類：

一、運動技能方面：體操、遊戲、田徑運動、機巧運動、球類運動、韻律活動（舞蹈）、水上運動、自衛活動、冰上或雪上運動等。

二、體育知識方面：各項運動的特性、學習或練習方法、比賽規則、運動員的精神等。

三、衛生知識方面：有關飲食衛生、營養、休息、消除疲勞、健康檢查、運動傷害的預防和急救等。

乙、體育教學法的意義和種類：

　了解體育教學法以前，應認識「教學方法」的意義。教學是教師依據學習的原理，運用適當的技術，來刺激、鼓勵，和指導學生自動學習，以獲得生活上所必須的知識、技能、習慣、理想等。方法是一種有目的，有系統的做事手續。教師從事教學必須有一定的目的和一定的手續，例如確定教學目的，準備教學計劃，搜集教學材料，實施教學，考查教學成績以至檢討教學效果等。故「教學方法」就

是以一種有目的有系統的手續，用來刺激和指導學生的學習活動，以期實現預定的教育目標。體育教學法就是以一種有目的有系統的手續，依據學習原理，運用適當的技術，來指導學生自動學習各項運動技術或常識，以增進身心健康，獲得運動常識技能和良好的衞生習慣。

體育教學法很多，通常所採用的教學法有下列幾種：

一、全部教學法：將所要教學的整個材料，指導學生從事整個的反覆練習。例如教學籃球運動時，直接分爲兩隊，依普遍方法指導傳球、運球、投籃等所有的技術，使學生練習。

二、分段教學法：將所要教學的整個教材，分成若干段，依照順序，分段指導學生從事學習或練習。以籃球運動的教學做爲例，先指導運球、傳球、投籃等基本動作等方法。

三、分段循環漸進教學法：將所有教學的整個材料，先分成若干段，依順序分段循環漸進的方式，指導學生從事學習或練習。例如教學急行跳遠時先從立定跳遠開始指導，然後指導短助跑起跳的方法，再進一步短助跑起跳，空中姿勢和落地的方法，最後加上全距離助跑練習整個急行跳遠的技術。

從事體育教學應視教材的本質，學生能力與興趣，決定應採用何種教學法。通常體育教學應混合採用上述三種教學法，互爲應用，以期提高教學效果。

第二章 兒童身心發展的概況

第一節 生長與發展(發達)的意義

甲、生長與發展（發達）的意義：發展（發達）（Development）和
生長（Growth）、發育、成熟等詞義甚為相似。對於發展（發達）
的定義,各種心理學專家有不同的說法,然而以克芙卡（K. Koffka）
所下的定義較為具體明瞭。克芙卡認為「發展」（發達）是有機體
或其器官的增大、加重,同時其構造更加精細,機能更加進步;這
種現象稱謂發展。而發展可包含兩種;一為屬於生長或成熟的發展,
一為學習的發展。生長或成熟受遺傳規制的因素較大,然而學習即
不同,個人可由一定的活動改變其活動力,受環境的影響較大。

「發展」的概念不僅可運用於有機體上,也可用在無機體或社會現
象上,因它是屬於有關時間性的變化發展上的一種概念。但是生長
只能適用於有生命現象的發展上面,是專指受遺傳的規制及環境的
影響,多指量的增加（包括高度、重量、幅度等）。

發育與成熟同是屬於生長方面的名詞,前者可說是指身高的增加,
體重的加重,幅度的變厚或加寬等;後者是指身體各系統各器官的
機能更加充實或精密而言。兩者均包含（生長也是）在廣義的「發
展」的定義內。

有機體自從發生至死亡為止,在形態上,構造上,機能上均不斷的
在變化。這些變化的原動力包括遺傳與環境。這種形態上,機能上,
構造上的變化,可分為進化性和退化性,通常所說的「發展」是指
進化性者。

乙、發展與遺傳和環境的關係：

遺傳與環境是身體發展的兩大要素。如果有人認為遺傳是決定（
促進）發展的唯一原動力,那麼人就勿須受教育;相反的如果說環
境可以決定發展的一切,那麼就成為教育萬能的世界。

據心理學家研究的結果,遺傳與環境均對發展有密切的關係,其

力量孰大，因人因部位，隨生長過程而異。

　　根據莫安哥（S. Muangold）兩棲類動物的實驗結果，得知有機體在初生時受環境的影響力較大，隨着時間的進展（成熟），環境的影響力減少。

　　現在已知遺傳和環境對身心各方面的影響力不相同。一般來說身體的構造在胎兒期大約已確定其發展方向，然而機能卽殘留在出生後始受固定化；尤其屬於「心理機能」在出生後存有更多的可塑性。

　　嘉登（A. M. Jorden）根據孿生子的知能實驗或觀察的結果，得知遺傳與環境，對於身體發展的影響力爲遺傳佔60%至70%；環境佔30%至40%。據他所下的結論，在知能這一方面受遺傳的作用力較環境的影響力爲大。

　　教學體育運動時須要了解運動機能或體型，或情意面等和遺傳及環境的關係。爲求了解本問題，心理學家曾採用孿生子的比較研究方法，在形態，運動機能，情意，社會性，知能等獲得下列結論：

一、形態方面

　　㈠身高、坐高、四肢等屬於長徑的發展，受遺傳的限制較顯著。胸圍、體厚，或濶度等較身高，坐高等受遺傳的影響力小。

　　㈡體重、胸圍等雖受遺傳的影響，但其程度不如身高，坐高等顯著。

二、運動機能：就肌力（力量），彈力，無氣性耐力，有氣性耐力，敏捷性，柔軟性，平衡性等實施測驗其結果如第一表：愈是號數小者受遺傳的規制愈大（影響大）。

第一表			1	2	3	4	5	6	7	8	9
	♂	小 ←	體型	呼吸機能	敏捷性	瞬發力	筋　力	柔軟性	肌持久力	循環持久力	平衡性
	♀	小 ←	體型	呼吸機能	敏捷性	筋　力	瞬發力	柔軟性	肌持久力	循環持久力	平衡性

　　由上述研究結果可知須要速度或彈力的運動員，受天賦能力的支配較大，爲教師者應注意及之。

三、情緒與意志方面：情緒、意志與體育有密切關係，研究情緒、意

志受遺傳影響有幾種方法，玆介紹數種研究方法和結果如下：

㈠以旣存（現有）的性格學的體系，透過孿生子研究法建立研究基礎的方法。主張這種方法的代表人物爲羅悌(H. Lottig)和愛克爾 （C. Eckle）。 羅悌根據克拉格 （L. Klages）的性格學體系，求性格特性的遺傳規制的大小。據克拉格的解釋，性格是由素質（Stoff），品種（Artung），構造（Gefiige）等三個領域所形成。而三個領域各包含：

1. 素質：包括人所具有的才能；例如記憶、理解、控制、注意、綜合、感情、意志等素質性能力 ， 據克拉格 說性 格的差異是由上述各種素質的多寡而決定。

2. 品種：包含支配慾，所有慾，正義感等，決定這些慾望或感覺者爲衝動彈力（Triebfeder），由這種衝動的方向決定，發生性格的差異。

3. 構造：構造是決定心理過程的經過形式的要因，可分爲感情興奮性，意志興奮性，表現能力等三種。

由上述三種領域的關係，可決定性格的單一性，調和性、分裂性、安定性、易動性等。羅悌曾就十對一 卵性及二卵性孿生子羣研究遺傳的規制情形。

結果在一卵性孿生子間，一致度最高的爲素質，其次爲品種，最低爲構造。

愛克爾 想要以 遺傳生物學 做爲 柏法拉 （G. pfahler）之性格學體系的基礎。柏法拉 認爲規定性格特性的兩 個因素是「注意」與「固執力」。他將其分爲兩大類型：

1. 具有狹窄而固定的注意與堅強的固執力的「固定性內容型」（Typender festen gehalte）。

2. 具有廣泛而流動性的注意與薄弱的固執力的 「流動性內容性 」（Typender flissen den gehalte）。

愛克爾 曾就十八對一卵性孿生子與十二對二卵性孿生子爲實驗對象，研究上述兩類性格的對間類似與差異的程度。卽

將極端的「固定性內容型」與「流動性內容型」之間設七個
階段，就每一對孿生子，分別檢討其所屬的階段。結果發現
在一卵性孿生子兩人間的階段甚爲接近，然而二卵性孿生子
則相反，兩人的階段較爲遠離。

極端固定　　　1　　2　　3　　4　　5　　6　　7　　極端流動
性內容型◄┼─┼─┼─┼─┼─┼─┼─►性內容型

㈡以孿生子研究法解釋性格或人格的遺傳生物學的構造。這種
研究法由德國哥特謝德（K. Gottschaldt）主張的。他受拉
啓（P. lerch）的影響，認爲人格是由知性層（上層）（No-
etischeroberbau）與內部感情層（底層）（Endothgmer Un-
tergund）等兩種主要層所構成。（參照第二表）

1. 知性層包括知性精神機能的範圍，有純粹思考，抽象思考，
結合機能，判斷或辨別機能，目標的設定、意志、注意等。

2. 感情層包含感情、感覺、生體的狀態（Vital Zustände）
等範圍。本層又分爲數個階層，依其順序爲根本感覺（
Grund Stimmung）其上層爲衝動（Antrief），第三層爲
興奮性（Anspreehbarkeit），最上層爲感情思考層（Füh-
lden ken）。所謂感情思考者即不屬於論理學的法則，而是
受當時環境或情勢的支配，下感情性結論的一種思考，兒
童與原始人的思考即屬於此類，亦爲論理性思考的基礎。

第二表	人格層（Schichten der Persönlichkeit）		E：U
	知性的上層（Noetischer oberbau）		2.6：1
	內部感情的根底層（Endothymer untergrund）	感情思考（Fühlden ken）	2.0～3.1：1
		興奮性（Ansprechbarkeit）	4.7：1
		衝動（Antrief）	6.3：1
		根本氣分（Grundstimmung）	12.3：1

3. 知覺（Wahlnchmung）與運動（Motorik)不屬上述兩層
之內，自成特殊的範圍。

上述各層並非可與地質學的地層意義相提並論。換言之，是各

層具有密切的相互關係，並非獨立不相干。 哥特謝德 想以攣生子研究法證明，遺傳素質與環境力量，對於人的影響力的強弱比例與構成人格各層間的對應關係等。經多年與其學生研究的結果如第二表。由第二表可知由上而下，遺傳的力量增大，環境的作用力減少。

對於本研究曾受許多學者批評，但經多數心理學家研究證明，本學說並無錯誤而是正確的。

由上述研究結果可知吾人的身心受遺傳的規制相當重大，無論在那方面，應該考慮遺傳的性質與環境的作用，使教育能獲得理想效果。

第二節　兒童身體的發展概況

人體發展是順着一定的曲線。這種發展速度並非全身均相同且千篇一律的；有些器官系統的發展速度可能較快，有的不然；其發展的極限亦各不相同。

在發生學上有一學說稱爲漸進學說(Gradient theory)。根據該學說知受精卵依同化作用的強弱 ， 產生基本的生理發展曲線（ A basic physiological Gradient ）。這種發展曲線，開始時坡度最大 ， 隨着時間至終點時逐漸減少。這種傾向稱爲頭→尾曲線（Cephalo-Cavda Gradient）。根據這種基本的漸進發展學說，可再分爲三種發展曲線。

一、外胚葉發展曲線（Ectodermal Gradient）：初期快， 至末期逐漸慢下來。

二、中胚葉發展曲線（Mesodermal Gradient）：初期慢，隨着時間愈至末期速度愈快。

三、內胚葉發展曲線（Entodermal Gradient）：中途快，頭尾慢。
上述三種不同的生長速度成爲形態分化的主要原因。

兒童身體的發展，前後連續，爲了研究方便起見生理學家將人類生長期間區分爲若干階段，如今有許多派由各種觀點予以區分。玆將有關體育方面的代表性區分方法介紹如下：

一、斯篤拉次（C. H. Straz）氏的區分：（參照第一圖）
　　第一兒童期(0~7歲)

㈠乳齒期（0～1歲）
……四頭身。

㈡中性兒童期（1～7歲）……屬於乳齒期。

1. 第一充實期（1～4歲）……四・五～五・五頭身。

2. 第一伸長期（5～7歲）……六頭身。

第二兒童期（8～20歲）

㈠兩性兒童期（8～15歲）永久齒期。

1. 第二充實期（8～10歲）六・五頭身。

2. 第二伸長期（11～15歲）七至七・五頭身。

㈡成熟期（16～20歲）七・五～八頭身。

第一圖　身體的發達與頭手比例

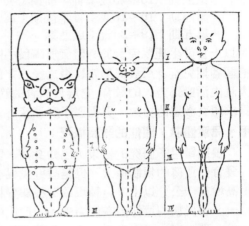

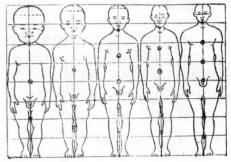

二、克勞斯頓（Clauston）的區分：

第一期：出生前（成形及胚胎期）。

第二期：0～7歲：腦髓發展極快時期。

第三期：7～13歲；運動神經的調整機能與情緒發展時期。

第四期：13～15歲；發情期與青年期。

三、密西爾（Mitchell）氏以美國現行學制及體育的立場，做為區分原則。

第一期：誕生至5歲；則嬰兒期至學齡前期。

第二期：6～12歲；兒童期（小學）。

第三期：13～15歲；青年前期（初中）。

第四期：16～18歲；青年後期（高中）。

第五期：19～25歲；成熟期。

以上曾就生理學家對於身體發展階段的區分，略做介紹。我們惟有把握各期兒童身心發展的諸特徵之後，才能從事有效的教育。體育是大肌肉活動爲方式的教育。它屬於教育的範圍內，其目標與教育相同。爲求體育教學的功效，更需要了解兒童各期的身心特徵及性別差異。

甲、兒童體態、機能的發展概況：

根據孿生子研究的結果，已知身高、四肢長、座高等身體長徑的發育受遺傳的規制極大。但是最近發現有不少民族在十年間平均身高增加一公分以上。這種現象，根據分析，有下列原因：

一、各民族的遺傳潛在能力受各種環境條件所阻碍，未能發展至生理限度；而今生活方式或營養條件的改善等，除掉過去原有的障碍，使得遺傳潛在能力得以發展。

二、由於氣溫上昇或紫外線增加等自然環境的變化，促進身高發展。

三、達到成熟階段的速度加快，形成早熟現象。

玆爲證明上述事實，舉例說明之。

一、日本在最近六十年來（1900年～1958年），六歲至二十四歲之間的身高、體重、胸圍、座高等均增加許多。其概況如下：

　㈠身高：六歲兒童在六十年後，增加四公分，女童增加五公分。二十四歲男子增加四公分；二十一歲女子增加七公分。尤其是大正初期有顯著的增加趨勢。從這些測驗數字日本人確已增高不少。（參照第三、四表）

　㈡體重、胸圍、座高：雖不像身高增加的快，但均有增加的傾向。可能爲改善飲食及住居環境之原故。（參照第五、六、七、八、九、十表及第二、三、四、五圖）

　㈢從整個統計數字中，可以了解、身高、體重、胸圍、座高在第二次世界大戰受到極大的影響，呈顯著的降低。尤其是發育速度最快的十二歲至十五歲之間的青年前期最爲顯著。這個原因不外是，營養不足，勞動過度，戰爭的心理負擔等，物質或精神環境，影響發育的結果。

— 28 —

第三表　日本六十年來　年齡別　身高發達統計（男）

年度＼年齡	6歲	7	8	9	10	11	12	13	14	15	16	17	18	19	20	21	22	23	24
1900年	107.0	110.9	116.1	120.0	123.9	127.9	133.9	140.0	147.0	152.1	156.1	157.9	160.0	160.0	160.9	160.0	160.0	160.9	160.9
1909年	106.7	111.2	115.8	120.0	124.5	128.5	133.6	139.1	146.7	153.0	157.0	159.4	160.0	160.9	161.2	161.2	161.2	161.2	161.5
1919年	107.0	111.5	116.4	120.9	125.5	129.7	134.8	140.6	147.9	154.2	157.9	160.0	160.9	161.8	162.1	162.1	162.1	162.1	162.4
1929年	108.1	113.1	117.9	122.5	127.0	131.2	136.9	143.2	150.6	157.0	159.6	160.1	162.1	162.7	163.0	163.1	163.2	163.1	162.4
1939年	109.1	113.9	119.3	125.0	123.2	132.9	137.8	144.0	152.1	158.1	160.9	162.5	163.8	164.3	164.5	164.7	164.8	164.7	164.5
1948年	108.1	112.1	117.4	121.9	126.1	130.4	135.0	139.8	146.0	152.7	157.9	160.6	162.1	163.0	163.7	164.3	164.1	164.1	164.0
1958年	110.9	116.2	121.4	126.1	130.7	135.1	140.8	147.1	153.6	160.3	162.9	164.3	165.6	165.8	166.0	166.1	166.1	165.9	165.4

第四表　日本六十年來　年齡別　身高發達統計（女）

年度＼年齡	6歲	7	8	9	10	11	12	13	14	15	16	17	18	19	20	21	22	23	24
1900年	104.8	110.0	113.9	119.1	123.9	127.9	133.0	137.9	143.0	144.8	146.1	147.0	147.0	147.0	147.9	147.9	147.9	147.9	146.1
1909年	105.0	110.0	113.9	118.8	123.3	128.5	133.9	139.4	143.6	146.7	147.3	148.5	148.2	148.5	149.1	148.8	148.5	149.7	151.5
1919年	105.8	110.3	114.8	119.4	124.2	129.1	135.2	141.2	144.8	148.5	149.1	149.4	150.0	150.6	150.0	150.6	150.0	150.6	150.0
1929年	106.8	111.7	116.5	121.2	125.8	131.2	138.2	143.5	147.5	149.5	150.8	150.6	150.7	150.3	151.2	151.3	150.6	151.3	152.4
1939年	108.1	112.9	117.7	123.0	127.7	132.7	138.8	144.0	148.7	150.7	152.1	152.5	153.0	154.1	512.7	152.5	151.8	152.6	152.5
1948年	107.3	111.9	116.4	121.1	125.7	130.8	136.1	141.1	145.6	149.1	151.3	152.1	152.8	152.4	154.0	153.7	153.3	152.4	153.5
1958年	109.9	115.2	120.4	125.5	131.0	136.6	142.8	147.1	149.9	152.3	153.1	153.5	154.4	154.6	154.6	154.6	154.6	154.5	154.3

第五表 日本六十年來 年齡別 體重發達統計（男）

年度 \ 年齡	6歲	7	8	9	10	11	12	13	14	15	16	17	18	19	20	21	22	23	24
1900年	17.0	20.0	21.0	23.0	25.0	27.0	29.0	33.0	38.0	43.0	47.0	50.0	52.0	53.0	53.0	54.0	53.0	53.0	52.0
1910年	17.5	19.2	21.1	22.9	24.9	27.1	29.8	33.5	38.6	44.6	48.5	51.4	52.7	53.6	54.3	54.5	54.4	54.5	54.0
1920年	17.6	19.4	21.2	23.2	25.3	27.5	30.5	34.6	39.9	45.2	49.1	51.8	53.4	54.1	54.4	54.5	54.3	54.3	54.6
1930年	17.9	19.8	21.8	23.8	25.9	28.4	31.8	36.2	42.0	47.1	50.6	53.0	54.3	54.8	54.8	54.7	54.8	54.9	54.7
1948年	18.4	20.1	22.0	24.0	26.0	28.2	31.4	34.5	38.9	44.0	48.7	51.7	53.4	54.7	55.3	55.7	55.9	55.9	55.8
1958年	18.9	20.9	23.1	25.3	27.6	30.2	34.0	38.8	44.2	50.4	53.6	55.7	56.6	56.6	56.7	56.9	56.7	56.7	56.4

第六表 日本六十年來 年齡別 體重發達統計（女）

年度 \ 年齡	6歲	7	8	9	10	11	12	13	14	15	16	17	18	19	20	21	22	23	24
1900年	17.0	19.0	20.0	22.0	25.0	27.0	30.0	33.0	39.8	42.0	45.0	47.0	47.0	49.0	48.0	48.0	48.0	48.0	47.0
1910年	17.0	18.4	20.3	22.2	24.3	27.0	31.2	34.2	38.8	42.9	45.1	46.8	47.8	48.4	48.3	48.6	47.7	46.6	46.6
1920年	17.0	18.6	20.0	22.4	24.6	27.4	31.3	35.7	40.1	43.4	45.8	47.4	48.9	49.4	49.3	48.8	48.9	47.5	45.5
1930年	17.3	19.0	20.9	23.0	25.4	28.5	33.2	37.7	42.1	45.0	46.7	48.1	49.3	49.0	48.9	48.6	48.3	48.7	48.0
1948年	17.9	19.5	21.3	23.4	25.6	28.2	32.2	35.9	40.1	43.9	47.2	49.1	50.5	51.2	51.4	51.4	51.1	51.0	50.5
1958年	18.4	20.3	22.5	24.9	27.7	31.3	36.4	40.9	44.6	47.6	49.4	50.3	49.8	50.3	50.0	49.8	49.6	49.3	49.3

第二圖 日本六十年來年齡別 身高發達統計圖
（男）

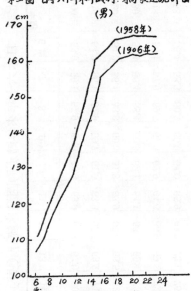

第三圖 日本六十年來年齡別 身高發達統計圖
（女）

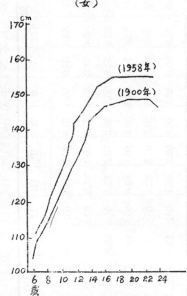

第四圖 日本1958年 年齡別 身高 體重 座高 胸圍發達統計圖
（男）

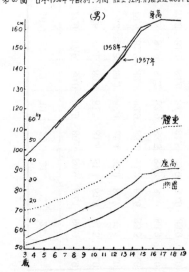

第五圖 日本1958年 年齡別 身高 體重 座高 胸圍發達統計圖
（女）

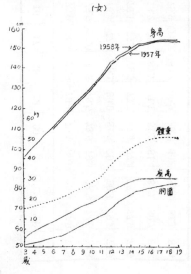

第七表　日本六十年來年齡別胸圍發達統計（男）

年度＼年齡	6歲	7	8	9	10	11	12	13	14	15	16	17	18	19	20	21	22	23	24
1900年	53.9	56.1	57.9	60.0	63.0	64.8	67.0	70.9	73.9	77.0	77.9	80.0	80.9	80.9	80.9	80.9	82.1	80.9	80.9
1910年	54.2	56.1	57.9	59.7	61.5	63.3	65.5	68.2	71.2	74.8	77.6	79.1	80.3	81.2	81.8	81.8	81.8	81.5	82.0
1920年	54.2	56.4	58.8	60.3	61.8	63.9	65.8	68.5	72.1	75.5	78.2	80.3	81.1	82.4	82.4	83.0	82.7	82.0	83.0
1930年	54.4	56.4	58.4	60.3	62.1	64.1	66.2	69.4	73.3	76.8	79.5	81.2	82.4	82.9	83.1	83.2	83.6	83.5	83.6
1948年	56.1	57.9	59.5	61.3	62.9	64.6	66.9	69.1	72.4	75.4	78.8	80.9	82.2	83.0	83.5	83.8	84.0	83.9	84.0
1958年	56.4	58.3	60.2	60.0	64.0	65.9	63.3	72.1	75.8	79.9	82.3	84.1	84.0	84.5	84.8	85.0	85.0	85.0	85.0

第八表　日本六十年來年齡別胸圍發達統計（女）

年度＼年齡	6歲	7	8	9	10	11	12	13	14	15	16	17	18	19	20	21	22	23	24
1900年	53.0	53.9	56.0	57.9	60.0	60.9	63.9	67.0	70.0	73.0	73.9	76.1	77.9	77.9	77.9	80.0	80.0	77.9	77.9
1910年	52.4	54.2	55.8	57.3	59.1	61.2	63.9	67.0	70.3	73.9	75.5	77.0	77.9	78.5	78.5	79.4	78.5	77.6	78.8
1920年	52.4	54.5	56.1	58.2	59.7	62.1	64.5	68.8	72.1	74.8	76.4	77.6	79.1	79.0	79.1	79.4	80.3	79.7	77.9
1930年	52.6	54.5	56.3	58.1	60.1	62.6	65.8	69.3	72.5	74.7	76.1	77.4	78.3	77.7	77.4	77.4	76.9	77.9	77.9
1948年	54.6	56.2	57.8	59.5	61.3	63.4	65.8	69.5	72.9	75.7	78.2	79.7	80.7	81.1	81.2	81.4	81.1	80.7	80.2
1958年	54.8	56.6	58.4	60.4	62.7	65.7	69.8	73.5	76.2	78.4	79.9	80.7	80.3	80.9	80.7	80.8	80.8	81.1	81.4

第九表　日本二十二年來年齡別座高發達統計（男）

年度＼年齡	6歳	7	8	9	10	11	12	13	14	15	16	17	18	19	20	21	22	23	24
1937年	62.4	64.6	66.8	69.0	70.8	72.8	75.0	77.9	82.0	85.1	87.0	87.8	88.4	88.9	89.5	89.9	90.3	90.0	89.9
1949年	62.1	64.4	66.5	68.4	70.2	72.0	74.0	79.4	83.3	85.9	87.4	88.6	88.9	89.0	89.0	89.1	89.0	89.1	
1952年	62.4	64.6	67.0	69.0	71.0	72.7	74.8	77.5	80.7	84.8	88.4	88.9	89.4	89.6	88.9	89.0	89.6	89.3	
1955年	62.8	65.2	67.4	69.5	71.4	73.2	75.7	78.7	82.0	86.0	87.9	89.0	89.3	90.1	89.6	89.7	89.9	89.6	
1958年	63.1	65.7	68.0	70.0	72.0	73.8	76.4	79.6	83.0	87.0	88.7	89.7	90.4	90.5	90.5	90.5	90.4	89.7	90.2

第十表　日本二十二年來年齡別座高發達統計（女）

年度＼年齡	6歳	7	8	9	10	11	12	13	14	15	16	17	18	19	20	21	22	23	24
1937年	61.8	64.2	66.4	68.4	70.6	73.3	76.0	79.0	81.8	82.9	83.5	83.8	84.2	84.0	84.0	84.0	84.5	85.2	84.6
1949年	61.7	64.1	66.2	68.2	70.1	72.4	75.0	77.5	80.0	82.3	83.3	83.8	84.1	84.2	84.2	83.7	83.3	83.6	83.4
1952年	62.0	64.3	66.6	68.8	70.9	73.2	76.0	78.8	81.1	83.2	83.8	84.2	83.9	83.8	84.0	84.3	84.4	84.1	84.3
1955年	62.3	64.8	67.1	69.4	71.6	74.1	76.1	80.0	82.0	83.7	84.2	84.3	84.3	84.1	84.0	84.0	83.9	83.7	83.6
1958年	62.6	65.2	67.6	69.9	72.3	75.8	78.5	80.9	82.7	84.1	84.5	84.7	84.4	84.5	84.4	84.4	84.5	84.5	84.4

在不良的環境裡，發育的潛在力會受到極大的阻礙。惟身高的發育不良者雖經醫師的指導，改善良好的環境，如果其雙親的身高爲一公尺五十，希望其子女的身高長至一公尺七十以上，這是不太可能的事。

二、根據德國學者羅蓬的動物實驗，在黑暗處飼育一百七十五日的老鼠與每日有二小時日光浴的老鼠的發育做一比較，前者的體重爲一百八十公克，後者爲二百七十公克。因此羅蓬氏認爲紫外線對身體的發育有極大的影響。在羅蓬氏發表論文時，不僅德國各地，其他例如瑞士、奧大利、瑞典、英國、美國、澳洲等國家均報告青年男女的身高、體重均有顯著的增加。在日本亦有這種研究資料。日本鈴木繁，曾就北海道札幌市及釧路市，選擇生活條件相同的兩所小學校，以二年級至六年級兒童做爲測驗對象。札幌市在四月至八月間陽光普照的時間較長，九至三月較短，釧路市在六月至九月，因海霧而陽光普照的時間短，多雲或多霧的時間較長。然而氣溫的關係，札幌市的兒

第十一表　日本札幌市及釧路市兒童身體檢查結果比較表

項目	地名	年齡 7歲	8歲	9歲	10歲	11歲	12歲
身高（公分）	札幌	110.2	115.1	120.9	125.4	130.0	134.8
	釧路	109.9	114.9	120.0	124.6	129.5	133.8
	差	+ 0.3	+ 0.2	+ 0.9	+ 0.8	+ 0.5	+ 1.0
體重（公斤）	札幌	18.6	20.4	22.8	24.9	27.5	30.1
	釧路	17.8	19.7	22.1	24.5	27.2	29.5
	差	+ 0.8	+ 0.7	+ 0.7	+ 0.4	+ 0.3	+ 0.6
胸圍（公分）	札幌	55.4	57.0	59.5	61.2	63.3	65.2
	釧路	54.5	56.9	58.9	60.9	62.4	64.4
	差	+ 0.9	+ 0.1	+ 0.6	+ 0.3	+ 0.9	+ 0.8
比體重（%）	札幌	16.9	17.7	18.9	19.9	21.2	22.3
	釧路	16.2	17.1	18.4	19.7	21.0	22.0
	差	+ 0.7	+ 0.6	+ 0.5	+ 0.2	+ 0.2	+ 0.3
比胸圍（%）	札幌	50.3	49.5	49.2	48.8	48.7	48.1
	釧路	49.6	49.5	49.1	48.9	48.2	48.1
	差	+ 0.7	0	+ 0.1	－ 0.1	+ 0.5	0
異常脊柱（%）	札幌	5.2	5.6	3.8	2.4	2.6	2.5
	釧路	8.0	11.5	6.3	3.1	9.4	3.5
	差	－ 2.8	－ 5.7	－ 2.5	－ 0.7	－ 6.8	－ 1.0
異常胸廓（%）	札幌	1.7	2.2	1.4	1.1	1.3	1.0
	釧路	3.3	7.5	7.6	3.8	8.4	0.3
	差	－ 1.6	－ 5.3	－ 6.2	－ 2.7	－ 7.1	+ 0.7

童，夏季裸露身體在戶外，從事體育運動的機會，較釧路市爲多，經測量的結果，其數字如第十一表。由上表可知，隨着年齡的增加，札幌市的兒童發育較好。鈴木稱，這種現象，雖然不能完全歸因日照時間的長短，但可以說是促進生長的重要原因之一。

三、第一次世界大戰後德國學齡兒童的平均身高，較大戰前的同年齡兒童高出半年或一年以上。比較一九一八年與一九三〇年以後的同年齡男女兒童，後者的男童增高八•九公分，女童增高十一•六公分。這種現象在高中或職業學校亦可看出。同時其發育速度快，有發育期間短縮的現象。戰前與戰後，經比較結果，發現戰後的發育完成時期提早了一年半。但是成年人的身高並無多大變化。

體重的增加趨勢較身高更爲顯著。一九三五年的學齡兒童較一九一八年同年齡兒童的體重，男童增加八公斤，女童十一、一公斤。關於身體機能的成熟方面來說，兒童末期時，女童的發育會超過男童，其時間在一九二二年爲十一歲，但在一九三三年時已提早至九又四分之三歲，可見早熟了一又四分之一年。女性月經初潮的年齡，據調查，在一九〇六年是十五歲半，一九一五年是十四歲至十五歲，一九三四年是十二歲至十三歲。由上述結果可知月經初潮時間亦較第一次大戰前提早一至二年。這種發育速度的加快，近似熱帶地方發育類型。

根據以上各種資料可知，身高可能會受環境的影響而有促進或抑制的現象，但這種身高受強烈的遺傳所規制。

一、身高：初生嬰兒的身高約四十八公分至五十公分，一週歲時增加約二十三公分至二十五公分。滿六歲時，增加一倍。六歲以後的男女增加趨勢稍不同。

　　㈠男子：七歲至十二歲，身高的增加較爲緩慢，至二十二歲前後幾乎停止。

　　㈡女子：九歲至十三歲，身高的增加極迅速，十四歲至十七歲

較緩慢，十七歲至二十歲增加極少，二十歲以後停止。

兒童身高的生長速度，並非保持一定的速度，有時快，有時慢，形成輕微的起伏。這種情形可從身高體重之發展曲線看出。

根據第六、七、八圖可知下列幾點：

(一)男子在十五歲，女子在十三歲時，大致已接近生長頂點。

(二)男子在十歲至十五歲，及女子在九歲至十三歲時，生長最迅速。

(三)女子在九歲至十三歲間，身高超過男子。但在十四歲後又落後。

(四)身高增加緩慢時期爲八歲至十二歲和十七歲以後。

二、體重：初生嬰

第六圖　日本男女身高　體重　發達曲線比較圖（1958年）

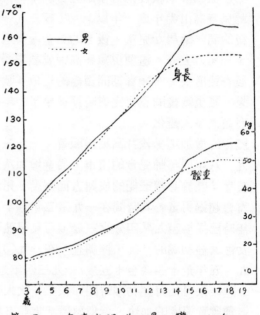

第七圖　　身高年間增加量的變化曲線

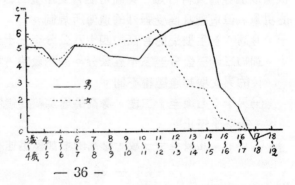

— 36 —

兒的體重，因
種族、雙親的
健康程度，個
別差異，分娩
時間等有而差
異。經調查統
計，歐洲民族
的男嬰約三•
四公斤，女嬰

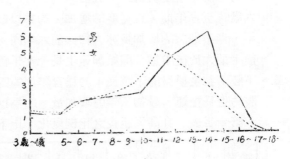

第八圖　體重年間增加量的變化曲線

—— 男
---- 女

3歲～歲　5～6～7～8～9～10～11～12～13～14～15～16～17～18～

三•二公斤；亞洲民族的男嬰三公斤，女嬰二•九公斤。週歲時增三倍。

小學入學以後，男女的增加趨勢不同：男子在十歲至十五歲間增加很多，女子則在九歲至十三歲間增加許多。並且女子在九歲至十三歲超出男子，十五歲以後落後。但是在整個青年期中，體重會不斷的增加，至成年時體重約為初生時之二十倍。關於體重之增加情形，可歸納下列幾點：

㈠青年前期，身高和體重的增加均快。

㈡增加開始時期，女子較男子早二年。

㈢體重的增加四歲至八歲間較緩慢。

㈣十七歲以後體重的增加更為緩慢。

㈤除了九歲至十三歲之間，女子較男子重外，其他時期均男子較重。

三、胸圍：初生嬰兒的胸圍不及頭圍，四歲以前，胸圍與頭圍無甚差異。五歲以後，胸腔開始迅速擴展。至青年期，胸部各方面均較以前擴張，寬度或厚度均增加，整個胸圍也加大。男子在十四歲至十七歲之間，女子在十二歲至十五歲間，胸圍的增加最迅速。

四、軀幹：初生嬰兒的軀幹長約為一又四分之三頭長，二歲時二又四分之一頭長，六歲時二又二分之一頭長，十二歲時三頭長，

二十五歲時約四頭長。完全發育完成之軀幹寬度與長度爲初生時的三倍，厚度約爲二•五倍。

六歲時至青年期，長寬度的增加，約爲以前六年間增加量的一半，青年期間的增加量亦大約與前六年同。青年期的增加率，前半期大於後半期。開始加速生長，女子較男子早二年。

五、下肢：初生嬰兒的下肢長，約爲青年期的四分之一。嬰兒期下肢的生長極速，最初三年的增加量，約爲以後九年所增加量的

第十二表　身高與腿長之比例變化（比下肢長之發達情形）
（1958年）

性別＼年齡	6	7	8	9	10	11	12	13	14	15	16	17
男	43.1	43.5	44,0	44.9	45.4	45.2	45.7	45.9	46.0	45.7	45.5	45.4
女	43.0	43.4	44.3	44.8	45.1	45.0	45.0	45.0	44.8	44.8	44.8	44.8

一半，幾乎與十二歲以後六至八年間的全部增加量相等。青年前期的增加速度大於青年後期。兩性方面的差異和身高相同。日本文部省於一九五八年統計的比下

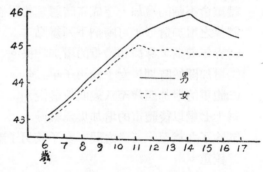

第九圖　身高與腿長之比例變化圖

肢長的發展情形，如上表。（參照第十二表、第九圖）

求比下肢長的公式如下

$$比下肢長 = \frac{下肢長}{身高} \times 100$$

下肢長＝身高－座高

由右圖表可知比下肢長的最大比率，男子在十四歲，女子在十一歲至十三歲之間。當人體完全成熟時，下肢長度的比例較青

年期爲短。

六、骨骼：骨骼的生長可分爲「直軸生長」與「橫徑生長」。直軸生長起於骨端的軟骨帶，軟骨帶具有吸收營養，生長化骨的作用。骨端的生長因部位不同而有遲早的分別。橫徑生長乃骨膜的新生作用，同時另一面則發生廢料的吸收作用。

骨骼爲人體的支架，其發育良好與否會直接影響身體的健康，和完美的體態。嬰孩或兒童時期的骨骼和成人所不同的地方爲：

㈠嬰孩或兒童的骨骼，含有多量的軟骨和纖維組織。因此骨骼柔軟易屈。

㈡嬰孩或兒童的骨骼，相隔空間較大，可給與有關各內臟器官或組織有充分發育或生長之餘地。

㈢嬰孩或兒童骨骼的化學成分，與成人不同。多含膠質，少含石灰質，故容易受壓力而彎曲。

七、肌肉：初生嬰兒的肌肉全重量不及體重的四分之一。八歲時肌肉佔體重的百分之二十七‧二，十五歲時佔百分之三十二‧六，十六歲時佔百分之四十四‧二，二十六歲時佔百分之四十五。人類的大肌肉生長較早，輔助肌肉的生長較晚。

肌肉的生長迅速時，不僅長度及厚度增加，同時產生新的肌纖維。青年時期肌肉的生長較骨骼爲遲緩，爲生長過程上嚴重問題之一，這種現象易導致姿勢不良或骨骼畸形的情形。

八、心臟：如以初生嬰兒爲一，六歲時增加四至五倍，十二歲時增加七至八倍，十八歲時增加十二倍。

心臟的生長速度不一，以青年期最迅速。男子在十三歲至十八歲之間，女子以十二歲至十七歲之間最快。心臟和全身重量的比例，初生時最大，佔百分之零點八九，至成年即降低爲百分之零點五二。

個人身心的變化以青年期最爲劇烈。在這一期間，人體各部均迅速生長發育，生理功能發生動搖。其中尤以女子爲甚，因月經來潮，心臟的工作量倍增，往往會使心臟失調。所以在這時

期中，對於心臟的保健和訓練，實爲生命中的首要工作。

心臟與動脈的比例，初生嬰兒爲二十比二十五，兒童後期一百四十比五十，青年後期爲二百九十比六十一。血管未達成年時的面積前，約有一至二年時間，心臟負擔較重。所以十一歲平均血壓原爲一百零九，至十五歲即升高至一百二十四，十八歲以後才復降至一百十二。每秒鐘的血液輸出量，初生時二十公克，三歲時六十三克，十四歲時一百四十一公克。青年期心臟增大百分之三十，血管口徑增加百分之十，所以心臟工作較童年期爲繁重。

九、呼吸機能：兒童的呼吸量較淺，隨着年齡增大而加深。初生嬰兒，每分鐘四十至四十五次，週歲時每分鐘二十五次，五歲時二十一次，十歲時十八次，成人爲十五次至十六次。

呼吸方式，兒童時期原爲腹式呼吸，成年後男子以腹式呼吸，子以胸式呼吸爲主。

十、神經系統：神經系統的生長速度，出生後最初四年較快，次四年較慢，以後逐漸停止。初生時約爲體重的八分之一，十歲時十八分之一，十五歲時三十分之一，二十歲時四十分之一，其生長速度較任何器官爲慢。兒童神經系統機能的發展，可分爲三個階段：

㈠嬰兒時期，是脊髓的反射作用與自動作用的發現期。

㈡十一歲或十二歲時是，對於運動有支配力、習慣、記憶、練習等有力時期。

㈢十三歲以後爲合理的思考，獨立的見解，美的欣賞、熟慮、知識等開始作用的時期。

十一、男女身體構造的性別差異

成年男女的身體構造要素的差異如第十三表。

男子在青年前期，顏面或下肢開始長毛，喉骨突起，聲音變粗，肌肉發達，骨骼粗化。女子則完全沒有上述特徵，反而乳腺發達‧皮下脂肪增厚。男女除外表有差異外，體內亦有顯著的差異。

例如：

（一）血液的含水量，男百分之七十八，女百分之八十。血色素的包含量，男百分之十四、五，女百分之十三、三。一立方毫米的血球數，男五百萬，女四百五十萬。

（二）骨骼：男女平均身高的性別差異約十公分，體重約五至七公斤。頭骨、四肢骨等男較女為粗大。

（三）骨盤：男子高而窄，女子寬而內腔大。

第十三表　男女身體構造的性別差異

項目 \ 性別 百分比	男	女
全　　　　　重	100	100
骨	20%	15%
肌　　　　肉	40%	36%
肪　　　　脂	20%	30%
皮　膚　內　臟	12%	12%
血　　　　液	8%	7%

（四）肌肉與脂肪

　　男子的上肢肌肉發達，力量亦大，女子的腹部肌肉富伸縮性。女子的脂肪較多，男子較少。

（五）聲帶：男子在十五歲以後會變聲，聲帶增長二公分半，女子只增加一公分半。咽喉的大小為四比三，男子的喉頭軟骨（甲狀軟骨）發達並突出前方。

（六）內臟器官：肺活量的平均，男子三千五百立方公分。心臟是男大於女，搏動量女多於男，血壓男高於女約十公厘。

（七）腦重量：男的腦重量一千三百七十公克，女一千二百十五公克。

乙、基本運動能力的發達概況

　　人類的基本運動能力包括跑、跳、擲、爬、攀登、擺振、滾翻、游泳等。這些能力有的從小就會，有的是需要經過訓練以後才能發揮出來。茲將嬰幼兒與兒童時期的基本運動能力的發展概況分述如下：

一、嬰幼兒身體運動的發展順序

　　（一）由全體至部份，由未分化的運動至分化或特殊化的運動。

　　（二）由頭部至腿部，即由頭、頸、上肢、軀幹、下肢的順序。

　　（三）由中心部至外側，例如由臂而手，再至手指。

嬰兒由出生至會走路為止，其身體運動的發展順序如下。未滿一個月，俯臥時無法自己運動。滿一個月，俯臥時可自行抬頭。滿二個月，俯臥時可抬頭挺胸。滿三個月，仰臥時可用手捉物，但是效率不佳。滿四個月，有人扶持即可直坐。滿五個月，可坐在成人大腿上並可用手握物。滿六個月，如果有人扶持，即可坐在椅子上，並以手抓握吊在空中的物品。滿七個月，可自行獨坐。滿八個月，獨坐的穩定性更大。滿九個月，可自行倚扶傢具而站立。滿十個月，開始爬行。滿十一個月，有成人牽手即可行走。滿十二個月，自行倚扶傢具而行走。滿十三個月，可爬樓梯。滿十四個月，可以自行站立。第十五個月，可自行走路。

二、小學至高中之基本運動能力的發展概況

日本文部省曾於一九四九年舉行小學至高中學生的基本運動能力測驗，以觀察跑、跳、擲的發展情形。根據測驗結果得知下列情形：（參照第十四表）

第十四表　基本運動能力的發達

1949年（日本文部省）

年齡	50m快跑(秒)		立定跳遠(m)		壘球擲遠(m)	
	男	女	男	女	男	女
8	10.2	10.7	137.4	129.4	22.0	10.1
9	9.9	10.3	146.0	136.4	24.6	12.4
10	9.5	9.9	154.9	144.0	29.8	14.9
11	9.5	9.7	162.8	152.2	33.9	17.0
12	9.0	9.5	169.0	159.3	37.5	19.4
13	8.8	9.9	180.1	166.0	40.3	21.0
14	9.0	9.3	193 1	168.0	45.5	22.4
15	7.6	9.2	202.9	174.3	50.7	22.7
16	8.1	9.3	218.5	176.7	55.0	22.5
17	7.7	9.1	22.3	178.8	56.5	22.8

㈠五十公尺快跑：男子從八歲至十七歲之間，發展情形非常順
利，尤其是在十二歲至十七歲之間發展迅速。女子卽在九歲
至十一歲之間發展較快，十四歲以後幾乎沒有什麼進步。

㈡立定跳遠：男子的進步情形非常良好，尤其是從十二歲以後有
顯著的進步。女子的進步較緩慢。十四歲以後幾乎停止進步。

㈢壘球擲遠：男子的年間進步迅速，幾乎形成直線上升。女子
的進步較慢，在十四歲卽停止進步。以上三項基本運動，在
十三歲以後有顯著的性別差異。

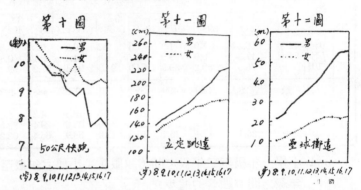

丙、各種運動素質的發展概況

美國體育專家寇利頓（K Thomes Cureton)以因子分析的方法將
構成運動能力的因素分爲平衡（Balance)，柔軟性（Flexibility)，
敏捷性（Agility)，力量（Strength)，瞬發力（power)，耐力
（Endurance）等六種。日本體育協會於一九五二年，根據上述六
因素，試製運動適性測驗（Motor fitness test)，並已實際應用，
結果收效不淺。

上述六種運動因素，無法從事純粹性的「量的測驗」，只能選擇包
含上述各因素最多的運動，測驗各年齡兒童或靑年，以觀察其進步
的情形。玆將各種運動素質的發展情形分述如下。

一、平衡（Balance)：平衡的意義爲平均、均衡、重心的穩定等。
在運動方面來說，是指身體在運動中藉中樞神經與肌肉之伸縮，

能够在有意中保持身體的平衡。主司身體平衡的體內主要器官有迷路神經，體內深部知覺等。平衡可分兩種，一爲動的平衡，一爲靜性平衡。

㈠靜性平衡：可採用單足立或單足尖立的方法，測驗靜性平衡能力。測驗結果如下：（參照第十五、十六表和第十三、十四圖）

第十五表　單足立的發達　（福田邦三　宮川清1952）

條件	分級	學年	小　　　學　　　（男女）						初　中（男女）		
			1年(428人)	2年(393)	3年(497)	4年(392)	5年(401)	6年(358)	1年(488)	2年(402)	3年(492)
開眼	0秒～4.9秒		6.3%	1.9	1.2	1.5	0.2	0.9	0.8	0.0	0.7
	5秒～9.9秒		17.3	9.0	9.0	3.7	3.9	4.8	2.1	0.8	1.3
	10秒以上		76.5	89.2	89.9	94.9	95.9	94.4	97.2	99.2	98.0
閉眼	人　數		428人	399	499	392	401	353	488	402	492
	0秒～4.9秒		40.3%	17.6	23.3	16.2	15.0	12.5	4.2	4.4	10.6
	5秒～9.9秒		34.4	39.9	30.4	37.7	36.0	33.6	29.4	33.5	27.4
	10秒以上		25.4	42.4	46.4	46.2	49.0	53.9	66.4	62.2	62.1

1. 小學一年級至二年級之間（睜眼）；小學六年級至初中一年級之間有顯著的進步。

2. 年齡由四至九歲的幼兒的平衡能力有顯著的進步。據悉此因，可能是身體各部主要大肌肉發達的結果。

3. 平衡能力的發展，在高中時期達到最高點，十九歲以後即行停止。

由上述測驗結果得知，人類的平衡能力在高中時期爲發展的最高點。

第十三圖　單足立發達曲線

大肌肉活動中，具有技術性運動裏包含平衡性，故在高中時期或此期以前應注意各項運動的平衡機能的訓練。

— 44 —

第十六表　學年別單脚立平均時間　（大野武治　關 四郎1956）

項目\年齡 人數			(幼稚園)小班 50人	(幼稚園)大班 35	1年級 57	2年級 64	3年級 51	4年級 53	5年級 56	6年級 52
男	右足	M	秒 13.51	13.76	18.53	17.33	23.46	27.00	28.48	37.99
		S.D	5.56	6.05	5.62	6.72	9.04	10.00	10.87	19.38
	左足	M	13.72	12.42	19.11	20.09	22.37	28.71	26.61	35.77
		S.D	6.04	5.08	8.52	8.02	6.15	13.00	10.30	18.62
女	右足	M	16.52	18.38	19.92	20.97	28.94	32.92	34.98	42.60
		S.D	6.21	7.83	7.59	8.14	13.08	12.18	18.22	18.79
	左足	M	15.85	18.24	19.36	20.37	29.34	32.34	35.99	43.72
		S.D	7.22	6.19	5.98	7.55	10.53	10.91	20.12	22.91

㈢動的平衡：靜性平衡和動的平衡，在本質上並無區別。因爲人類的生活除了睡眠以外可說不斷的在動。平時自認爲靜止不動時，如經過仔細的觀察或實驗，可知不斷的在動。所謂動的平衡是指身體在相當高速度下從事運動時所能保

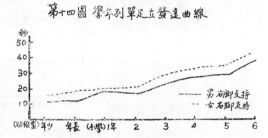

第十四圖 學年別單足立發達曲線

持的平衡。例如短跑的起跑後數步的動作，滑雪或滑冰的旋轉動作等均須有相當的身體傾斜度，如在靜止間可能發生傾倒現象，但在高速度中，爲了克服離心力或產生速度，必須保持這種傾斜度才能維持平衡。這種適應高速度運動中控制身體的能力，稱謂動的平衡，動的平衡，可以從較慢速度與較高速度的運動中，觀察其發展的情形。

1. 慢速度運動的平衡：以走平均臺做爲實驗，其結果如第十七表和第十五圖。從下表或圖中可以了解，這種平衡能力在小學中年級至高年級之間有些進步。另一種實驗是，使被測驗者先做十次的側滾翻後，令其走直線，然後測量偏差度。由其結果可知隨着年齡的增加，偏差度在一公尺以

第十七表　走平均臺的平均距離　（大野武治 關 四郎 1956）

年　齡		幼稚園小　班	幼稚園大　班	小學校1年級	2年級	3年級	4年級	5年級	6年級
男	N	50人	35	57	64	51	53	56	52
	M	4.68m	4.82	5.82	6.60	7.62	7.96	8.22	9.1
	S.D	1.42	1.33	1.45	1.81	1.60	1.36	1.38	1.46
女	N	32人	20	51	40	48	58	49	49
	M	4.77	4.88	5.39	5.85	7.31	6.73	7.59	8.34
	S.D	1.40	1.17	1.01	1.19	1.57	1.43	1.41	1.49

內的百分比減少（小學三年級至五年級都相反）。根據推理，這是由於年齡較大者，對於滾翻旋轉的動作較敏感，適應能力較差的緣故。

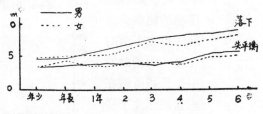

第十五圖　走平均台的發達曲線

2. 高速度運動的平衡：以短跑足跡的蛇行程度，可以判斷，高速度運動的平衡能力的發展情形。根據第十八表第十六圖，蛇行度大者平衡性較差，較小者平衡性好。由第十八表或第十六圖，可以了解男女均至十一歲時減小，十一至十三歲增大，十三歲以後減少。十一歲至十三歲時因

第十八表　短跑中蛇行度的變化
（野口 吉澤 松浦 1952）

項　目	年齡	7歲	9	11	13	15	17
男	人　員	23人	15	15	15	13	15
	蛇 行 度 M	6.1cm	4.7	3.9	5.5	4.9	3.7
	蛇 行 度 S.D	2.14cm	1.37	1.22	1.34	0.94	1.22
	蛇行度／身長	5.3	3.8	3.0	3.9	3.1	2.3
女	人　員	15人	15	10	15	15	15
	蛇 行 度 M	6.2cm	5.5	3.7	5.0	3.8	3.9
	蛇 行 度 S.D	2.00cm	1.26	1.14	1.89	1.04	1.18
	蛇行度／身長	5.4	4.5	2.8	3.5	2.5	2.5

值青年前期之前，身心發育顯著；體態，內臟功能，各種運動能力較差的時期。再以短跑中的兩足間隔的大小，看平衡能力的發展情形。由第十七圖可知九至十一歲間快跑中的兩足間隔有顯著的縮小，此後縮小的傾向逐漸緩慢下來。由靜與動兩種有關平衡的實驗或者測驗可知，由小學三

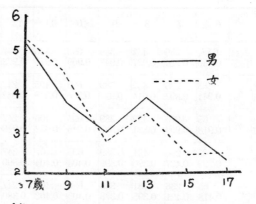

第十六圖　短跑中蛇行度減少變化圖

男
女

7歲　9　11　13　15　17

第十七圖　短跑中兩足間隔差的發達曲線

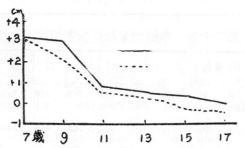

7歲　9　11　13　15　17

年級至初中三年級之間有發展的現象，至高中時期則逐漸停止。

二、柔軟性（Flexibility）：身體的柔軟性可分爲兩種；一爲肌肉本身的彈性，也就是肌肉的堅硬程度；另一種爲肌纖維的伸縮性。平時所稱身體的柔軟性則指身體的可動性的大小，也就是指肌肉纖維的伸縮性。

身體的柔軟性，通常以測驗身體各關節的可動範圍的大小來比較。其方法有兩種；一是以角度測量可動範圍，一是以關節爲

第十九表　年齡別柔軟性指數平均（男）　　　　　（本間茂雄　1951）

項目		6歲	7	8	9	10	11	12	13	14	15	16	17
左右開脚	人員指數	65人 0.930	236 0.924	432 0.937	389 0.947	696 0.969	435 0.975	247 0.972	199 0.969	178 0.969	162 0.955	239 0.947	134 0.956
左脚前出開脚	〃	63 0.941	236 0.897	432 0.914	389 0.927	696 0.946	405 0.949	247 0.942	199 0.937	178 0.958	162 0.933	239 0.939	134 0.945
右脚前出開脚	〃	65 0.918	276 0.909	432 09.21	389 0.923	695 0.946	406 0.952	247 0.943	199 0.928	178 0.964	162 0.929	239 0.943	134 0.952
體左側屈	〃	65 0.399	236 0.427	431 0.396	389 0.398	695 0.408	407 0.404	247 0.390	199 0.375	178 0.375	162 0.371	239 0.359	134 0.361
體右側屈	〃	65 0.418	236 0.421	431 0.395	388 0.373	696 0.405	406 0.402	247 0.380	199 0.368	177 0.368	162 0.367	239 0.358	134 0.359
體前屈	〃	64 0.783	236 0.763	430 0.741	388 0.748	696 0.760	406 0.754	747 0.749	199 0.745	177 0.762	162 0.762	239 0.773	134 0.781
體後屈	〃	65 0.456	236 0.452	432 0.458	387 0.466	696 0.493	495 0.522	220 0.495	199 0.471	178 0.486	155 0.476	224 0.455	121 0.460

第二十表　年齡別柔軟性指數平均（女）　　　　　（本間茂雄　1951）

項目		6歲	7	8	9	10	11	12	13	14	15	16	17
左右開脚	人員指數	91 0.941	227 0.930	449 0.946	372 0.961	763 0.971	416 0.921	249 0.939	173 0.970	199 0.973	327 0.990	629 0.994	421 0.998
左脚前出開脚	〃	91 0.946	227 0.895	449 0.944	372 0.951	763 0.975	416 0.963	247 0.947	173 0.969	199 0.990	327 0.958	528 0.985	421 1.005
右脚前出開脚	〃	91 0.937	227 0.941	449 0.941	372 0.955	762 0.918	416 0.972	247 0.947	173 0.947	197 0.987	326 0.998	529 1.001	421 1.003
體左側屈	〃	91 0.439	227 0.428	449 0.415	372 0.405	762 0.416	416 0.406	249 0.385	173 0.394	197 0.387	326 0.379	529 0.371	421 0.369
體右側屈	〃	91 0.423	227 0.431	449 0.412	372 0.403	762 0.417	416 0.402	249 0.393	173 0.390	197 0.380	325 0.372	529 0.369	421 0.364
體前屈	〃	91 0.795	227 0.760	449 0.770	371 0.755	761 0.765	416 0.764	249 0.735	173 0.769	199 0.798	327 0.801	529 0.815	421 0.814
體後屈	〃	91 0.439	227 0.452	449 0.511	372 0.490	763 0.518	416 0.510	209 0.516	173 0.508	199 0.511	303 0.516	509 0.513	401 0.510

中心測量身體特定部位所移動的距離。任何運動均少不了關節活動，相反的關節活動範圍的大小，直接或間接影響運動成績。茲將根據測驗資料觀察柔軟性的發展情形。

根據第十九、二十表或第十八、十九圖可以得到下列身體各部位柔軟性的發展情形。

㈠股關節的活動範圍，由六歲至十七歲呈現緩慢的進步。

㈡軀體的柔軟性，前彎或後彎均無顯著的變化。

㈢隨着年齡的增加，漸形退化。根據實驗和觀察，如不均常訓練，肌肉的伸縮會逐漸減少，其柔軟性也會減低。人體的柔軟性，隨着年齡而變化，在十七歲以前，受形態的發育影響，柔軟性逐漸發展，十七歲時達到最高點，然後逐漸退化，尤其四十歲以後更爲明顯。

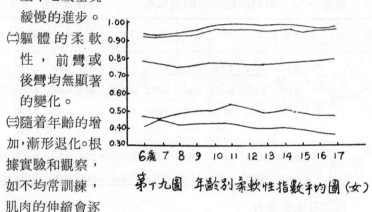

第十八圖　年齡別柔軟性指數平均圖（男）

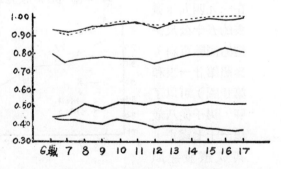

第十九圖　年齡別柔軟性指數平均圖（女）

三、敏捷性（Agility）：通常人的運動是由中樞神經興奮後，經由離心性神經（運動神經）傳達該興奮至身體各部肌肉，而引起

收縮的結果。人體受到刺激後反應速度的快慢，因人而異。通常從事棒球的擊球運動時，除了接受刺激至決定擊球這一段時間外，實際擊球所費的時間爲十分之一秒。不過有顯著的個別差異。各項運動中迅速反應的機能佔極重要的因素。這種神經傳達及肌肉收縮速度的快慢，稱爲敏捷性。測驗敏捷性，最好採用單純的短時間反覆性運動，通常可採用短跑，側方來回移動跳，十字快跑等測驗法。

第廿一表　50M快跑的年齡別成績　　（日本文部省　1949）

目＼年齡		8歲	9	10	11	12	13	14	15	16	17
男 50m跑	人員	人 2.100	2.652	2.590	2.690	2.497	2.449	2.404	1.252	1.092	949
	M	秒 10.209	9.865	9.492	9.467	9.012	8.790	8.992	8.595	8.079	7.657
	S	秒 0.797	0.817	0.745	0.731	0.668	0.706	0.754	0.823	0.737	0.532
女 50m跑	人員	2.122	2.610	2.541	2.664	2.470	2.489	2.426	1.204	942	718
	M	10.744	10.330	9.947	9.663	9.488	9.876	9.264	9.236	9.255	9.138
	S	0.876	0.825	0.875	0.749	0.718	0.952	0.802	0.791	0.844	0.767

根據日本文部省在一九四九年發表的五十公尺快跑的測驗資料（參照第廿一表和第廿圖）可以了解，男子從八歲起至十七歲止，其成績發達順

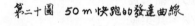

第二十圖　50m快跑的發達曲線

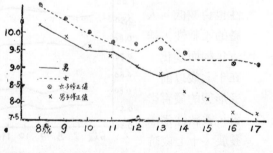

利，女子在十四歲時即停止進步。除外尚有日本森茂雄氏於一九五一年所做的百公尺快跑測驗的結果。從第廿二表和第廿一圖可以了解，隨着年齡、速度的發展情形（低年級兒童跑百公尺

第廿二表　100m快跑的年齡別成績　　　　　　（森茂雄 1951）

年齡 性別	小1年	2	3	4	5	6	中1	2	3	高1	2	3	大1
男　秒	22.75	21.65	20.20	19.05	17.83	17.61	16 28	15.75	14.25	14.32	13.80	14.07	14.59
女	23.31	22.44	21.63	20.51	19.90	19.58	18.72	19.07	18.63	18.69	18.91	19.46	19.51

不能算眞正的全速度）。男子的敏捷性，發展的最高點在十七歲，女子在十三歲至十五歲。

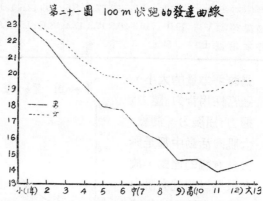

第二十一圖　100m快跑的發達曲線

—— 男
---- 女

四、力量（Strength）：根據體育大辭典的解釋，力量（肌力）的意義如下：「肌肉收縮時發生張力」。肌肉受刺激所產生的力量分爲攣縮（肌肉受一次刺激所發生的短時間收縮）與強縮（攣縮的重覆，是較大的收縮）。強縮亦因刺激的大小而不同。受刺激產生最大收縮所發出的力量稱爲絕對肌力。肌力是每一條肌纖維收縮的總計，合力的大小因肌纖維的收縮方向而不同。」以上是對純粹肌肉所發生的力量的解釋。

在體育運動中所稱的肌力，是人體因最大興奮所發生的力量。

第廿三表　年齡別背力平均值（男）　　　　　　（吉田章信 1937）

項　目	年齡	6～7 至	7～	8～	9～	10～	11～	12～	13～	14～	15～	16～	17～	18～	19～	20～	21～
人　員　數		115人	176	290	225	267	256	470	579	445	402	365	346	303	312	199	103
平　均　M		36kg	40	48	54	60	68	76	90	162	118	124	128	130	128	131	131
標準偏差 S.D.		7.3kg	7.3	8.6	9.9	9.9	12.0	18.3	17.1	20.8	21.0	19.1	17.8	19.4	18.2	19.8	19.2
變異係數 V		20.3	18.3	17.9	18.3	16.5	17.6	24.1	19.0	20.4	17.8	15.4	13.9	14.9	14.2	15.1	14.7
各才增減 d		4kg	8	6	6	8	11	22	16	6	4	2	—2	3	0	—

第廿四表　年齡別背力平均值（女）

項目 ＼ 年齡	6~7歲	7~	8~	9~	10~	11~	12~	13~	14~	15~	16~	17~	18~
人員數	98人	177	225	230	233	263	457	558	280	223	193	252	175
平均 M	80kg	35	40	45	49	53	64	72	25	83	86	85	88
標準偏差 S.D.	5.7kg	5.7	8.2	7.8	8.5	9.6	12.5	12.8	11.9	12.9	11.5	15.9	19.7
變異係數 V	19.0	16.3	20.5	17.3	17.4	18.1	19.5	17.8	15.9	15.5	13.4	18.6	22.3
各歲增減 d	5kg	5	5	4	4	11	8	8		3	—1	3	—

為瞭解力量的大小，通常採用背力、腿力、握力、屈腕力等測驗。大肌肉活動中都是與力量有關的運動，故在很早以前就有肌力測驗的方法。茲依據日本吉田章信氏在（一九三七年）發表的資料與石河利寬氏的測驗資料，來觀察背力與握力的發達情形。根據第廿三、第廿四表及第廿二圖可知：

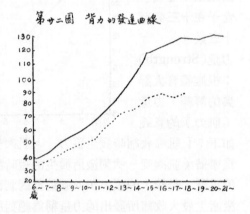

第廿二圖　背力的發達曲線

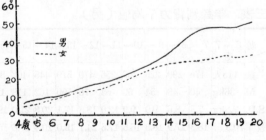

第廿三圖　握力的發達曲線

㈠背力：男子由六歲至十八歲約增加百公斤，而在十二歲至十五歲之間增加最快。女子由六歲至十八歲約增加五十公

斤而在十一歲至十三歲之間增加最快。

㈡握力方面：男子由六歲起逐漸增加，至十八歲達極點。男子在十一歲至十五歲，女子在九歲至十三歲之間增加最快。至十四歲以後男女有顯著的性別差異。

五、瞬發力（Power）：肌力與瞬發力並非完全不相關。肌力並無時間的因素，然而時間對瞬發力有重大的意義。美國體育專家麥可樂（C. H. McCloy）氏解釋瞬發力為工作時間的比例。其公式如下：

$$W = F \cdot D \qquad P = \frac{W}{T} = \frac{FD}{T} \qquad \therefore \quad P = FV.$$

W＝工，F＝力量，D＝距離，P＝Power，T＝時間，V＝速度。

根據上述公式，可解釋瞬發力是「力量」與「速度」的乘積。換言之，在最短時間內發揮最大力量者稱為瞬發力。以大肌肉活動為例，如有六十公斤體重的甲、乙兩人跑百公尺，甲的成績十三秒，乙的成績十五秒，即可謂甲的瞬發力比乙大。因此測驗瞬發力的大小，多採用在最短時間內能發揮最大力量的運動，以其成績代表瞬發力。最符合這些條件的為垂直跳。其次為立定跳遠、棒球擲遠、推鉛球等。惟立定跳遠、棒球擲遠、推鉛球等運動，除瞬發力外尚包含複雜的技術問題，故其成績

第廿五表　各年齡垂直跳成績　　　　　　　　　　　（日本文部省　1949）

性	項目	年齡	8歲	9	10	11	12	13	14	15	16	17
男	人　數	N	人 2,100	2,652	2,590	2,902	2,491	2,449	2,401	1,252	1,092	949
	平　均	M	cm 20.73	22.91	25.72	28.30	30.22	32.69	35.97	40.59	45.26	47.37
	標準偏差	S.D	cm 4.58	4.58	5.023	5.35	5.61	6.60	6.68	6.84	6.69	7.01
女		N	人 2,122	2,610	2,541	2,664	2,470	2,489	2,426	1,204	942	718
		M	cm 19.13	21.09	23.46	25.79	27.36	29.51	30.98	33.17	34.19	35.13
		S.D	cm 4.21	4.51	4.87	5.23	5.36	6.24	5.83	5.80	5.78	5.47

第廿六表　各年齡立定跳遠成績　　　　　　　　（日本文部省　1949）

性 項目 年齡		8歲	9	10	11	12	13	14	15	16	17
男	人數 N	2,100人	2,652	2,590	2,690	2,497	2,449	2,404	1,252	1,092	949
	平均 M	137.39cm	146.02	154.90	162.76	169.01	180.12	193.10	202.83	219.46	224.26
	標準偏差 S.D	17.62cm	15.71	16.27	16.46	17.33	18.10	20.03	21.82	18.88	17.74
女	N	2,122人	2,610	2,541	2,664	2,470	2,489	2,426	1,204	942	718
	M	129.43cm	136.39	143.98	152.15	159.25	165.99	166.12	174.31	176.75	177.83
	S.D	14.83cm	15.36	16.67	16.78	16.80	18.53	17.39	19.44	16.38	14.94

第廿七表　各年齡軟式棒球擲遠成績　　　　　　（日本文部省　1949）

性別 項目 年齡		8歲	9	10	11	12	13	14	15	16	17
男	人數 N	3,100人	2,652	2,590	2,690	4,497	2,449	2,404	1,252	1,692	949
	平均 M	21.96m	24.60	29.75	33.87	37.51	0.29	45.52	50.70	55.00	56.46
	標準偏差 S.D	5.25m	5.88	6.28	6.29	6.58	8.18	8.85	9.19	8.56	9.16
女	N	2,122人	2,610	2,541	2,664	2,479	2,489	2,426	1,204	942	718
	M	10.12m	12.35	14.86	16.95	19.38	20.99	22.41	22.66	22.52	22.56
	S.D	2.94m	3.60	4.56	5.56	5.00	5.46	6.13	7.58	6.17	6.87

不能完全代表瞬發力。根據日本文部省在一九四九年測驗的垂
直跳、立定跳遠、擲棒球的測驗資料可以了解，瞬發力的發展
情形。（參照第廿五、廿六、廿七表與第廿四、廿五圖）

㈠垂直跳：由八歲至十七歲逐漸發展，其相差數爲，男子二十
　七公分，女子十五公分。男子在十四歲至十六歲之間有突然
　的進步現象（約進步十公分），女子則較緩慢。

㈡立定跳遠：雖然包含不少瞬發力的因素，但也包含不少其他
　的複雜技術在內。例如落地時稍爲提腿伸膝，上體前傾，可
　能會進步若干公分。其發展曲線則提早一年，男女均在十二
　歲至十三歲以後有顯著的發展。

㈢棒球：根據日本浦田正治氏的研究，垂直跳與立定跳遠的相關為零點六〇四，與棒球擲遠為零點四五九。也許是擲棒球時，包含更複雜的投擲技術在內的緣故，棒球擲遠的發展曲線，甚似立定跳遠。男子的垂直跳及棒球擲遠在十三歲至十四歲之間，開始有顯著的發展。棒球擲遠的性別差異從八歲起則相當顯著，至十二歲以後則更甚。

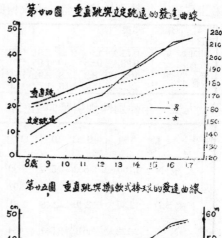

第廿四圖　垂直跳與立定跳遠的發達曲線

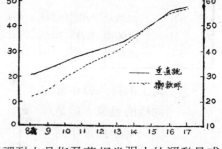

第廿五圖　垂直跳與擲軟式棒球的發達曲線

六、耐力（Endurance）：所謂耐力是指負荷相當强大的運動量或作業，能維持相當時間的身體或精神的能力。耐力可分為無氣性耐力與有氣性耐力。無氣性耐力也可以說是在缺乏氧氣供應下肌肉收縮的持久力。有氣性耐力是指呼吸循環機能的持久力。是靠心肺臟，血管等新陳代謝系統的輸送並供應氧氣，排除二氧化碳，乳酸等生理能力，維持相當强度與時間的運動能力。玆根據資料，觀察無氣性耐力與有氣性耐力的發展情形。

㈠無氣性耐力：可用引體向上，俯臥臂屈伸，仰臥起坐等方法測驗（可參照第廿八、廿九表和第廿六、廿七圖）。由這些表圖可以了解俯臥撑臂屈伸的耐久力，男子由小學一年級至大學，發展順利，大致可增加十五次；女卽相反，小學時期的推撑性持久力較優，隨着年齡的增大，持久性減低。引體

第廿八表 年齡別性別引體向上及俯臥撐臂屈伸之成績（森茂雄 1951）

項目＼年齡		小學1	2	3	4	5	6	初中1	2	3	高中1	2	3	大1
引體向上	男	0.71次	1.05	2.43	3.31	5.71	3.76	4.55	5.57	5.43	5.97	7.24	8.82	9.51
	女	0.28次	0.55	1.10	1.95	2.73	0.93	1.07	0.58	0.31	0.73	0.81	0.53	1.05
俯臥撐	男	10.4次	8.8	12.8	2.91	75.2	17.3	13.5	16.3	18.2	21.5	23.7	20.6	23.1
	女	12.3次	13.7	10.3	1.77	11.0	11.1	6.0	5.4	5.2	6.9	3.1	6.4	6.5

第廿九表 年齡別性別引體向上（男）引體懸垂（女）（日本文部省 1949）

性	項目＼年齡	8歲	9	10	11	12	13	14	15	16	17
男	人數 N	2,100人	2,652	2,590	2,690	2,497	2,449	2,404	1,252	1,092	949
	平均 M	2.89次	3.27	3.68	3.92	4.01	4.35	5.14	5.76	7.38	7.78
	偏差 S.D	2.20次	2.40	2.48	2.81	2.56	2.69	3.00	2.65	3.16	2.85
女	N	2,122人	2,610	2,541	2,664	2,470	2,489	2,426	1,204	942	718
	M	13.00秒	13.00	15.45	15.31	15.19	16.12	14.89	12.91	15.40	15.13
	S.D	13.49秒	10.82	14.08	14.50	13.87	15.79	15.44	12.89	11.78	9.15

向上的持久力亦有同樣的現象。這是因爲女子由靑年前期起，脂肪漸形增加，肌力較小，影響牽引所致。

㈡有氣性耐力：最理想的測驗項目爲長距離賽跑。惟在實施上有困難。通常採用與長跑有最高相關的連續向前單腳跳做爲有氣性耐力的測驗項目。根

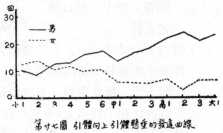

第廿六圖　俯臥撐臂屈伸的發達曲線（森氏）

第廿七圖　引體向上引體懸垂的發達曲線

第廿三圖　各項運動技術的發達曲線

據測驗資料（參照第卅表和第廿八圖）可以了解：男子在十

第卅表　連續單腳跳的成績

項目＼年齡		8歲	9	10	11	12	13	14	15	16	17	18
男	人數	40人	122	94	126	65	116	137	101	104	110	128
	M	5.13次	5.28	6.40	6.99	8.34	9.53	9.39	11.13	11.50	11.74	11.72
	S.D	2.26次	2.10	3.45	2.89	3.94	4.34	3.78	4.24	4.22	4.86	4.85
女	人數	50人	112	122	102	72	112	118	107	142	99	148
	M	3.84次	4.04	4.07	5.22	5.69	5.75	6.25	6.05	6.22	6.43	5.89
	S.D	1.67次	1.63	1.42	1.76	1.57	1.94	1.84	2.00	1.55	2.16	1.77

六歲或十七歲時已達到頂點（引體向上及俯臥撐臂屈伸則可發展至十九歲），女子的無氣性耐力則在小學四年級或五年級時達到最高峯，隨着身體的成熟逐漸降低。然而有氣性耐

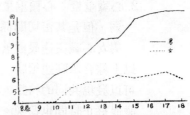

第廿八圖　連續單腳跳的發達曲線

力則逐漸發展至十七歲。較顯著的時期爲十歲至十四歲之間。有氣性耐力受心肺機能的功效的影響至大，心肺機能良好，功效高時，有氣性耐力大。根據現代生理學家研究結果，肺活

第卅一表　肺活量平均成績　　　　（吉田章信　1932～1941）

項目＼年齡		6～7歲	7～	8～	9～	10～	11～	12～	13～
男	N	227人	284	399	361	361	338	277	321
	M	1.039cc	1.278	1.476	1.688	1.810	1.990	2.127	2.479
	S.D	246cc	249	237	254	277	315	331	421
女	N	204人	300	369	320	3.9	292	728	702
	M	979cc	1.131	1.316	1.484	1.568	1.811	2.083	2.250
	S.D	218cc	212	236	243	249	313	306	361

項目＼年齡		14歲～	15～	16～	17～	18～	19～	20～	21～
男	N	241人	209	210	292	277	292	190	97
	M	2.750cc	3.270	3.605	3.746	3.824	3.866	3.890	3.975
	S.D	595cc	548	460	496	501	543	548	538
女	N	518人	491	404	288	183	—	—	—
	M	2.408cc	2.505	2.591	2.602	2.702	—	—	—
	S.D	345cc	337	409	355	428	—	—	—

量的大小，雖然對有氣性耐力沒有絕對的影響，但是在其他各種身心條件相同時，肺活量大者似較有利。同樣的，心肺機能較優的對於血液的輸送，廢

第廿九圖　肺活量發達曲線

料的排洩有較高的效率。因此根據資料，了解肺活量和心臟的發展情形，實具有其意義。

1. 肺活量：根據第卅一表和第廿九圖，可以知道男子從十三歲至十七歲之間有顯著的增加，十八歲時差不多到最高點。

2. 心臟重量：心臟重量的大小雖然不能够代表心臟機能的強弱，但是其密切關係是不可否認的。根據測量資料，發現男女心臟發達最顯著的時期為十二歲至十七歲之間。

以上綜合單腳連續跳，肺活量，心臟重量等三者的發展情形，可以發現共同的特點。就是比其他各種機能，發展時間較長，發展終止時間也較晚。由這些事實似乎可以說明，有氣性耐力，較其他機能為晚成的理由。

為求比較各項運動機能的發展情形，將各項發展完成時期的數值為作一百，另以百分率來表示各年齡的平均值，則其結

第卅二表　各種運動機能發達百分率（男）

要因	種目	項目	6歲	7	8	9	10	11	12	13	14	15	16	17	18
平衡	閉眼單腳立10秒以上	平均M	25.4	42.4	46.4	46.2	49.0	63.9	66.4	62.2	62.1				
		發達率%	29.5	28.0	37.8	43.5	45.0	61.2	106.9	102.1	100				
柔軟性	體前彎指數	M次	6.79	6.76	6.74	6.75	6.76	6.75	6.79	6.75	6.76	6.76	6.07	6.78	
		%	100.0	97.4	94.9	96.2	97.4	96.2	96.2	96.2	97.9	97.4	93.7	100.0	
敏捷性	50m快跑	M秒			10.2	9.9	9.0	9.0	9.0	8.5	8.6	8.1	7.7		
		%			77.5	77.8	81.1	81.3	85.6	37.5	85.6	89.5	95.1	100.0	
肌力	背力	M kg	36	40	48	54	60	69	76	90	162	118	124	128	
		%	27.7	30.0	36.9	41.5	46.2	52.3	53.5	69.2	78.5	90.8	95.4	98.5	
瞬發力	垂直跳	M m			20.7	22.9	25.7	28.3	30.2	32.7	36.6	40.6	45.3	47.4	
		%			43.7	48.3	54.2	59.7	63.7	68.9	75.9	86.7	95.6	100.0	
肌持久	引體向上次數	M次			2.9	3.3	3.7	3.9	4.0	4.4	6.1	5.8	7.4	7.5	
		%			37.2	42.3	47.4	50.0	51.3	56.4	65.4	74.4	94.9	100.0	
循環持久	單腳跳次數	M次			5.1	5.2	6.4	7.0	8.3	9.5	9.4	11.1	11.5	11.7	11.7
		%			43.6	44.0	54.7	59.8	70.9	81.2	80.3	94.9	98.3	100.0	100.0

果如第卅二表和第卅圖。

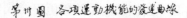

第卅圖　各項運動機能的發達曲線

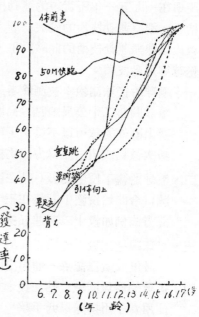

(一)平衡（單足立）的發展最
　　顯著，從十歲以後幾乎成
　　直線上升，其完成時期亦
　　較其他項目為快。

(二)柔軟性（前彎度）的發展
　　甚小。發展緩慢，幾乎成
　　水平線。

(三)敏捷性（五十公尺快跑）
　　的發展曲線成梯形狀態。
　　九歲至十一歲之間進步較
　　快，十四歲以後更快。

(四)力量（背力）的發展甚為
　　顯著，在十三歲以後進步
　　迅速，在十七歲時達最高
　　點。

(五)瞬發力（垂直跳）的發展
　　速度較平均，年間發展比率不小。至十七歲時達其最高點。

(六)耐力（單腳連續跳）的發展，雖稍成階梯形，但是大致與垂
　　直跳相似。

由上述結果可以了解各種運動機能的發展情形，當吾人從事教
學或訓練發育期間的青少年學生，必須顧及發展特徵，給與合
理的指導才能奏效。

丁、兒童運動技術的發展概況

要在各項運動中有良好的表現，或創造優異的成績，除需具備平衡、
柔軟、力量、瞬發力，耐力等基本體力的要素外，尚須具有支配神
經機能，控制身體運動的協調能力。這種能力，包括時間的快慢，
肌肉收縮的強弱，身體各部位的協調等。

運動技術的測驗並不容易，因每人的生活與接受專門性訓練的時間

各異，所測驗出來的數值不能代表正確的發展曲線。茲參考日本森茂雄在一九五一年所實施的運動技術測驗（Sports skill test）的結果，觀察運動技術的發展情形。

森氏以球類運動技術的測驗爲主，採用下列方法測驗籃、排、足、壘球等運動技術。

一、壘球的接球測驗：被測驗者站在直徑五公尺的圓圈內，接由距離該圓心二十公尺地點以高度五公尺擲來的壘球，（擲不到或擲出圈外的球可以不接），球的速度爲普通。每人接五次以成功次數爲成績，記錄方法爲接五次成功三次即寫 $\frac{3}{5}$ 等。

二、籃球的籃下投籃測驗‥站在籃下任何地方，手持足球或躲避球，聽口令開始投籃，記錄在三十秒中投籃的次數和投進次數。記錄方法例如投十二次進五次即寫 $\frac{5}{12}$ 等。

三、足球踢遠測驗：使用正式的足球，試踢放在地上的足球三次，以最優成績爲記錄。惟踢出四十五度範圍外的球即無效。

四、排球的發球測驗：站在長十六公尺寬八公尺的排球場端線上，使用女子用排球以低手擊球法發球五次（網高一公尺九十），記錄五次發球中進多少次。例如五次中進三次即 $\frac{3}{5}$ 。

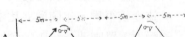

第廿一圖　籃球運球測驗圖

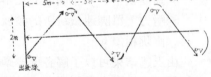

第卅三表　以小學五年級爲一百的各項運動技術之發達指數

項　目	學年	小5	6	中1	2	3	高1	2	3	大1
壘球的接球	男	100	122	131	143	121	146	138	146	148
	女	100	113	143	179	195	202	200	217	221
籃球的投籃	男	100	152	176	191	227	231	249	272	300
	女	100	206	177	236	253	304	351	363	381
足球的盤球	男	100	137	175	183	200	220	230	235	230
	女	100	146	240	271	262	274	231	259	232
排球的發球	男	100	124	141	194	224	265	310	298	316
	女	100	263	425	425	613	738	863	692	719
籃球的運球	男	100	107	121	120	140	183	208	203	170
	女	100	108	121	127	129	171	176	191	171

五、籃球的運球測驗：
由起點聽令開始（
如第卅一圖所示之
蛇形）運球，並計
其時間。如果中途
失敗一次可重行試
運一次。測驗時使
用正式籃球。

根據上述各項測驗結
果，爲求比較技術發達
的情形，以小學五年級
兒童的成績爲一百，算
出各年級的百分比率。
（參照第卅三表和第卅
二圖）。

從這些表或圖可知須要
高度正確性的運動項
目，例如籃球的投籃，
排球的發球等技術的發
達較爲顯著。

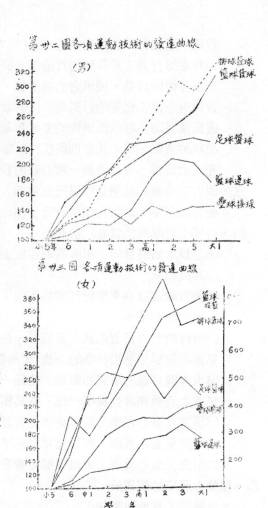

第卅二圖 各項運動技術的發達曲線（男）

第卅三圖 各項運動技術的發達曲線（女）

第三節　兒童心理的發展概況

甲、兒童心理學的定義與價值

兒童心理學是研究兒童個人行爲發展過程的科學；這條定義包含四個要點：

一、行爲（Behavior）：一般心理學所研究的一切對象，可說都是

行爲，這些行爲包括內在的行爲（思考、記憶、推理、判斷等）和外在的行爲（可見到的行動）。研究心理學的目的是要觀察各種各樣的行爲，發現它們的性質，規律；說明它們的因果。

二、發展的歷程：兒童的行爲是不斷的發展，近代兒童心理學是以這個發展的歷程做爲研究的主要對象。兒童心理學家觀察兒童發展的實況，尋求其原則與條件。事實上是用歷史的看法來研究人的行爲，可以說是一種心理的發展史。

三、個人：兒童心理學是以研究兒童個人的發展爲對象，不像其他動物心理學，民族心理學研究整個種類或民族的進化。

四、科學：科學的性質有三個要點：

㈠是以求知爲目的，用客觀的態度去研究一類現象，以求明瞭其眞相。

㈡靠實驗或觀察來獲得基本的事實，以嚴格的科學方法，求得確實的結果。

㈢所得的知識要有系統，要能用一些原則或定律加以概括。

兒童心理學是應用科學的方法，實地觀察兒童行爲發展的現象，尋求客觀可靠的事實和原理，故爲一種科學。

兒童心理學和其他科學一樣，有其獨特的價值，玆列述如下：

㈠研究兒童心理學可做爲從事兒童教育的基礎。

㈡研究兒童心理學，可以幫助吾人了解成人的心理。

㈢研究兒童心理學，可以了解兒童發展的歷程。

乙、兒童心理學的研究法

一、直接法（實地觀察法）

㈠自然觀察法（Natural observation）

　1.日記法或傳記法（Daily method or Biogrphical method）

　2.限制的自然觀察法：可分爲兩種

　　(1)專題的系統觀察法　(2)短時間取樣的方法

㈡控制的觀察法（Controlled observation）

　自然觀察法是，觀察在自然狀況中所發生的行爲，控制的觀

察是故意安排某種環境來影響兒童的行爲，然後去觀察的方法。這種方法可分爲三種

1. 實驗法（Experimental method）

2. 測驗法（Testing）

3. 晤談法（Conversational method）

二、間接法：並非直接觀察兒童的行爲，用間接的手續求得所要的材料，以資研究。這種方法又可分爲三種：

㈠研究兒童的作品，日記、文章、圖畫、工藝。

㈡徵詢法

1. 問卷法（Questionnaire）

2. 當面晤談的方法（Interview）

3. 評價法（Rating）

㈢回憶法（Reminiscance）

三、個案法（Case history method）：以兒童爲對象，有系統的收集有關資料，以了解整個行爲與造成這種性格行爲的條件。這些資料包括、身體、智力、學業、習慣、情感、態度的發展史和現狀；在家庭的生活情況，家庭的歷史，家庭的特質和文化的環境等。所用的手續包括醫學檢查、測驗、評價、觀察、晤談、實驗等。

丙、兒童心理發展過程的區分

發展的歷程，本無截然的段落，所謂時期是爲研究方便而加以區分的。通常可分爲三個時期：

一、胚胎期：自受精至分娩爲止，大約十個月。

二、兒童期：自誕生至性機能開始發達爲止，可分爲前後兩期。

㈠前兒童期（Early childhood）

1. 初生期（Neonatal period）

2. 嬰兒期（Infance）滿月至能走路以前。

3. 幼兒期：一歲至六歲。

㈡後兒童期（Later childhood）：自滿屆學齡至性機能開始發

達爲止，相當於小學時期。

三、青年期：分三期

　　㈠青年前期或發情期（Puberty or pubescence）：女子以月經開始爲成熟的表徵，男子以變音、生鬚、長陰毛、遺精等現象爲表徵。發情期的早晚，因種族，性別和個人而異，男子比女子大約晚一年或二年。女子在十一歲至十三歲，男子在十三歲至十五歲。

　　㈡青年期（Adolescence）：男子是十五歲至十九歲，女子是十三歲至十七歲或十八歲，稱謂青年期。

　　㈢青年後期或成熟期（Later Adolescence）：是指性機能與其他各種生理機能完全成熟的時期。男子是十九歲至二十五歲，女子是十八歲至二十三歲的時期。

丁、小學各年級兒童的心理特徵

一、一年級兒童的心理特徵

　　㈠運動方面：

　　　1. 全身性的：喜歡跑、跳、擲、攀登、摔角、追逐、跳繩、踢毽子、拍球等大肌肉活動，但運動技能尚未發達。

　　　2. 局部性的：因小肌肉尚未發達，不擅長小肌肉活動，例如寫字、繪畫等。動作非常僵硬呆板，缺乏技巧。

　　㈡智力方面

　　　1. 言語：好說話，攻擊性強。做事積極，喜恐嚇，多不平。說話聲音大，喜歡吵鬧罵人。多口吃，文章的結構多平敍。

　　　2. 算術：數詞能力與實際計數的能力不一致，可做十以下的實物加減算數。一年級兒童對數目的觀念，非常具體，大致上可進步到一百。

　　　3. 記憶與注意：尚有幼兒時期的殘徵，記憶力尚弱。可背簡單的短文，但是缺乏注意力，無法持久注意。在一年級末期，開始具有課題意識。

　　　4. 思考：尚屬於自我中心期的末期。對於現實與空想，逐漸

能區別。

㈢情緒方面

1. 情緒：尚具有幼兒期的特徵。六歲以前容易哭，至七歲以後這種現象逐漸減少；因爲自覺哭泣是一件不體面的事。受到責備或挨罵時會表示無言的抗議。一年級兒童恐懼的心理增加，尤其對黑暗、聲響、野獸等的恐怖心特大。在愛情方面來說，對父母有絕對的信賴心與親愛的心情。男童對母親及女童對父親的親愛心情特強。兄弟愛由七歲起逐漸增強，然而友情則尚未發展。

2. 興趣：一年級兒童的興趣中心是，直接經驗的世界，例如崇拜與自己常接觸的父親或老師等。這時期的兒童喜歡聽故事，看繪畫或圖畫等。

二、二年級兒童的心理特徵：

㈠運動方面：

1. 全身性的：大致上和一年級兒童一樣，但是背力有顯著的發達。也開始注意本身的姿勢。

2. 局部性的：手指的技巧性較一年級時有進步。叩打速度較一年級進步甚多。寫字時比較順利，不會太呆板或僵硬。

㈡智力方面：

1. 言語：仍然好說話，但是所用的詞句、發音，所寫的文章較前有系統而進步。不過尚有羅列文詞的現象。

2. 算術：已有百位以內數目系列的觀念。經過一年的學習，逐漸具有稍抽象的數目觀念。

3. 記憶：機械性記憶力發展的起點。

4. 思考：尚屬於自我中心的末尾時期。但已開始蛻變進入第二階段，認爲凡能動的物體均有心靈。八歲以後已會完全分開空想與事實，並具有簡單的推理能力。

㈢情緒方面

1. 情緒：比一年級更少哭，不喜歡別人看到哭。對抽象性或

想像性的事物發生恐懼，甚怕與人爭吵或做事失敗，仍怕黑暗的地方。發生憤怒後，訴之於直接行為的現象逐漸減少，反之以言語相罵或譏笑的現象增多。發怒的動機仍然起之於物質或身體問題。

　　2. 興趣：大約和一年級相同。對於和自己有關係的人物，自然環境等東西或故事書，開始有興趣。

三、三年級兒童的心理特徵：

　　㈠運動方面

　　1. 全身性的：全身的基本體力，例如跑、跳、擲等順利發展。尤其是跳躍和投擲的能力更為顯著。對自己的身體能力發生興趣，多喜歡自試活動。

　　2. 局部性的：運動的正確性或機巧度逐漸發展。女童已開始會簡單的刺繡或裁縫。男女兒童的穿衣動作比一、二年級進步許多。

　　㈡智力方面

　　1. 言語：已能比較自由的發表自己的意見。已會使用語彙；不像一、二年級多嘴好說話。已能默讀，文章內容較前有系統且豐富，描寫技術進步，字數較多。

　　2. 算數：在三年級已具有四位數的計數能力，並有初步的分數觀念。也稍為能夠理解具體的函數關係。

　　3. 記憶：八歲以前的兒童，聽覺性記憶比視覺性記憶為優。但是八歲以後則相反。這種視覺性記憶力可以發展至十三歲或十四歲。三年級時期正是機械性記憶力開始急劇發展的起點。

　　4. 思考：尚在解除自我中心的過程中，逐漸由自我中心的觀念，蛻變為客觀性的理解。開始有抽象性觀念，也具有了簡單的推理能力。

　　㈢情緒方面

　　1. 情緒：除非受到相當的委屈或悲哀情事，已不會哭。對於

恐懼時之情緒表現方法，較能控制。開始會憂愁煩悶，掛念發怒等。情緒的表現多以言語或表情來表示，極少以行爲來發洩。至三年級已具有相當豐富的幽默感，故在本年級兒童，雖受到批評或揶揄或玩笑，也不太會起反感或發怒。

2. 興趣：對於自然界的物質或比較奇特的東西發生興趣。開始具有搜集郵票或各種紀念章、標本等興趣和習慣。觀念中理想的人物已由身邊的人，變爲公共的歷史上的偉人，閱讀的興趣，尚停留在故事書階段，但是對童話也開始發生興趣。

四、四年級兒童的心理特徵

㈠運動方面

1. 全身性的：身體上各大肌肉已差不多發育完成。所以跑、跳、擲等基本運動能力的發達速度比前更快。

2. 局部性的：小肌肉和神經系統開始發達，控制身體的能力增強。運動技巧性進步，對物體的操縱比以前更精確且輕巧。

㈡智力方面

1. 言語：會話性言語已成熟，能够充分活用。無論在理解性言語或使用性言語，其語彙均有顯著的增加。作文時並列性文章劇減，文章的結構已有主體和附屬體的區分。

2. 算數：已能計算一億以內的數字，能認識整數、分數、小數的意義。其中對分數的了解程度較差。

3. 記憶：是機械性記憶力最強的時期。

4. 思考：尚在自我中心觀念的末尾階段中。惟理解力較三年級進步。較高程度的思考力也開始發展。

㈢情緒方面

1. 情緒：哭的心理大致與成人相同。發怒的起因大致起於社會和道德上的問題。愛情方面已由家庭中心，變爲朋友中

心。幽默感的範圍也隨之擴大。

2. 興趣：興趣集中於外界事物。對於蒐集物品非常專心和努力。閱讀興趣已由故事性的進入記事性傳記的書籍。

五、五年級兒童的心理特徵

（一）運動方面

1. 全身性的：全身的技巧性進步甚快。

2. 局部性的：手工或小肌肉活動的正確性增加。

（二）智力方面：

1. 言語：語彙及語數增加，文法的了解性有更進一步的成就。

2. 算數：計算能力達一億以上，不僅能了解整數、分數、小數的體系，也能了解三個體系間的關係。對於數目的推理能力開始發展。

3. 記憶：機械性記憶力的發展速度，業已超過極點。論理性的記憶力開始發展。

4. 思考：自我中心性的觀念幾乎消除。逐漸進入成人的客觀性思考階段。

已進入半抽象性的思考階段，同時解決性思考，創造性思考，批判性思考等能力也在開始發展。

（三）情緒方面

1. 情緒：除對單純的外界或直接經驗性的恐怖以外，對想像性、觀念性等有恐懼的心理。發怒的動機多起因於社會性或道德性的問題。對於社會生活相當關心，友情也相當敦厚。

2. 興趣：蒐集郵票、紀念章、標本等興趣甚濃。對於自然界的自然物或自然現象有濃厚的疑問。在討論方面多包含社會關係或知識經驗等內容。在五年級已發生顯著的性別差異，男童比較喜歡理數科或自然科，女童比較喜歡國語科或家事科。閱讀書籍方面，男童好傳記，探險傳記；女童好少女故事等。

六、六年級兒童的心理特徵

　(一)運動方面

　　1.全身性的：技巧性增加，已完成學習高度運動技術的基礎。
　　　背力和臂力的增加甚快。

　　2.局部性的：小肌肉雖繼續發達，但速度逐漸減慢。

　(二)智力方面

　　1.言語：六年級的語彙比一年級時增加兩倍以上。對文法的
　　　瞭解比以前更進步。文章的結構和內容比四、五年級時更
　　　為完整。

　　2.算數：五年級時之延長。對函數關係的理解力更成熟。

　　3.記憶：機械性記憶力仍然繼續發展，但是速度減慢。由機
　　　械性記憶逐漸較變為推理性記憶。

　　4.思考：已脫離自我中心的思考而進入成人的客觀的思考階
　　　段。抽象性思考與推理能力繼續發展。

　(三)情緒方面

　　1.情緒：受刺激後已不會立即表現出來，常放在內心，經過
　　　考慮後再做適當的表現。情感方面的感受性較五年級成熟，
　　　其內容包括心理、社會、道德各方面。

　　2.興趣：五年級的延長，性別差異更為顯明。

第四節　兒童社會行為的發展概況

甲、一年級兒童的社會行為

一、社會生活：人在三歲即開始發生對社會生活的各種慾望。但其
　　比較正規化而強烈的傾向，則須等到六
　　歲或七歲。一年級兒童，已脫離單獨遊
　　戲生活的時期，開始進入團體遊戲生活
　　中。不過一年級兒童的自我中心觀念甚
　　強烈，故交友時，並不存在真正的友情。
　　其交友的條件為鄰居，同路上下學等。

一年級初期，個人在班級中的存在是屬於孤獨的，至後期逐漸
形成較少人數（二至三人）的集團。一年級兒童在學校與教師
之間的關係是直線的（如上圖），每個兒童與教師有直接的關
係，由教師做媒介，形成班級的形態。

在兒童眼中的教師是絕對的或權威性的。

一年級兒童對家庭有絕對的信賴和愛情，常會顯示家庭的優越
性。七歲以後對於母親有時會討好，但有時也會有淘氣的行爲。
父親的存在是絕對的，對姊妹也開始有感情。

二、遊戲：一年級的遊戲尚有幼兒時期的特質，遊戲性質較單純，
形成較簡單。以少數人爲羣體從事遊戲。一年級兒童所喜歡的
有追逐、捉迷藏、踢毽子、拍球等。

三、道德：屬於道德性實念論的時期。在這段時期父親是絕對的權
威者，本期的兒童爲結果論者（不問動機，只問結果），對善
惡的觀念常以成人的批評爲規準；認爲挨罵就是不對，稱讚就
是對。

乙、二年級兒童的社會行爲

一、社會生活：尚屬於個人主義的階段。但已開始進入組黨成羣的
初期。八歲時對團體遊戲發生興趣，已可發現男女遊戲的性別
差異。兒童間的交友，已脫離互相接觸程度的階段，開始以情
感爲主，組成遊戲時的黨派（惟相互間的結合力尚不堅強）。
在家對家庭的構成，親戚的關係等發生濃厚的興趣。

喜歡幫助家事，但是對母親的各種要求也隨着增加。

二、遊戲：大致與一年級相同。

三、道德：八歲以後由實念論道德觀（絕對性道德論），逐漸改變
爲相對性道德觀。二年級後期的兒童均有這些經驗。對善惡的
觀念均以成人的批評做爲判斷的基準。尤其對惡的判斷，常以
個人的觀念爲主。

丙、三年級兒童的社會行爲

一、社會生活：個人主義的觀念與行爲即將結束，開始進入朋黨時

期。團體意識逐漸加深，除對個人的競爭有興趣外，對團體競爭也發生濃厚興趣。對教師的關係，已有個別的接觸發展為團體的接觸。此時開始喜歡教師，但也批評教師，並且注意教師對同學們的態度。在家庭，雖然有濃厚的家族意識，然而對父母已具有批判的觀念，常有不聽從母親的現象，但對父親則絕對服從。

二、遊戲：對遊戲的興趣，男子以球類遊戲為主，女子以捉迷藏，踢毽子或跳橡皮筋等為主。

三、道德：已能逐漸了解道德的相對性，但仍在發展中。對善的判斷，仍以成人的批判為基準，也有根據本人的意識判斷的傾向。對惡的觀念也有顯著的進步，已不再以成人的批判為基準。常以被責罵的事情做為反省的資料，也就是根據本人的意識判斷「惡」行。

丁、四年級兒童的社會行為

一、社會生活：十歲以後的兒童，對團體意識已相當濃厚，友情性的結合加強，對事對人的共鳴同感，互助合作等觀念，成為友情的動機。要成為領袖，必須具備優異的智力，良好的性格，強健的體格，高尚的道德等各方面的條件，這種現象較低年級時期的以力量為絕對性的看法有顯著的差異。

四年級兒童，逐漸脫離無組織性的朋黨狀態而進入有組織的朋黨。已經能開始從事基本的自治活動，與教師之間的關係亦以朋黨為主。在家中已開始批判父親的言行。

二、遊戲：對於有組織的團體遊戲（或運動）和自治活動，發生極大興趣，對於須要推理和記憶力的室內遊戲也開始有興趣。

三、道德：已能了解道德的適應性，對善惡的觀念，正由三年級時期繼續發展中。總而言之，四年級兒童的道德觀念正由未分化的狀態，發展至分化途中。

戊、五年級兒童的社會行為

一、社會生活：五年級兒童為朋黨（Group）生活的代表時期。以

觀念和互相尊敬等做爲結合的條件。五年級以後，班級意識甚強，往往以一至三人等少數領袖爲中心，構成數小組，從事班級活動。同時開始對教師要求合理化和公平化，對父母親亦相同。

二、遊戲：男童對籃球、足球、棒球、躲避球等發生極濃興趣，女童卽對跳橡皮筋、跳繩、韻律活動發生興趣。另一方面對知性遊戲也有相當興趣。

三、道德：已差不多和成人相同，善惡的判斷，已由依賴成人批判做爲基準的現象，轉變爲本身的觀念做爲判斷的基準。

己、六年級兒童的社會行爲

一、社會生活：在兒童社會生活中，到了十二歲前後，朋黨生活已逐漸消滅。六年級兒童已將結束朋黨時期的社會而進入內向性的生活。

六年級兒童的班級意識更加强，對教師和雙親的批評態度亦益深刻。同時對班級或小組領袖的領導能力，要求加深。

二、遊戲：除對於較有組織的各項運動有濃厚的興趣外，對需要動腦筋運用智慧的遊戲，例如猜謎，塡字等發生極大的興趣。

三、道德：對善惡的觀念已進入成人觀念的領域。判斷善惡已由成人們的批評爲判斷基準的現象，變由自己的意識來判斷。

第三章 各國小學體育概況

為提高我國小學體育的功效，除了認識本國各地小學體育概況外，應了解世界各國的小學體育概況，以便取他人之長，補己之短，做為改進我國小學體育之參考。茲簡要介紹美國、英國、德國、日本等小學體育概況，以資推進我國小學體育之參考。

第一節 美國小學體育概況

美國為自由民主的國家。無論在任何方面均有高度的發展。也是當今自由世界的領導國家。美國的義務教育年限，因州而不同，通常在八至九年之間。茲根據資料介紹美國小學體育的概況於後：

甲、體育教學目標：

一、發展運用身體的基本技能，從事各項運動或遊戲。

二、以適合兒童年齡、性格、能力等各項體育運動，增加學習經驗。

三、針對兒童好動的天性，採用各項運動，以促進身心健康與平衡的發達。

四、以各種團體性運動，養成良好的社交能力和控制情緒的方法。

五、透過校外活動，擴大兒童的生活領域，促進生活所必須的能力。

六、培養有關體育運動的健康安全的習慣。

乙、體育正課時間的分配：

活動	幼稚園	低年級(1～4年級)	高年級(5～8年級)
體育正課	150（分鐘）	150	200
遊戲時間	150	75	100
緩和時間	150	75	—
合計	450	300	300

丙、教材內容：

一、一至三年級（6～8歲）。

㈠基本技能。　㈡韻律活動。　㈢簡易遊戲。　㈣自試與自衛活動。　㈤接力。　㈥故事遊戲。

二、四至六年級（9～11歲）。

　　㈠基本技能。　㈡韻律活動。　㈢簡易遊戲。　㈣自試與自衛
　　活動。　㈤接力。　㈥整隊遊戲。　㈦個人或双人的遊戲。
　　㈧水上遊戲。

三、七至八年級（12～13歲）。

　　㈠基本技能。　㈡較有組織的遊戲。　㈢機巧運動與徒手操。
　　㈣接力。　㈤整隊遊戲。　㈥韻律活動。　㈦個人或双人遊戲。
　　㈧水上運動。

根據一九五五至一九五六年，美國健康教育福利部對全美國人口在
三萬人以上城市的小學調查結果得知，小學體育教材包括十九種。
茲將依其普及程度列述如下：

　　㈠團體遊戲。　㈡娛樂性遊戲。　㈢接力。　㈣運動技巧。
　　㈤土風舞。　㈥方舞。　㈦高度組織的遊戲。　㈧創造性舞蹈。
　　㈨滾翻與墊上運動。　㈩徒手體操。　㈠壘球。　㈡田徑運動。
　　㈢排球。　㈣追觸橄欖球。　㈤足球。　㈥改正操。　㈦器械
　　運動。　㈧社交舞。　㈨自然或戶外運動。

丁、課外體育活動：

　　美國的各級學校的課外體育活動甚為盛行普及。其課外體育活動
　　的特質為：

一、課外體育活動的立案、計劃、實施等須要完全符合教育的要求。

二、課外體育活動為課外課程（Extra Curriculam）內之一部份。
　　所佔的比例為百分之五十至七十。

課外體育活動包括

一、各運動部的活動。　二、校內各項運動比賽。　三、校外對抗
　　賽。

各級學校的課外體育活動與休閒活動如下：

六年制小學的課外體育活動，通常稱謂課外休閒活動，其中體育運
動所佔的比例較小。茲將各級學校的課外體育或休閒活動的內容介
紹如下：

一、小學一至三年級的休閒活動項目：

㈠球戲與接力。 ㈡勞作。 ㈢遠足。 ㈣簡易踢球。 ㈤家庭舞會。 ㈥滑冰。 ㈦簡易足球。 ㈧滑梯。 ㈨雪上遊戲。 ㈩尋寶。 (十一)韻律活動。 (十二) Readup game (十三)簡易壘球。 (十四)講故事。 (十五)水上遊戲或游泳。 (十六)簡易機巧運動。 (十七)拳擊。 (十八)音樂。 (十九)參觀。

二、小學四至六年級的休閒活動項目：

㈠簡易器械體操。 ㈡簡易壘球。 ㈢遊戲與接力。 ㈣勞作。 ㈤溜冰。 ㈥踢球。 ㈦自然觀察。 ㈧家庭舞會。 ㈨尋蟲。 ㈩遠足。 (十一)旅行。 (十二) Readup game (十三)戲劇。 (十四)車輪滑冰。 (十五)滑雪。 (十六)滑梯。 (十七)簡易足球。 (十八)講故事。 (十九)游泳。 (二十)簡易網球。 (二十一)音樂。 (二十二)尋寶。 (二十三)參觀。 (二十四)放風箏。

以上活動均在每週星期一至星期五之每日放學後舉行。

三、小學七至八年級或初中的課外體育活動項目：

男子

秋季項目：

㈠足球。 ㈡速度球。 ㈢追觸足球。 ㈣網球。 ㈤球賽。 ㈥擲馬蹄鐵。 ㈦踢球。 ㈧旅行。 ㈨Readup game ㈩參觀。 (十一)游泳。

冬季項目：

㈠籃球。 ㈡游泳。 ㈢桌球。 ㈣手球。 ㈤排球。 ㈥室內徑賽。 ㈦球賽。 ㈧戲劇。 ㈨交際舞。 ㈩音樂。 (十一)急救法。 (十二)跳水。 (十三)模型飛機。 (十四)摔角。 (十五)拳擊。

春季項目：

㈠射箭。 ㈡棒球。 ㈢擲馬蹄鐵。 ㈣網球。 ㈤板球。 ㈥競放風箏。 ㈦踢球。 ㈧旅行。 ㈨游泳。 ㈩ Readup game (十一)滑冰。 (十二)參觀。 (十三)高爾夫球。 (十四)模型飛機。

女子

秋季項目：

㈠射箭。　㈡場球。　㈢擲馬蹄鐵。　㈣踢球。　㈤板球。
㈥ Batt ball　㈦游泳。　㈧網球。　㈨曲棍球。　㈩排球。
㈢足球。　㈣參觀。　㈤旅行。　㈥ Readup game。

冬季項目：

㈠籃球。　㈡排球。　㈢桌球。　㈣甲板網球。　㈤滑雪。
㈥滑冰。　㈦游泳。　㈧急救法。　㈨跳水。　㈩戲劇。
㈢勞作。　㈣韻律活動。　㈤舞蹈。　㈥交際舞。　㈦音樂。
㈧ Readup game。

春季項目：

㈠射箭。　㈡場球（field ball）　㈢司令球。　㈣擲馬蹄鐵。
㈤壘球。　㈥網球。　㈦游泳。　㈧排球。　㈨徑賽。　㈩騎
馬。　㈢旅行。　㈣滑冰。　㈤Readup game.。

四、高中的課外體育活動的項目：

男子

秋季項目：㈠追觸足球。　㈡速球。　㈢足球。　㈣球戰。
㈤旅行。　㈥游泳。　㈦高爾夫球。　㈧越野跑。　㈨擲馬蹄
鐵。　㈩射箭。　㈢急救法。　㈣跳水。

冬季項目：㈠籃球。　㈡游泳。　㈢拳擊。　㈣摔角。　㈤排
球。　㈥滾球。　㈦手球。　㈧室內徑賽。　㈨滑冰。　㈩滑
雪。　㈢桌球。　㈣社交舞。　㈤急救法。　㈥跳水。　㈦家
庭舞會。

春季項目：㈠棒球。　㈡壘球。　㈢田徑。　㈣高爾夫球。
㈤網球。　㈥旅行。　㈦射箭。　㈧擲馬蹄鐵。　㈨球戲。
㈩跳水。　㈢滑冰。

女子

秋季項目：㈠足球。　㈡速球（Speed ball）。㈢場球（field
ball.）。　㈣射箭。　㈤擲馬蹄鐵。　㈥甲板網球。　㈦高爾
夫球。　㈧手球。　㈨游泳。　㈩網球。　㈢室內排球。
㈣旅行。　㈤騎馬。　㈥曲棍球。　㈦舞蹈。　㈧急救法。

(土)跳水。

冬季項目：㈠籃球。　　㈡排球。　　㈢桌球。　　㈣甲板網球。
㈤滑冰。　　㈥滑雪。　　㈦急救。　　㈧游泳。　　㈨跳水。　　㈩韻
律。　　(土)舞蹈。　　(圭)社交舞。　　(圭) game。

春季項目：㈠射箭。　　㈡曲棍球。　　㈢高爾夫球。　　㈣甲板網
球。　　㈤擲馬蹄鐵。　　㈥壘球。　　㈦游泳。　　㈧急救法。
㈨跳水。　　(十)室外排球。　　(土)徑賽。　　(圭)徒步旅行。　　(圭)滑冰
(圭)舞蹈。　　(圭)遠足。

戊、體育師資

美國小學體育正課的任課教師，有體育專任教師和級任教師等。這
些教師中有四分之三的男教師，三分之二的女教師，並非大學或學
院的體育系科畢業生。但是大多數教師均在大學時期選修過有關小
學體育課程。

己、其他

美國的小學非常重視兒童身心的健康，與運動技能的進步。因此規
定每年舉行一次或一次以上的健康檢查和實施身體運動適應測驗（
Physical fitness Test）及運動技能測驗（Soprts Skill Test）。健
康檢查由校醫或訂有合同之公私醫師來執行；身體運動適應測驗和
運動技能測驗卽由各學校在每一運動季節或遊戲單元開始時由級任
教師或體育教師負責舉行。

美國小學體育場地設備雖較其他國家較爲完善，但各州有顯著的

程度 建築與場地	室				內　室				外
可供上體育課的場地	健身房	遊戲室	更衣室	沐浴室	游泳室	不受氣候影響的場地	沙地	游泳地	草地
完善的或合適的	4177	2407	1767	1671	110	6750	1967	47	2621
不合適的或沒有	4021	3332	3936	4119		2512	2917		2647

差異。根據 12217 所小學報告的結果，各校認爲下表所列出的體育建築與場地設備適合於一至六年級兒童上課之用。由右表可知尚離理想甚遠。

爲了補救學校體育建築、場地、設備等不足，在美國有一良好的補救辦法，就是學校體育與社會體育相互配合，利用各有的建築場地、設備，以供教學或活動之用。例如體育正課或課外體育活動時，利用空閒的青年會健身房、游泳池、體育場或公園內的各種球場，私人或政府機關的遊戲場，滑冰場等，同時學校在放學後或假期間，開放體育館、運動場、游泳池等供給一般社會人士，從事各項運動練習或比賽，以收互相利用，提高體育運動的效果。

第二節　英國小學體育概況

英國是近代各項運動（Sports）的起源國家。從十九世紀以後國勢強盛，政治上軌道，人民的生活安定，莫不在業餘生活中享受各種運動或比賽。當今風行世界各國的足球、橄欖球、網球、高爾夫球、田徑賽、曲棍球、划船、馬術、拳擊、角力、滑冰、滾球等許多戶外運動（Outdoor Sports）在十八、九世紀便盛行於英國，後來逐漸傳播至世界各國。

有關英國小學體育的資料較少，茲將根據搜集資料略做介紹如下：

甲、體育教學目標：

一、促進身心健康：積極方面：以各項體育運動鍛鍊機體，使機體得以充分的發展；消極方面爲加強預防疾病。

二、陶冶良好的品格：以體育運動陶冶高尚的態度行爲與道德；例如忠勇、合作、公正、服從等。

三、休閒教育與正當娛樂：閒暇時以體育運動做爲娛樂休閒活動，俾養成良好的消閒習慣，並維持社會的安寧。

乙、教材內容

由於英國的教育制度，新舊並存，雜亂無章，缺乏全國性的統一，所實施的教育內容，亦因地制宜，不盡相同。十九世紀前半的英國各

級學校盛行各項運動與遊戲，至十九世紀後半才開始和歐洲大陸發生體育交流，輸進體操，發展近代體育。二十世紀初受瑞典和丹麥體操的影響，無論在體育理論或實踐等教學方式，均仿效瑞典和丹麥兩國。

第一次世界大戰後，英國教育部特別注重體育訓練，曾訂定三種方案，並令地方教育機關嚴格執行。這三種方案為：㈠任命身體訓練（Physical training）的指導者。㈡利用假期舉辦體育教師講習班，以提高素質。㈢透過遊戲運動中（Play center movement）促進課外娛樂休閒活動（Recreation.）當時的學校體育教材，經教育部長菲夏氏的指示，包括㈠形式運動。㈡遊戲、比賽、運動。㈢舞蹈或韻律活動等三類。

第二次世界大戰期間受戰爭的影響，學校體育陷入低潮。然而第二次世界大戰以後，逐漸恢復原狀，其學校體育教材包括：

一、幼兒學校：五至七歲。

　　器械體操、攀登、各種球類遊戲、韻律活動、game、跳躍、Harp 等。

二、小學校：七至十一歲。

　　團體競賽、攀登、團體遊戲 mama game 等。

三、中學校：十一至十八歲。

　　瑞典體操、墊上運動、攀登、肋木、社交舞、土風舞、現代舞等。

丙、課外體育活動

　　英國各級學校的課外體育活動，如同美國採用季節性運動制度。利用假期，男生從事Criket（一種曲棍球運動），女生從事網球運動。冬季時少年從事足球，少女從事曲棍球、網球等運動。各級學校的課外體育活動所實施的運動項目有游泳、擊劍、拳擊、摔角、越野跑等。

丁、體育師資

英國各級學校的體育教師，並非由大學或專科學校體育系科畢業者。

是大學或獨立學院畢業後，再修一年的體育課程，接受體育專業訓練後獲得體育教師的資格。

戊、其他

英國的體育概況與其他先進國家大不相同。在諸先進國家裏體育的發展有賴於學校體育。然而英國却以社會體育來影響學校體育，同時缺乏專門研究學校體育的機構或體育師資。

第三節　德國小學體育概況

第二次世界大戰後被割分爲東西兩國的德國，其國家的體制各不相同。東德爲共產主義的國家，西德爲民主共和體制的國家。玆介紹西德小學體育概況以資參考。

甲、學校制度與體育目標

西德共有十一州與西柏林，爲一聯邦共和國。各州均有獨自的憲法與政府、議會。是地方分權的國家，因此各州的教育與學校體育制度並不完全相同。小學與中學體育均屬各州政府的教育部管轄下。教育部設有體育司，專司有關體育行政。大學體育卽任其自由組織與發展。西德各級學校的體育目標如

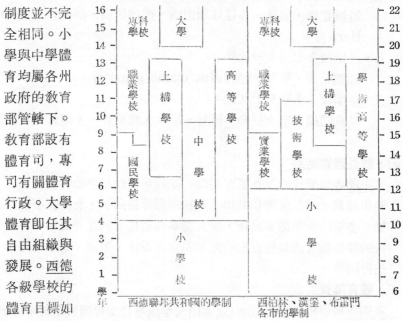

西德聯邦共和國的學制　　西柏林、漢堡、布雷門各市的學制

下：

一、鍛鍊機體，訓練運用身體或從事工作之技巧性。

二、培養克苦耐勞，貫澈始終的堅強意志和積極的態度。

三、養成適應社會生活的圓滿人格。

乙、體育正課與敎材內容

經過第二次世界大戰的西德，國家的建設，教育的振興均由灰燼中，憑智力與堅強的體魄重新做起。當時的體育領導者認清此重要性，不斷的向學生家長、學校俱樂部、青少年團體、運動團體、公共團體等呼籲學校體育的重要性，力求充實學校體育場地，設備與器材。同時認為每週二小時的體育正課，不足以提高效果，特別提倡課外體育活動。利用閒暇或自由時間，配合生產勞動，莫不盡力提倡體育運動。經過數年的努力，德國青少年的體格由三十年前的狀態，恢復戰前水準，使全國人民引以為榮。然而也發生了身體發達的異常化和春情期的提早化等問題，使得不少的青少年發生身體障碍和精神失常的現象，這種情形在一九五五年已形成嚴重的社會問題。

當時的各級體育指導者，為解決這些嚴重問題，立即分析原因，擬定透過身體運動包括 Sports 、體操、露營、旅行等鍛鍊堅強的體魄，穩定情緒，充實生活，以培養健全的公民。尤其重視學校體育，無論在正課或課外體育活動均不斷的研究，以符實際需要。

德國小學或中學等體育正課的時數，各州不同。平均每週有兩小時的體育正課和兩小時以上的課外體育活動。其體育正課的敎材內容如下：

第一階段：男女均為六至九歲。

㈠模仿運動。　㈡跑類遊戲。　㈢擲接遊戲。

第二階段：男子為九至十二歲，女子為九至十一歲。

㈠小球。　㈡棍棒。　㈢繩索運動。　㈣跑類運動。　㈤擲接遊戲。　㈥競技運動（田徑、簡易球類、游泳）。　㈦徒步行軍（半日至一日）。　㈧冬季運動（滑雪、滑冰）。　㈨女子舞蹈。

第三階段：男子爲十二至十五歲，女子爲十一至十四歲。

男生：㊀體操（包括藥球等）。 ㊁跑類遊戲。 ㊂擲接遊
戲。 ㊃球類運動（着重技術與攻守戰略）。 ㊄田徑運動（
起跑、接力、間息跑、七十五公尺跑、百公尺跑、三千公尺跑、
越野跑、跳躍、投擲等。） ㊅器械運動（重器械運動、輕器
械運動）。 ㊆游泳（胸泳、俯泳、爬泳、五十公尺自由式）。
㊇徒步行軍（半日至一日）。 ㊈冬季運動（滑雪、滑冰）。

女生：㊀體操。 ㊁遊戲。 ㊂舞蹈。 ㊃擲接遊戲。
㊄團體運動。 ㊅田徑運動（六十至七十公尺跑、一千五百公
尺跑、擲藥球等）。

第四階段：男子爲十六至十九歲，女子爲十五至十九歲。

男生：㊀體操（增加較難的動作）。 ㊁跑及擲接遊戲。
㊂球類運動（足球、籃球、手球、曲棍球、橄欖球、水球等）
㊃田徑運動（百公尺跑、千公尺跑、三千公尺跑、越野跑、跳
遠、跳高、鐵餅）。 ㊄機巧運動（墊上、跳馬、雙槓、單槓、
攀登）。 ㊅游泳（五十公尺、百公尺、急救法）。
㊆徒步行軍。 ㊇冬季運動（滑雪、滑冰）。

女生：㊀韻律體操。 ㊁舞蹈。 ㊂田徑運動（七十五至百
公尺跑）。 ㊃游泳（五十至百公尺）

體育正課的時間分配爲準備運動五分鐘，中心運動三十五分鐘、整
理運動五分鐘。

丙、體育師資

小學體育教師通常由師範學校畢業生或高等學校畢業生再受一至二
年大學體育系教育者擔任，也有大學畢業或曾受國家機關專門研習
體育者充任之。德國有關體育教師聯盟或協會如下：
一、德國教育指導員聯盟。 二、德國綜合大學體育協會。
三、教育大學師範學校協議會。 四、德國高等學校指導者協會。

丁、其他

戰後的西德，經濟復興極爲快速，人民的生活水準提高。對於學校

體育非常重視，因此除了改進體育課程，提倡課外體育活動外，不斷的充實各級學校的體育場地、設備。使全國人民能充分利用時間，鍛鍊身體，調節生活的樂趣。

第四節　日本小學體育概況

日本從明治維新以後，無論在各方面均有長足的進步。尤其是在體育方面已有迎頭趕上歐美先進國家之勢。日本自從一八七二年設立文部省，公佈學制以後，各級學校均將體育科列爲必修課程。

日本戰前的學校體育科，稱謂體操科。教材以整隊行進及徒手體操或器械體操爲主，以鍛鍊學生的體格，訓練絕對服從的態度，培養忠君愛國的思想爲目標。至第二次大戰爆發的前二年將體操科改爲體鍊科，教材的內容愈偏重國防體育的內容，其目標在訓練堅強的體魄，能勝任捍衛國家，爲國犧牲的盡忠國民。所用的教材與教學法均根據文部省所頒佈的各級學校體育教授細目，以教師爲主，實施由上而下的灌輸式教學法。

第二次世界大戰以後，深受美國民主教育思想的影響，在教育制度或教學方式上有很大的改變。在學制方面來講，由戰前的德國學制，則小學六年，中學五年（後來縮短爲四年），高等學校或專門學校（專科學校）三年，大學三年；改爲美國學制，則小學六年、中學三年、高中三年、大學四年，並且將義務教育延長爲九年。以小學的名稱來說，明治維新以後至昭和十三、四年稱謂小學校，昭和十五年至二十年改稱謂國民學校，昭和二十一年以後恢復小學校。改爲新學制以後的日本，在教育的各方面均從頭做起，並且經過十幾年以來的努力，已奠定了民主教育的基礎，培養戰後的日本新國民。玆將戰後日本的小學體育概況略做介紹：

甲、體育教學目標：

戰後的日本小學體育，由於受盟軍佔領與民主教育思想的影響，日本小學教師，不知如何從事體育教學。後來經過數次的修訂各級學校指導要領以後，逐漸有了依據，以選擇教材或採用教學方法。

兹將昭和三十三年文部省公佈之小學體育目標，列述如下：

一、透過適當的運動，促進身心的發達，訓練基本運動能力。

二、培養運動興趣，灌輸運動知識與方法，學習運動技能，以充實生活的內容。

三、透過各種運動練習或比賽，培養公正、守法、合作、友愛、責任等社會生活所必須具備的態度。

四、培養運動時注意健康與安全的態度，灌輸保健常識，以培養健康生活的能力與態度。

乙、體育教材的內容：

一、各項運動技能

㈠徒手體操：分為健身操、準備操和整理操三種。一年級至三年級為一階段，四年級至六年級為另一階段。除了訓練形式上的體操動作外，多採用自然性或模仿性的動作。第五學年以後使兒童能了解徒手體操，對於身心的效果並能自行運用準備操或整理操。

㈡機巧運動：包括單槓、跳箱、墊上運動。低年級採用遊戲化的教學，並指導如何使用固定遊戲設備或器材的方法。中高年級卽多採用分組教學方式，以兒童的能力，以小組長為中心，從事自學輔導的方式。

㈢田徑運動：包括短跑、接力、障礙跑（五、六年級）、長跑（一年級除外）、跳遠、跳高、立定三級跳遠（六年級）等項目。投擲項目在教學管理上或兒童身體發育上不太適合，故將其取消。惟有些學校則以壘球擲遠或擲準來代替。

㈣球類運動：包括籃球類、排球類、足球類、壘球類等四種球類遊戲或簡易球類運動。其中除排球類外，均選擇適合兒童身心需要與能力的運動做為教材。

㈤韻律活動：包括土風舞，表現性舞蹈兩大類。

土風舞是由題材與技能構成教材內容。

技能包括舞蹈的方法、隊形、基本步伐、其他等。表現性舞

蹈包括題材的選擇，表現技能。在高年級卽加上欣賞、伴奏等內容。低年級的教材多爲模仿性或想像性的教材。高年級卽加上創造性的教材。

㈥其他運動：包括跳繩運動，各種遊戲（追逐、競爭、接力、推拖等團體遊戲）。游泳（包括水中遊戲、各種游泳方法、救生等）、滑雪、滑冰等。

二、運動常識：教材取之於自編或由專家所編者，經過文部省審定的體育教科書。內容包括各項運動的方法、重要規則、練習要點、比賽等。低年級多以圖畫爲主，文字爲副，高年級卽圖畫和文字並重。目前經過文部省審定合格的小學體育教科書有十幾種之多，由各小學，依其地理環境、風俗習慣、社會背景等自由選擇採用。

三、保健知識：灌輸有關運動時應該注意的保健、衞生、安全等常識，培養良好的習慣等爲主要目的。其內容爲

㈠灌輸健康生活必須具備的基本常識。

㈡使兒童了解身體發達的正常過程與健康狀態如何。

㈢使兒童了解怎樣預防日常生活上容易染患的疾病。

㈣使兒童了解怎樣預防日常生活上容易發生的傷害。

丙、體育時間：

日本小學體育時間，根據文部省頒佈小學指導要領的規定，每週不得少於三小時，每節四十五分鐘。（惟也有一部份採用一節三十分鐘，每週上六節課的小學。）低年級或中年級的體育課多採用兩種教材，卽主教材與副教材以便調節兒童學習興趣。除了每週三節的體育正課以外，均有充分的課外體育活動的時間。

丁、體育建築與設備：

由於近年來重視學校體育的關係，各級學校的體育建築設備較戰前大有進步。但是距離規定的目標尚有一段距離。大部份小學的體育館、體育場地、設備器材等，均由家長會籌資建築或裝設，甚少完全由國庫補助的。以東京教育大學附屬小學爲例，該校有大小體

育舘各一棟、游泳池一所，低年級操場及中高年級操場各一，在低年級操場附設器械遊戲場。設備有肋木、平均台、跳箱、單槓、大型鏡子、砂坑等。其他體育教學器材則更爲充實。

戊、課外體育活動：

日本小學的課外體育活動包括甚廣，除了每日放學後以兒童興趣所組成的各項運動俱樂部的比賽活動或練習外，每年定期舉行全校運動會或體育表演會。各學年或各班的級任教師或體育教師，爲了參加運動會或體育表演會，常花費許多時間從事準備，以便屆時有優異的表現。

各項運動俱樂部，均由志同道合的兒童所組成，由學校聘請或指定具有該項運動專長的教師擔任指導，以補助正課所學之不足和滿足兒童愛好運動的慾望。

課外體育活動的時間，因地因校而異。有的學校則在每天放學後實施，有的卽兩天實施一次。時間大約一小時或一小時半。

己、體育師資：

世界各國中培養體育師資學校，除了美國、蘇俄以外可能日本是最多的國家之一。戰前日本小學的體育課，均由級任教師擔任。戰後由於教育內容的充實，教學方法的改進，爲期待更佳的教學效果，已有不少小學聘請體育專任教師。培養各級學校的體育師資的機關，有下列幾所大學或短期大學：

一、國立東京教育大學體育部：培養高，初中體育師資。

二、私立日本體育大學：培養高初中體育教師。

三、私立順天堂大學體育學部：培養高初中體育教師。

四、私立天理大學體育學部：培養高初中體育教師。

五、私立日本大學體育學部：培養高初中體育教師。

六、東京女子體育短期大學：培養初中或小學體育教師。

七、日本體育短期大學：同上。

八、日本體育大學附設女子體育短期大學：同上。

九、東京女子體育短期大學：同上。

十、日本私立東京女子大學附設體育短期大學：培養初中或小學體育教師。

十一、各國立大學體育學部或學藝大學，有不少設有體育專攻科或體育科，以培養高初中或小學體育師資。

由於戰後體育師資培養機構的增多，對於各級學校的體育均有很大的貢獻。

第四章　小學體育教材與教法的原則

第一節　小學體育目標

甲、我國體育目標的演變

一、民國廿二年第一次全國體育會議，通過國民體育實施方案，其中第一目標爲：

㈠供給國民機體充分平均發育之機會。

㈡訓練國民隨機運用身體的適應環境之能力。

㈢培養國民合作團結抗敵禦侮精神。

㈣養成國民俠義、勇敢、刻苦、耐勞之風尙，以發揚民族之精神。

㈤養成國民以運動及遊戲爲娛樂之習慣。

二、民國廿九年全國國民體育會議，通過國民體育實施方針，其中有關體育之目的爲：

㈠爲達到充實人民生活之目的，應使國民普遍養成有益生活之運動習慣，從各種體育活動中，產生活潑愉快之情緒，摒除一切不正當之娛樂。

㈡爲達到扶植社會生存之目的，應積極鼓勵民衆體育團體之組織提倡各種團體運動，使人人能從事體育訓練中養成群衆生活之意義與精神，發揚個人與社會之道德。

㈢爲達到發展國民生計之目的，應研究適宜之方法，訓練手腦並用之能力，使肌肉與精神之感應程度靈敏堅强，運用自如藉增工作與生產之效率。

㈣爲達到延續民族生命之目的，應强迫民衆接受嚴格之體育訓練與講求衞生，一方面使國民機體發育健全，疾病減少，從個人健康進而求民族健康，一方面使國民具有自衞之能力與技能，以保障民族之獨立與生存。

乙、我國教育部頒佈小學體育課程標準中有關體育目標等演變：

一、民國卅七年教育部修正公佈小學體育課程標準。

中高年級體育課程標準

㈠目標

1. 促進兒童身體各部份機能的平衡發展，完成健美的體格。
2. 激發兒童遊戲運動的興趣，充實康樂生活。
3. 養成兒童勇敢、公正、守法、合群等習性，建立團體生活的基礎。

㈡綱要：

教材類別：整隊走步、體操、韻律、遊戲、機巧、競技、球類。

學年與授課分鐘：三年級一百二十分鐘，四年級一百二十分鐘，五年級一百五十分鐘，六年級一百五十分鐘。

㈢時間分配：

1. 體育正課：三年級、四年級每週一百二十分鐘，分四節，每節三十分鐘；五年級、六年級每週一百五十分鐘，分五節，每節三十分鐘。
2. 早操或課間操：每日十分鐘。
3. 課外運動每一學生每週至少須有三次，每次二十分鐘。
4. 其他運動比賽、表演，以及野外活動時間隨時酌定。

低年級唱遊課程標準

㈠目標

1. 促進兒童身體適當的發育。
2. 增進兒童聽音、發音、表演，和遊戲運動的能力。
3. 發展兒童愛好音樂和遊戲的興趣。
4. 培養兒童康樂活潑的習慣和互助，團結等精神。

㈡綱要

教材類別：欣賞、練習、聽音、發音、表演、歌曲、韻律活動、兒童樂隊、遊戲。

㈢時間支配：

每週教學時間一百八十分鐘，每節三十分鐘，每天授一節。

二、民國四十一年十一月教育部修正公佈小學課程標準中高年級體育課程標準（同民國三十七年修正公佈之課程標準）。低年級唱遊課程標準（同民國三十七年修正公佈小學課程標準）。

三、民國五十一年七月教育部修正公佈國民學校課程標準中高年級體育課程標準。

㈠目標

1. 鍛鍊強健的體魄。
   (1)促進身體各機體的平衡生長與發育。
   (2)促進身體各系統功能的正常發育。
   (3)培養健美的體態。
   (4)培養勇敢、冒險、堅忍奮鬪等精神。
   (5)培養積極、樂觀、進取的態度。

2. 指導運用身體的基本方法與能力。
   (1)指導各種遊戲運動的方法與技能。
   (2)培養判斷與控制身體的能力。
   (3)培養隨機應變的能力。
   (4)增進生產勞動等生活能力。

3. 充實兒童康樂生活。
   (1)培養野外生活的興趣與能力。
   (2)激發遊戲運動的興趣。
   (3)培養遊戲運動的技能，充實休閒生活。

4. 指導兒童保健的知識與習慣。
   (1)指導保護身心健康的方法。
   (2)培養重視清潔衛生的態度與習慣。
   (3)增進矯正身體缺點的知識與能力。
   (4)增進安全急救的知識與能力。

5. 建立兒童團體生活的基礎。

(1)培養自治、自制、互助、合作、樂群等精神。

(2)培養同情、友愛、禮讓、尊敬他人等美德。

(3)培養公正、守法、誠實、守時、負責等習性。

(4)培養正當社交的態度與能力。

(5)培養組織與領導能力以及服從的精神。

㈡綱要

教材類別：遊戲、舞蹈、機巧、田徑、球類、體操、整隊行進、其他（水上、雪上、氷上等運動）。

時間分配：1.體育課：同前。2.早操：同前。3.課間活動：每日二十分鐘至三十分鐘，應於第二節與第三節之間舉行。4.課外運動：每週至少三次，每次三十分鐘至四十分鐘。5.其他運動、比賽表演等時間隨時酌訂之。

教材百分比參照下表　　　　　　　　　教材百分比

類別 \ 百分比 \ 學年	第三學年	第四學年	第五學年 男生	第五學年 女生	第六學年 男生	第六學年 女生
遊　　　　戲	25	20	10	15	10	15
舞　　　　蹈	20	20	10	15	10	15
機 巧 運 動	15	15	20	15	20	15
田 徑 運 動	15	15	20	15	20	15
球 類 運 動	10	15	25	25	25	25
體　　　　操	5	5	5	5	5	5
整 隊 和 進 行	5	5	5	5	5	5
其　　　　他	5	5	5	5	5	5

四、民國五十七年一月教育部公佈國民小學暫行課程標準中、高年級體育課程標準。

㈠目標

1.培養兒童健全的身心，以促進其均衡發展。

2.養成兒童公正、守法、服從、負責、誠實、友愛、互助、

合羣等美德，以奠定團體生活之基礎。

3.指導兒童學習基本運動方法 ， 以促進運動能力與安全知能。

4.啓發兒童愛好運動興趣，以充實康樂之生活。

㈡時間支配

1.第三、四、五、六學年體育課時間每週均爲120 分鐘，分三或四節授課。

2.早操於每日朝會升旗後擧行之。

3.課間活動每日實施十五分鐘，於第二節與第三節之課間休息擧行之。課外運動與團體活動配合實施。

㈢教材鋼要

1.必授教材種類要項及時間支配百分比（最低佔全部教材之百分之八十五）。

⑴國術

　男５％～10％八段錦、國術操、新武術（基本姿勢）。

　女５％～10％八段錦、國術操、新武術（基本姿勢）。

⑵體操

　男20％～20％　徒手體操及整隊行進、墊上運動、跳箱

　女15％～15％　運動、 單槓運動、 平均台運動（註：男、女相同）。

⑶遊戲

　男15％～15％　猜測、追逐、 接力、競爭、 鬪力、用

　女15％～15％　球、跳繩等運動（註：男女相同）。

⑷田徑運動

　男20％～20％　短距離跑、耐力跑、接力跑、障礙跑、跳遠、跳高、壘球（少年棒球）擲遠。

　女15％～20％　短距離跑、接力跑、障礙跑、跳遠、跳高、壘球（少年棒球）擲遠。

⑸球類運動

男20％～25％　躲避球、簡易籃球、簡易壘球、簡易足
球。

女15％～20％　躲避球、簡易籃球、簡易壘球。

(6)舞蹈

男 5 ％～10％　基本動作、基本步法、基本姿勢、土風

女20％～20％　舞、簡易創作舞（註：男女相同）。

2.選授教材種類及要項（最高佔全部教材之百分之十五）。

(1)水上運動：游泳、跳水、水中遊戲等。

(2)冰上及雪上運動：滑冰、滑雪、冰上及雪上遊戲等。

(3)球類運動：少年籃球、小型足球、德式手球、板羽球、
少年排球、少年棒球等。

(4)鄉土教材。

附註：選授教材要項之任何一項如經選定施教，其授課時
數，最低不得少於百分之五，最高不得高於百分之
十。

五、民國六十四年八月教育部公佈國民小學課程標準中、高年級體
育課程標準。（定於民國六十七學年開始實施）

㈠目標

1.總目標

(1)培養兒童健全身心，以促進其均衡發展。

(2)指導兒童學習基本方法，以促進其運動能力之發展。

(3)養成兒童公正、守法、服從、負責、誠實、 友愛、 互
助、合作、勇敢、果斷等美德，以奠立其團體生活之基
礎。

(4)指導兒童保健衛生知識，以培養其良好習慣。

(5)啟發兒童愛好運動之興趣，以充實其康樂生活。

2.分段目標

中年級

(1)以國術、體操、田徑、球類、舞蹈及其他各項遊戲或運

動，培養協調、柔軟、速度、瞬發力等基本體力與各種
運動之基本技能。

⑵以各項遊戲及運動之練習，養成遵守規則，服從負責、
互助合作、貫澈始終之良好態度與習慣。

⑶指導兒童運動時之安全知識與方法。

⑷指導兒童愛好運動，及善用休閒時間之習慣。

高年級

⑴以國術、體操、田徑、球類、舞蹈及其他各類遊戲或運
動，培養協調、速度、肌力、耐力、瞬發力、柔軟性等
基本體力與各項運動之基本技能。

⑵以各項運動之練習，養成自行活動，遵守規則、服從負
責、互助合作等團隊精神與態度。

⑶指導兒童充分理解，並能實踐健康衛生及運動時之知識
與方法。

⑷培養兒童愛好運動，善用休閒時間，充實康樂生活之知
識與能力。

㈡時間分配

1.第三至第六學年體育教學時間每週均爲一百二十分鐘，分
三節授課，每節四十分鐘。

2.早操於每日朝會升旗後舉行之。

3.課間活動於每日上午第三、四節之間實施之。

4.課外運動應與團體活動中之體育活動配合實施。

㈢教材鋼要

1.必授教材種類要項及時間分配（最低佔全部教材百分之八
十）。

⑴國術

男5％～10％　國術遊戲（用力遊戲）、國術操、簡易
拳術。

女5％～10％　（註：男女相同）

(2)體操

男20％～25％　整隊行進、徒手體操、手具體操、墊上
女15％～20％　遊戲及運動、跳箱遊戲及運動、單槓遊
　　　　　　　戲及運動、平衡木遊戲及運動。（註：
　　　　　　　男女相同）

(3)田徑運動

男20％～25％　短距離跑、耐力跑、接力跑、障礙跑、
　　　　　　　跳遠、跳高、壘球（少年棒球）擲遠。
女20％～25％　短距離跑、接力跑、障礙跑、跳高、跳
　　　　　　　遠、壘球（少年棒球）擲遠。
　　　　　　　賽跑遊戲、接力遊戲、跳躍遊戲、投
　　　　　　　擲遊戲（男女相同）。

(4)球類運動

男30％～30％　各種用球遊戲、躲避球、簡易籃球、簡
　　　　　　　易壘球、簡易足球、簡易手球。
女20％～25％　各種用球遊戲、躲避球、簡易籃球、簡
　　　　　　　易壘球、簡易手球。

(5)舞蹈

男５％～10％　唱和跳及模仿動作，土風舞、簡易創作
女20％～25％　舞（註男女相同）。

2.選授教材種類及要項（最高佔全部教材之百分之二十）。

(1)自衛活動：簡易摔角、柔道、擊劍及其他自衛活動。

(2)水上運動：水中遊戲、各種游泳、簡易救生術。

(3)冰上及雪上運動：冰上及雪上遊戲、滑冰、滑雪。

(4)球類運動：少年籃球、小型足球、德式手球、板羽球、
　　少年排球、少年棒球、羽球、桌球。

(5)鄉土教材：舞獅、舞龍及其他鄉土教材。

附註：選授教材要項之任何一項，如經選定施教，其授課
時數，最低不得少於全部教材之百分之五，最高不得高於

百分之十。

第二節　體育正課的實施要點

甲、原則

一、各種教材要適應兒童身心生長與發育的程序，並須適合各年級兒童的能力與生活需要。

二、應定期舉行健康檢查，作為實施體育之重要依據。

三、每節體育課應有適度之運動量，俾能達到促進生長與發育的目標。

四、教學活動時，應隨機講解對於身心健康的效果，並注意習慣與態度之培養。

五、應注意教學環境之佈置及教學工具之設計與利用。

六、高年級體育正課，以男女分班或分組教學為原則。

乙、教材選擇之一般要點：

一、應根據教材綱要，多數兒童的經驗、興趣與程度，選擇適當的教材。

二、教材的內容要活潑生動，使能滿足競爭，表現及冒險等本能。

三、應多採用自然活潑的大肌肉活動，以適應身體生長發育的需要。

四、應多選擇能培養反應敏捷，動作正確之教材，使能發展適應環境的能力。

五、應多選擇能培養積極行為，社交才能與娛樂技能的活動為教材，使能發展完整人格與充實康樂生活。

六、應編製室內應用教材，以備雨天室外不能上課時應用。

丙、教學方法的一般要點：

一、應將各種運動方法與保健常識等配合教學，從遊戲運動中獲得生理衛生的知識與習慣的指導。

二、各種運動應着重基本方法的訓練，其動作應由易而難，由簡而繁，逐漸引進。

三、應利用兒童遊戲的天性與競爭的心理，將各種基本動作，用遊

戲的方法或分組比賽的方式教學，惟每一基本動作，本身應具有充分的興趣。

四、體育應盡量在戶外教學，如因氣候影響，不能於戶外上課，而學校又無體育舘或風雨操場者，應在教室內或走廊上作各種室內遊戲，並講授體育常識及運動方法規則等，不得停課或改上其他學科。

五、各年級兒童除因身體上之缺陷，經醫師證明，並由學校核准後，得免上體育課，或指定參加其他和緩活動者外。均須按時參加體育正課。

六、應充實設備，並作有效的利用，方能發揮教學的效果。例如球類運動，每八至十人至少有一個球，始能作有效的教學。

七、教學用具及場地劃線等，均應事先佈置妥當，以免耗費教學時間，影響兒童學習興趣。

八、體育正課教學的過程和時間的分配如下（以一節四十分鐘爲例）

（一）準備活動：主要的目的是使兒童作劇烈運動前，在生理和心理上，均能獲得充分的準備，故採用的教材應生動活潑，俾能配合主要活動而迅速引起兒童的學習興趣。例如跳躍、模仿、滾翻、與簡易遊戲等，均爲取材的對象。千萬避免每次上課，均採用整隊行進和體操等枯燥無味的活動，致影響兒童的興趣。其所佔的時間，約六十至八十分鐘。

（二）發展活動：在使兒童獲得足够而有效的運動量，應逐漸增加動作的次數，擴大動作的範圍，延長活動的時間，增長運動的距離，增加運動的高度，加快運動的速度，使兒童達到劇烈運動的程度，俾能滿足兒童生長與發育的需要。其所佔的時間，約二十六至三十分鐘。

（三）綜合活動：教學活動的最後階段，應使兒童表現特別輕鬆、愉快、熱烈而有生氣，俾能獲得滿足。故應採用簡單有趣的遊戲或熱烈的歡呼，使兒童心情愉快，歡躍而散。其所需要的時間，約三十至六十分鐘。

九、應依照學習定律，視運動的性質，將全部教學與分段教學配合運用。

十、教學每一新動作，應先提示名稱，使兒童以後一聞名稱，即知動作的做法。

十一、每一新動作的說明，必須簡要，示範要正確。於第一次示範時，應以正常速度做整個動作。第二次再以緩慢的速度做分解動作，並說明動作要領。必要時說明與示範可同時舉行，並將動作中應特別注意之處，略加停頓，詳為說明，倘無法停頓時，應作多次示範。如果有充分的經費，可添購各項運動圖解（掛圖）或幻燈片等，以助教學時示範說明之用。

十二、教學各種基本動作，可用集體徒手操的方式練習，俾使兒童獲得初步的概念。

十三、初步練習時應極力避免刺激兒童競爭的心理，使能集中注意力學習基本動作。

十四、練習時應儘量利用設備多行分組，以增加兒童學習的機會，如設備不足，可令一組練習新教材，其他各組溫習別的活動，至相當時間後，各組交換練習，如時間不敷，可以數節課合為一單元。

十五、練習相當時間後，應將兒童分成數組比賽，以提高學習興趣。惟分組比賽時，務使各組人數與能力，以及比賽的次數相等，以符合公平競爭與機會均等的原則。

十六、分組時，應迅速確實，最好由小組長領導行動。

十七、活動時不可壓制兒童的情緒，在不違背規定的原則下，應盡量使兒童有充分的自由，以培養其自由、快樂、活潑的情緒。

十八、活動時勿過求隊伍的整齊，以免影響兒童的興趣。

十九、各組兒童應有顯明的區別，以免比賽時混淆不清。

廿、應以對照比較的方式，矯正一般的錯誤。

廿一、應注意引起不愛運動的兒童的運動興趣。

廿二、教學時應隨時注意健美姿勢的培養，並注意養成正確的操作

姿勢。

廿三、應特別注意培養運動家的精神。

廿四、教學時應維持動而不亂的良好秩序，其注意要點如下：

㈠應當使全體兒童均有活動的機會。

㈡應當使兒童的活動，緊張愉快，興趣高漲，但時間不可太長。

㈢應注意兒童有足够的運動量，同時注意動息的調劑。

廿五、教學的態度，要和藹可親，不可流於粗暴，以免引起兒童的反感、畏懼。

廿六、高年級女生應規定例假期內體育實施辦法。

廿七、每課教學心得及意見，教師應隨時紀錄，以作參考研究之資料。

廿八、各種運動的成績應隨時列表公佈，藉以鼓勵兒童努力練習。

第三節　體育教學的設計

教學設計是教學時的藍本；等於建築師或工程師的設計圖。其內容必須精密正確，有條不紊，具體可行。

體育教學設計，應根據最新部頒體育課程標準的體育教材綱要和預定教學進度，在教學以前編製完成，俾使教學時有依據，教學後能加以檢討。

近年來爲求各科教學的效率化，不斷研究如何改進教學計劃的編寫。經過許多教育專家與學者的研究，終於獲得共同的認識。認爲教學計劃應具體可行，並非具文，其教學活動應以實現具體的行爲目標爲最高準則。爲此研商教學設計的格式與應包括的項目，結果獲得如下結論：

一、教學設計項目舉要

㈠名稱　　　　縣（市）　　　國民小學　　　科教學設計

㈡重要項目

　　1.教學科目　　2.教學年級　　3.教學單元　　4.教材來源

　　5.教學日期　　6.教學時間　　7.設計者　　　8.輔導者

9.教學研究（本項依學科而定）：包括下列內容
　⑴教材分析：分析教材的特性、地位、價值等。
　⑵教學重點：依據單元教材，學生情況及教師觀點等提出教學重點。
　⑶學生經驗：包括全班學生一般的舊經驗、能力及特殊學生的經驗。
　⑷各科聯絡：與相關科的聯繫。
10.教學目標
　⑴單元目標：本單元教學的重點，分認知、能力及情意三方面，使整個單元能有統整的教學。單元目標以行為目標方式敍寫，以便分析成具體目標。
　⑵具體目標：從單元目標分析而成，以學生可觀察或可測量的行為敍寫。
11.教學活動：包括教師與學生的準備、發展和綜合活動，可採用流程圖式或條列式動態加以敍述。
12.教學資源：包括一般教具、自然資源、人力資源及社會資源等。
13.教學時間分配：以合適的教學段落加以分配，不宜過於粗略。
14.教學效果的評量：以評量的方法和標準的設計為主，可視學科及教學情況而定，作逐項、分段、隨機或最後的評量。
㈢格式：採用表格式，包括下列要項
　1.教學目標：單元目標、具體目標。
　2.教學活動
　3.教學資源
　4.時間分配
　5.效果要點依據教學設計項目舉要，省立臺北師專實習輔導室所設計的格式如右圖。

教學科目		教學年級		教學時間	總時間	節次	各節分鐘	各 節 重 點
教學單元		教材來源						
設 計 者		教 學 者						
教學日期					分鐘			
教學研究								

單　　元　　目　　標	具　　體　　目　　標

目標號碼	教　　學　　活　　動	教學資源	時間分配	效果評量

四體育教學設計示例⋯⋯ 1.（三年級賽跑遊戲及短距離跑）

教學科目	體育科	教學年級	三年級	教學時間	總時間	節次	各分節鐘	各　節　重　點
教學單元	賽跑遊戲及短距離跑	教材來源	自　編		二四〇分鐘	六節	四〇分鐘	1.四十公尺跑及單手追趕遊戲 2.（包括起跑、二十至三十公尺衝刺） 3.四十公尺跑（複習起跑、練習） 4.中途全速跑、三十公尺測驗、猜拳遊戲） 5.二十公尺繞環跑及圓形逃避遊戲 6.綜合練習及分組比賽。
設 計 者	陳明禮	教 學 者	陳明禮					
教學日期	月　日（星期）至月日（星期）							

教	1.本單元包括單手追趕、猜拳追趕、圓形逃避追趕等追逐遊戲及四十公尺跑，二十公尺繞環跑等短距離全速跑教材。 2.上述教材包括突跑（起跑）、全速跑、高速變換方向、繞環等動作，可以訓

練全身敏捷性、協調性、注意力集中、反應迅速等身心能力並滿足追逐競爭的慾望。

3.對各種追趕遊戲應採用全部教學法，四十公尺及二十公尺繞環跑採用全部教學法爲主，分段教學法爲副的教學法爲宜。

4.說明追趕遊戲及短跑方法時，務求簡單明瞭並配合示範動作。

5.短跑練習或比賽，應分組舉行。

6.本單元，應以四十公尺及二十公尺繞環跑與追趕遊戲配合教學，以滿足兒童學習興趣與競爭慾望。

7.如果兒童人數過多，可視場地大小，分成若干場地同時舉行遊戲。

8.經過嘗試練習後，應鼓勵兒童提出問題，以培養運用智慧解決問題的能力。

單　元　目　標	具　體　目　標
1.明瞭各種追趕遊戲、四十公尺跑及二十公尺繞環跑的方法與規則。	1－1能說出各種追趕遊戲的方法、要點及規則。 1－2能說出四十公尺跑、二十公尺繞環跑、終點衝刺的方法、要點與規則。 1－3能指出上述各種遊戲短距離跑容易發生的錯誤。
2.學會各種追趕遊戲、四十公尺跑、二十公尺繞環跑的起（突）跑、中途全速跑、繞環跑（變換方向跑）、終點衝刺（突停）等動作。	2－1能迅速追趕、逃避、起（突）跑、繞環跑。 2－2能在追逐中迅速改變方向，並能隨時加速或減速。 2－3能向一定目標直線全速跑。
3.對各種追趕遊戲、四十公尺、二十公尺繞環跑有濃厚興趣，能認眞從事安全練習與公平比賽的習慣與態度。	3－1能注意聽看教師的說明示範，觀察練習或比賽時的追趕動作或短距離跑的動作。 3－2能認眞追趕遊戲或全速跑，承認成功與失敗。 3－3能遵守秩序與規則，並注意安全問題。

教　學　活　動

準備及發展階段（第1節）

課前準備掛圖、黑板、標幟旗、石灰、哨子、碼錶並規劃跑道與遊戲場地。

一、準備活動

　1.成三或四列橫隊集合，由教師說明本單元的教學目標與本節的教學重點。

　2.由教師率領兒童做下列準備運動

　　⑴利用操場或遊戲場地，慢跑200～300公尺。

　　⑵成三或四列橫隊做與短跑有關的準備操及補助運動。準備運動應包括下肢屈伸、上肢屈伸、繞環、軀幹的轉彎、原地跳躍、突跑、突停或轉向快跑等。

　　　註①：準備運動的反覆次數應視天候與主教材的關係，由教師酌情決定，惟以能充分活動全身為原則。

　　　註②以上準備活動所佔時間以8分鐘前後為宜。

二、發展活動

　3.由教師利用掛圖或黑板說明40公尺跑的起跑、中途全速跑、終點衝刺的方法並做示範動作（必要時，可指定能力較強的兒童出來示範）。

　　⑴聞「各就位」口令後，各組兒童由預備線向前走至起跑線後前後開立，双眼注視正前方目標（標幟旗）。

　　⑵再聞「預備」口令，由兩腳前後開立部位成屈膝姿勢，上體前傾，眼視正前方地

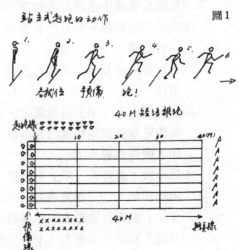

圖1

— 103 —

面，兩臂屈肘，其位置與兩腳相反，以準備起跑。

⑶聞到「跑」，以最快速度向前起跑。

⑷中途全速跑時應屈肘儘速前後擺臂以配合兩腳全速前跨與推蹬動作。

⑸全速跑時不要突出下顎或左右擺頭，双眼應注視終點，儘力直線快跑。

⑹接近或抵達終點時不可降低速度，以直衝方式衝過終點。

4.將全班分成每組 6～8 人的若干組，依圖 1 隊排列，然後進行分組練習。

5.反覆練習站立式起跑動作 4～6 次。

⑴練習時應提醒兒童注意起跑要領，並多觀察別組兒童的起跑動作。

⑵跑完規定距離後，須依規定路線返回休息地點。

6.分組比賽20公尺跑（以站立式起跑方式）

以分組比賽結果取前 2－3 名參加複賽，複賽時再取 2－3 名參加決賽。分組比賽時由各組推選一名兒童擔任終點裁判，教師擔任計時。可計時前 1－2 名成績。

7.由教師說明單手追趕遊戲的方法與規則。

⑴規定追趕範圍。可利用各種球場為範圍。

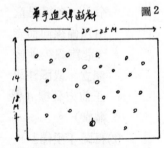
單手追趕遊戲　圖2

⑵利用掛圖或其他工具說明遊戲方法。

⑶先挑選 1 人「甲」為追趕人，其他兒童在規定場地內自由散開，成為逃避人。

⑷聽令後，追趕人「甲」可追逐場內任何人　，　如果逃避人「乙」的肩被「甲」拍到，此時「乙」就變為追趕人，原追趕人「甲」立即變成逃避人。新追趕人開始追逐衆人（不可立即追原追趕人）時必須以一手

— 104 —

置於被拍部位的肩膀上，以另外一手追拍別人。

8.嘗試練習，並由兒童提出疑問或由教師提出改進要點。

9.反覆遊戲 2—3 次。

教學要點：

⑴如果天氣涼爽或較涼， 兒童人數又多， 此時可增加追趕人數，以增加運動量與興趣。

⑵被追人跑出規定場地外時，視爲棄權或變成追趕人。

⑶提醒兒童應遵守遊戲規則，認眞追逐。

⑷每次遊戲以不超過 3 分鐘爲宜。

註：以上發展活動所佔時間以不超過三十分鐘爲宜。

三、綜合活動

10.成三或四列橫隊或自由散開隊形，做上下肢及軀幹的放鬆性整理運動若干節。

11.集合整隊，檢討本節上課得失。其內容應包括技能、知識、習慣與態度等。例如：

⑴是否瞭解站立式起跑方法？學會起跑動作？能以全速度跑20公尺？

⑵能否仔細觀察別人的動作，並說出優缺點？

⑶能否遵守規則、練習秩序、認眞練習或比賽？

⑷擔任裁判者有無盡到責任？有無錯誤？

12.最後由教師講評並說明第 2 節的教學重點。

13.收拾器材，歡呼解散。

發展階段（第2.3.4.節）

一、準備活動

1.課前準備器材並佈置教學場地（短跑同第 1 節，遊戲場地參考附圖）。

2.慢跑 200～300 公尺。

3.配合主教材的需要做上下肢、軀幹等準備及補助運動。

4.說明第2.3.4.節的教學重點，以引起學習動機。

二、發展活動

　　—第 2 節—

　　4.複習站立式起跑：起跑後向前全速度跑10公尺。

　　5.30公尺全速跑：注意兩腳迅速交互推蹬與前跨動作，兩臂屈肘
　　　前後擺振，眼視正前方等正確的全速跑動作。

　　6.30公尺跑比賽：方法同20公尺比賽。

　　7.單手追趕遊戲：方法同第 1 節，但是可增加追趕人數或減少同
　　　一場地內的人數，以增加難度與運動量。

　　8.9.10.11.同第 1 節。

　　～第 3.4.節～

　　1.2.3.4.同第 1 節。

　　5.複習站立式起跑：起跑後全速跑10～15公尺。

　　6.反覆練習數次30—40公尺全速跑。

　　7.40公尺跑比賽：方法同第 1 節，並由教師擔任計時，兒童擔任
　　　裁判。

　　8.猜拳追趕遊戲

　　　⑴以適當球場做為遊戲場地並規定範
　　　　圍。

　　　⑵將全班分為每組人數10～15人的若
　　　　干組。

　　　⑶遊戲時兩組兒童各成一列橫隊，面
　　　　相對排列在場地中央平行線後（相
　　　　距 1 公尺）。

　　　⑷聽令後，面相對的兒童立即猜拳，
　　　　猜輸的隨即轉身向後直奔安全區。
　　　　猜贏者立即追趕，如在追逃區內以

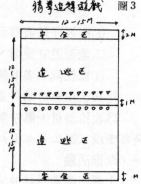

猜拳追趕遊戲　圖3

　　　手拍到逃避者，則等於捉到對方。以此方法反覆若干次後，
　　　以被捉人數較少的一隊為勝。

　　教學要點：

(1)指導兒童猜拳時降低重心，以便分勝負後迅速起跑。

(2)爲避免追趕時發生身體接觸，猜拳時面相對的兩個人應保持
1公尺距離。遊戲人數可視場地的寬窄而增減。

(3)追趕拍人的動作，勿過份用力，以免拍痛對方。

(4)指導兒童認眞全力追趕與逃避。

(5)第4節時可使用相同遊戲，但是可稍改變規則，增加追趕興
趣。

三、綜合活動

9.簡易輕鬆的整理運動。

10.集合整隊，檢討各節得失。

(1)是否學會站立式起跑及全速跑的要領？

(2)是否能充分前後擺臂直線跑？並且能跑完規定距離？

(3)能否觀察起跑、中途全速跑的優缺點？

(4)能否遵守規則，依一定秩序練習或比賽（包括短跑與遊戲）
？

(5)能否勝任裁判職務？有無盡責任？

11.由教師講評並說明第5.6.節教學重點，然後收拾器材，歡呼解
散。

發展及綜合階段（第5.6.節）

一、準備活動

1.課前準備器材並佈置教學場地。

2.慢跑200～300公尺：利用校園做
花式慢跑。

3.配合主教材的需要，做上下肢、
軀幹、跳躍等準備及補助運動。

4.說明第5.6.節的教學重點，以引
起學習動機。

二、發展活動

5.以掛圖或黑板說明並示範20公尺

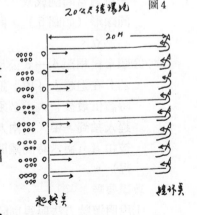

20公尺練習地　圖4

— 107 —

繞環跑的方法。

6. 將全班分爲人數相等的若干小組（每組以8～10人爲宜），並依圖4隊形排列。

7. 依下述方法分組練習

⑴聽令後以站立式起跑，跑向目標，繞回目標幟旗後迅速返回。

⑵全速跑至目標附近時，應稍降低速度與身體重心，身體左傾由右向左繞環標幟旗迅速跑回起點。

⑶起跑與直線跑的方法，同40公尺跑。

8. 反覆練習若干次後，舉行比賽，以提高學習興趣。比賽方法與裁判工作的分配可參考20公尺跑。

9. 圓形逃避追趕遊戲

⑴以適當球場或平坦場地並畫定範圍做遊戲場地。

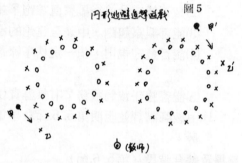

圖5

⑵遊戲前先推出甲、乙兩人爲追趕人與被追人，其餘兒童保持適當間隔成双圓隊形（如圖5），同時內外圈兩人對正爲一伍，均面向圓心站立。

⑶聽令後相距4—5公尺的甲、乙兩人開始追逃，被追人「乙」在追趕人「甲」追及以前可以跑至任何一伍前突停。此時該伍最後一人，必須立即代替被追人成爲逃跑者。如被追趕人拍到，甲、乙兩人立即變換追逃職務，繼續遊戲（爲使被拍者有適當時間離開追趕人，可規定數1. 2. 3.之後開始追趕）。

教學要點：

⑴說明遊戲方法與規則時，最好配合示範動作。

(2)指導兒童突跑、突停、迅速改變方向的要領。

(3)明確規定追逃範圍，以免離開隊伍過遠。

(4)全班人數過多時可分為兩個場地遊戲。

三、綜合活動

10.簡易輕鬆的整理運動

11.集合、整隊，檢討得失，其內容應包括：

(1)是否學會繞環跑動作？

(2)能否觀察繞環跑及追趕遊戲時的動作，並說出優缺點？

(3)能否遵守秩序，規則從事練習或比賽？

(4)能否勝任裁判職務？是否認真練習或比賽（遊戲）？

12.由教師就本大單元目標講評兒童的學習得失，並鼓勵課外多加練習。

13.收拾器材，歡呼解散。

註：本教學設計示例中之教學活動欄，並未依照格式填寫，讀者如須參考引用時，可依格式稍加修改即可。

體育教學設計示例……2（以不採用表格式的四年級接力遊戲為例）

一、教學科目：體育科

二、教學年級：四年級

三、教學單元：接力遊戲（包括穿梭、蛇形、換物接力）。

四、教材來源：根據國立編譯館編印國民小學體育教學指引。

五、教學日期： 月 日（星期 ）至 月 日（星期 ）

六、教學時間：200 分鐘，分5節授課。

七、各節教學重點

第1節：穿梭繞物接力跑

第2節：蛇行繞物接力跑

第3節：馬鈴薯接力跑

第4節：圓形繞圈接力跑

第 5 節：綜合練習並測驗圓形接力跑成績。

八、教材的特性與教學研究

　　1.本單元教材在性質上與三年級接力遊戲相同，其動作包括短距
　　　離跑、繞物轉身、蛇行傳接棒等動作，但是難度較高。

　　2.上述動作可培養敏捷反應、全身協調、精神集中等功能，可以
　　　提高研討改進的態度。

　　3.應採用異質分組教學，使各組綜合實力相等，以提高組間競爭
　　　性與組內合作性。

　　4.多指示遊戲要點，使兒童以小組為單位自行研究各種接力遊戲
　　　的技術。

　　5.多使用碼錶計時，以便告知各組比賽或測驗成績，以提高學習
　　　興趣。

九、教學目標

　　1.單元目標

　　　⑴進一步明瞭穿梭、繞物、換物接力跑方法與有關規則。

　　　⑵熟練站立式起跑、繞物轉身、迅速換物及傳接棒等動作。

　　　⑶提高對上述各種接力遊戲的興趣，培養遵守規則，服從裁
　　　　判、公平競爭、輪流佈置場地等良好習慣與態度。

　　2.具體目標

　　　（1－1）能說出上述各種接力跑的方法與有關規則。

　　　（1－2）能觀察正確的傳接棒、繞物轉身、換物等動作。

　　　（2－1）能做熟練迅速的站立式起跑、中途跑（蛇行跑）、
　　　　　　　繞物轉身、迅速換物的動作。

　　　（2－2）能依規定做熟練的傳接棒動作。

　　　（3－1）能注意觀察並說出隊友之正誤動作。

　　　（3－2）能對上述各種接力遊戲發生興趣，並遵守規定，認
　　　　　　　真練習與比賽。

　　　（3－3）能分組輪流佈置場地、搬運器材、擔任裁判工作。

十、教學活動

準備及發展階段（第 1 節）

㈠課前佈置教學場地（如圖 1）並準備黑板、碼錶、標幟旗、小櫈子、石灰、哨子、記錄板等器材。

㈡集合整隊並由教師說明本單元教學目標與本節重點。

㈢準備運動：包括慢跑、花式跑、四肢、全身等準備運動。

㈣穿梭繞物接力遊戲

1. 將全班等分爲若干組，各組再分爲兩小組並依圖 1 隊形排列。

穿梭繞物接力遊戲　圖 1

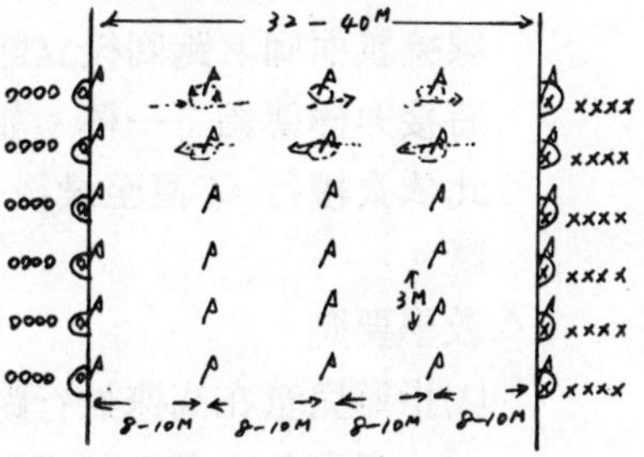

2. 聽令後各單數排頭即向前起跑，在中途迅速繞物（由右向左）三次後將接力棒以右手（或左手）傳給双數排頭的右（左）手，然後排在双數行尾。双數排頭即依同樣方式繞物三次後將接力棒傳給下一棒。如此依次續行至單双數完成互換位置爲止。先完成的一隊爲勝。

3. 教學要點

⑴必須在起跑圈內傳接棒。

⑵必須繞物三次（由右向左）。

⑶以右手握接力棒下三分之一處，接棒者右手前伸掌心向下虎口張開，傳棒者以右手將接力棒的上端交給接棒者。

⑷繞物時應稍降低速度與重心，身體左傾。

⑸如無標幟旗可以其他器材代替。

⑹練習數次後舉行比賽並加以計時。

㈤整理運動後，檢討學（練）習得失，並由教師講評。

㈥分組輪流收拾器材，歡呼解散。

—第 2 節—

㈠㈡㈢同第 1 節。

㈣蛇行繞物接力跑。

1.佈置如圖2場地。

2.將全班等分為人數相等之
若干組，並依圖2隊形排
列。

3.聽令後各組排頭向前跑，
其方向如附圖。以蛇行路
線繞旗而囘。跑囘後立即
將接力棒傳給下一棒。如

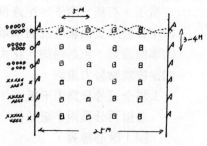

蛇行繞物接力遊戲　圖2

此依次續行， 直至最後一人為止。 以先完成接力的一隊為
勝。

4.教學要點

⑴指導兒童在高速蛇行跑時控制身體的技術。

⑵注意避免碰傷身體或觸及障碍物或標幟旗。

⑶練習數次後舉行比賽並加以計時。

㈤㈥同第1節

—第3節—

㈠㈡㈢同第1節

㈣馬鈴薯接力跑

1.在起跑線正前畫3—4個
直徑和間隔相等的圓圈（
直徑50cm ，間隔4—5
M）。每圈內放置馬鈴薯
一個（可用壘球、棒球、
小沙包等代替）。

2.將全班等分為人數相等之
若干組，然後依圖3隊形
排列。

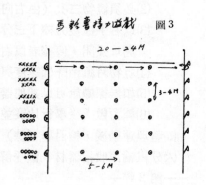

馬鈴薯接力遊戲　圖3

3.聽令後各組排頭手拿馬鈴薯一個向前跑，至第一圈將所帶馬

鈴薯放在圈內，隨卽拾起原置該圈內馬鈴薯再前跑至第二圈同做。如此依序拾放，最後繞標幟旗跑回起點，將馬鈴薯傳給下一棒。 如此續行直至最後一人爲止。 先完成的一隊爲勝。

4.教學要點

⑴馬鈴薯必須放在圈內，如滾出圈外，必須回圈放好。

⑵指導兒童突停突跑及繞旗的要點。

⑶可用椅子或小櫈子代替圓圈。

㈤㈥同第 1 節。

一第 4 節一

㈠㈡㈢同第 1 節。

㈣圓形繞圈接力跑。

1.在平坦的操場上規劃直徑20M的圓圈 1 — 2 個，並等分爲二一四段，每段前後再畫 8 ～10M接力區域。

2.將全班等分爲人數相等的二～四組並依圖 4 隊形排列。

3.「預備」時每組排頭左手拿接力棒，分別站在各段起跑線後，聽令時立卽加速前跑。依反時鐘方向跑一圈後在各組接力區域內將接力棒傳給下一棒。第二棒以後均依此方法繞圈接力跑，以先完成者爲勝。

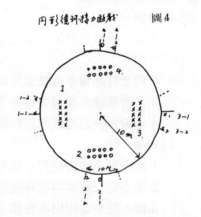

圓形繞圈接力賽跑　圖4

4.教學要點：

⑴順着圓圈全速跑，並且以前面隊員爲其競爭目標。

⑵指導彎道跑法。

⑶指導右手接棒後換左手握棒，以便以左手傳棒給下一棒。

(4)完成傳接棒者應迅速進入圈內各組行尾， 以免阻碍接力跑。

(5)必要時使用兩個圓圈，每圈分為二段或三段接力跑。

(6)先行練習傳接棒動作數次後，舉行繞圈接力比賽。比賽時最好加以計時以便提高興趣。

(五)(六)同第1節。

綜合階段（第5節）

(一)(二)(三)同第1節

(四)複習蛇行接力跑與馬鈴薯接力跑各一次，並加以計時。

(五)複習圓形繞圈接力跑的接棒動作，然後舉行比賽（計時）。

(六)同第1節。

五、教學效果的評量

(一)技能

1.是否學會並熟練站立式起跑、直線快跑與終點衝刺（直衝）法？

2.跑至終點會不會降低速度？

3.是否熟練各種接力遊戲？尤其是傳接棒技術？

4.能否在接力區域內以較高速度完成傳接棒動作？

(二)知識

1.能否完全瞭解蛇行、繞物、換物動作對接力成績的重要性？

2.能否完全瞭解傳接棒技術的重要性？

3.能否瞭解並說出各種接力遊戲的方法、要點與規則？

(三)習慣與態度

1.能否對本單元各種接力教材發生興趣並認真練習或比賽？

2.能否觀察別人，組內自行研討改進傳接棒技術？

3.能否遵守規則、服從裁判，依一定順序練習或比賽？

4.能否勝任裁判工作，輪流佈置場地，搬運器材？

第四節　體育教學所需要的場地、設備和器材

甲、體育場地：包括田徑場、籃球場、排球場、網球場、躲避球場、
體育館、室內操場或屋頂操場、游泳池等。其運用方法如下。

一、田徑場：視場地的大小可建築一百五十公尺或二百公尺一週之
　　徑賽跑道。跑道內圍的田賽場內，可規劃數場躲避球場、棒球
　　場（壘球場），小型足球場等。

二、籃球場、排球場、網球場等可利用田賽場內或另覓適當的空地
　　建築。如受地方限制，可採取一場多用方式，以解決實際需要。
　　上述場地如能經常規劃整齊清晰，可增加兒童學習或練習的興
　　趣。如果經費短拙，可分期興建或先埋好白色磁磚以作規劃場
　　地之依據。　　　　　　　　　　　　（參照下圖）

三、體育館：最好地
　　面為木板，牆壁
　　裝設大型鏡子、
　　肋木、橫木、吊
　　槓、吊繩、雲梯
　　等以備教學機巧
　　運動或體操之用
　　。舘內可規劃籃
　　球場、排球場、
　　網球場、羽球場
　　等，以便雨天或
　　極熱天氣時教學之用。

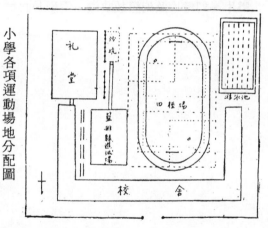

小學各項運動場地分配圖

四、游泳池：應附設更衣室、沐浴室、廁所、跳水臺或跳水板、急
　　救器材、浮標等。

五、室內操場或屋頂操場：可供教學韻律活動，球類運動、體操、
　　機巧運動、簡易遊戲之用。惟屋頂四週應有安全設備。

乙、設備

一、田徑場：砂坑、起跳板、投擲圈及場地、起跑架、終點柱、跳高架等。

二、球類運動場地：籃球架、排球柱、裁判椅、足球門等。

三、機巧運動場：單槓、双槓、吊環、吊槓、吊繩、平衡木、肋木、橫木、跳箱、墊子、起跳板（助躍板）、倒立架、保護帶等。

四、遊戲場：鞦韆、巨人步、旋轉塔、滑梯、蹺蹺板、攀登架、假山等。

丙、器材或用具

發令槍、紅白旗、哨子、接力棒、計圈板、擴聲筒、平沙粑、鐵鏟或鋤頭、皮尺、短棒、鉛球、橫竿、少年用籃球、排球、足球、躲避球、壘球、球棒、手套、防護面具等。

其他在教學所須具備的器材或用具，尚有各種遊戲器材、留聲機、唱片、幻燈片及幻燈放映機、電影放映機、掛圖等。

第五章 國術教材教法研究

第一節 教學目標、教材選配與教學要點

民國五十七年一月，爲配合九年義務教育的實施，教育部曾延聘許多教育專家與學者研討國民中、小學課程標準。此時爲配合中華文化復興運動，本列爲中學體育科選授教材的國術，列爲國民中、小學必授教材。

國術起源於我國固有武術，經數千年的研鍊與發展，已成爲中華文化的一部份，它不僅可成爲自衞衞國的武術，平時更可以鍛鍊身體，修心養性之用。

我國國術因起源甚古，其宗派衆多，所含哲理也深。在亞洲有許多國家的武術多少均受我國國術之影響。例如日本的柔道、空手道，相撲；韓國的跆拳等莫不受啓於我國國術。

近年來發現我國國術如加以有系統的整理與編配，確可成爲優秀的體育教材，因此特將國術列爲各級學校體育之必須選授教材，以便利用正課及課外時間，使學生學習國術，以求鍛鍊體魄，修心養性，體會中華文化之精髓。

甲、教學目標

做爲中、小學體育必授教材之一的國術，其目的在於藉各種國術教材鍛鍊身心，修習基本武術，體會先人遺留下來的中華文化精粹，一方面健身養性，一方面訓練自衞衞國的技能。其教學目標應包括：

一、鍛鍊機體，促進發育，修心養性，維護身心健康。

二、學習各種國術活動，體會中華文化的精髓，培養民族精神。

三、訓練自衞的技能，平時做爲休閒娛樂或健身之用，戰時可做樂

敵衛國之用。

四、透過國術的學習活動，增進對中華文化的認識，培養民族自信心。

乙、教材的選配與教學要點

修訂國民中、小學體育課程標準時，經過專家學者的研討，小學階段的國術教材應以簡易有趣的國術為宜。因此在民國五十七年一月部頒暫行體育課程標準所訂的國民小學國術教材是八段錦、國術操、新武術三類。至民國六十四年八月公佈之國民小學體育課程標準，即將國術教材修改為國術遊戲、國術操與簡易拳術。有關國術教材的研編，目前正請國術教育專家擔任中。故在此僅引用省立臺北師專溫兆宗教授經多年研究之國術教學要點與教材，以為讀者參考。

一、教學國術時應提醒學生自然呼吸，避免閉氣用力，以損傷心臟功能。

二、以鼻子行使呼吸，最好採用腹式呼吸法，如此易使氣沉丹田。

三、注意學生在練習時身心勿過份緊張，以免影響呼吸循環功能。

四、學習步法時宜先慢後快，然後至正常速度。尤其須注意重心的移動與足部落地的順序。

五、最好配合國樂或其他伴奏，以提高學習效果。

六、學會基本動作或個人動作後，應進一步學習應用動作或對人攻守動作。

七、教學時應說明每一個動的名稱，要點與功效，使學生能充分瞭解學習國術的價值。

八、教學國術時應講述有關故事或知識，以提高學習興趣。

第二節　各年級國術教材教法

甲、三年級國術教材教法——八段錦

一、雙手托天理三焦

1.左足側出一步，屈膝半蹲成馬步。兩手握拳由身前屈舉成

側屈部位，此時拳心向前，　兩肘夾脇。

2.兩腿伸膝直立，兩拳變掌，掌心向上成托舉狀，手指向內抬頭兩眼上視。

3.兩掌變拳還原成一式。收下顎，頭部扶正，眼視正前方。

4.左足收回原地，兩手放下自然垂於腿側。

右式 5.6.7.8.與左式相同。

二、左右開弓似射鵰

1.左足側出一步與肩同寬，兩手前平舉掌心相對，手指向前。

2.左臂側展開用力握拳後展掌，右臂屈肘至左胸，用力握拳向後曳至拳心離開右胸乳部外。　此時右肘不可向身後張展，頭向左轉，眼視左拳。

3.左右兩拳變掌，同時前伸成一式，　掌心相向，　在身前平舉，頭部轉正，目視正方。

4.左足收回成直立，兩手自然垂於腿側。（右式同左式）

三、調理脾胃單舉手

1.左足向左側出一大步，兩手插腰。

2.左腳屈膝成左箭步，左手變掌，掌心向上，手指向右，向上托舉。此時抬頭，眼視上方。

3.左腳伸膝，兩手插腰，還原成一式。

4.左足收回，兩手分垂腿側。（右式同左式）

四、五癆七傷往後瞧

1. 左足側出一大步
   ，兩手揷腰。
2. 上體左轉，右手
   成掌（向身前作
   一撑掌），同時

左手亦成掌，隨身體之轉動而向身後作撑掌，頭向左後扭
轉，眼視左掌。

3. 兩臂與掌隨上體轉正還原成一式。 頭部與眼睛亦還原正
   視。
4. 左足收回，兩手分垂腿側。（右式同左式）

五、搖頭擺尾去心火

1. 左足向左側出一
   大步，兩臂側平
   擧。

2. 上體前俯向左捻
   轉，右手下伸緊握左踝，左臂隨上體俯轉之動作，向後上
   擧，頭向左上扭轉，眼視左手。
3. 鬆右手抬上體，還原成1式。
4. 左足收回，兩手分垂腿側。（右式同左式）

六、背後起顛百病消

1. 併腿起踵，兩臂
   握拳前平擧，拳
   心相對。

2. 兩臂側平展開，
   兩脚半蹲。
3. 伸膝直立起踵，兩臂還原成爲前平擧部位（1式）。
4. 脚跟用力頓地落下，頭微前點，以避免腦受震，兩臂分垂
   腿側。

七、攢拳怒目增氣力

1. 左足向左側出一
   步屈膝成馬步，
   兩手握拳屈肘附
   於體側。

2. 左拳向身前正中擊出，此時拳心向下。

3. 左拳變掌，向左外方刁探拉回抱肘（屈肘附腰）。

4. 左足收回，兩手分垂腿側（右式同左式）。

八、兩手攀足固腎腰

1. 兩手向上舉，掌
   心相同，手指向
   天，抬頭仰視。

2. 屈膝全蹲，兩手
   下垂，握住踝骨，低頭收下顎，眼視肚臍。

3. 兩手放鬆，伸膝舉臀，上體前屈，眼視腹部。

4. 上體緩緩仰抬成直立，眼向前視，兩手下垂貼於腿側。
   右式同左式）。

乙、四年級國術教材教法——國術操

一、弓步直拳

預備姿勢：立正抱肘。

1. 左足向正前方踏出一步，成向前箭步（
   弓步），左拳由左腰間向正前方擊出，
   此時拳心向右。

2. 左足及左拳均收回成預備姿勢。（右式同左式）

3. 停：兩手放下。

二、馬步直拳

預備姿勢：立正抱肘

1. 左足向正前方踏出一步同時身體向右
   轉身¼成馬步。左拳由左腰間向正前
   方擊出，此時拳心向右。

2.左足與左拳均收回，成預備姿勢。（右式同左式）

3.停：兩手放下。

三、弓步架打

預備姿勢：立正抱肘

1.左足向前一步成前箭步（弓步）。右臂屈肘握拳由面前高架過頂，拳心向前，左拳向正前方擊出，拳心向右。

2.左足及兩拳均收回，成預備姿勢。（右式同左式。）

3.停：兩手放下。

四、馬步雙推

預備姿勢：立正抱肘

1.左足側出一大步成馬步，兩手由拳變掌，掌心向上並微斜向對方，向身前平推而出。

2.左足及兩掌收回，成預備姿勢。（右式同左式）

3.停：兩手放下。

五、弓步雙貫

準備姿勢：立正抱肘

1.左足向前跨出一步成箭步（弓步）。兩拳面前交叉，拳心向己，高不超過眼，兩肘半屈。

2.兩拳先向內抱，然後再由外繞向正前上方雙貫，此時拳心向外，高不超過額。

3.兩拳向左右拉回乳側，再向前穿出交叉如1式。

4.左足及兩拳收回成預備姿勢。（右式同左式）

5.停：兩手放下。

六、拗打交踢

預備姿勢：立正抱肘。

1.左足向前跨
一步成箭步
（弓步）。
右拳向正前
方擊出，此時拳心向左。

2.左足尖微向外撇，右足向前正踢，左拳向前**擊出**，**此時拳心向右。**

3.右足踢完後還原，左足尖向內微扣，右拳再向前**擊出（拳心向左），**左拳收囘抱肘。

4.左足及右拳收囘抱肘成預備姿勢。（右式同左式）

5.停：兩手放下。

七、拗打摟架

預備姿勢：立正抱肘

1.左足向前跨
出一步成弓
步，右拳變
掌，向正前
方作撐掌。

2.左足足尖微向外撇，挺膝立起，右足向前提腿屈膝，膝蓋內扣成單足獨立狀。右手向身後成鈎手，手肘挺直，左手在面前成掌，高架過頂，此時掌心向前，手指向右。

3.右足向後着地還原。左足足尖隨之內扣成弓步，左掌變拳抱肘還原。右鈎變掌，向前撐出，此時掌心向左。

4.左足收囘還原，右掌變拳收囘抱肘成預備姿勢。（右式同左式）

5.停：兩手放下。

八、橫肘劈砸

預備姿勢：立正抱肘

1.左足向前踏出一步成弓步，左拳向身前橫肘，拳心向己。

2.身體後挫， 右脚屈
膝，左脚膝關節放鬆
收回成半馬步狀，右
拳變掌下劈，臂垂膛
前，掌心向右。

3.右脚蹬地伸膝，左脚屈膝前頂成弓步，左掌變拳，由下斜
向左上方反砸，其高度不超過額，拳心向右。

4.左足及左拳收回抱肘，成預備姿勢。（右式同左式）

5.停：兩手放下

丙、五年級國術教材教法──基本拳㈠

一、弓步直拳

預備姿勢：右足後退半步，屈膝
半蹲。左脚足跟微提，足前掌着
地成三七式。左手握拳前伸，拳
心向右，肘部半屈，右手握拳半
伸，拳心向左。右拳隨在左肘下，右肘微貼脅部。

1.左足落實，足尖微向外撤，右足上前一大步成弓步。左拳
收回抱肘，右拳向正前方擊出（目標爲對手胸部）。

　（左式與右式同）

2.上步並足立正垂手。

二、半馬外撥

預備姿勢：右足後退
半步，屈膝半蹲，左
脚足跟微提，足前掌
着地成三七式。左手

握拳前伸，拳心向右手肘半屈。右手握拳半伸，拳心向左隨
在左肘下，右肘貼脅部。

1.右足再退半步，左足略向後滑， 成半馬步。 右拳收回抱
肘，左拳變掌向下外撥出敵方小臂。（左式同右式）

2.停：收步並足，立正垂手。

三：馬步直拳

　預備姿勢：同前。

　　1.左腳足尖外撇，右足向前踏出一步成馬步。左拳收回抱肘，右拳向前擊出（目標為對方胸部），拳心向左。（左式同右式）

　　2.停：同前。

四、馬步橫肘

　預備姿勢：同前。

　　1.右足再退半步成馬步。右拳收回抱肘，左拳隨退步轉身之際向右橫肘，格出對方小臂，拳心向己，高度不超過眼部。（左式同右式，惟換式時橫肘之拳向左下外方一撥）。

　　2.停：同前。

五、前進正踢

　預備姿勢：同前。

　　1.左足落實，足尖外撇，右足向前正踢對方腹部，兩拳收回抱肘。（右式同左式，惟雙拳抱肘，不必再動）。

　　2.停：同前。

六、半馬內削

　預備姿勢：同前。

　　1.右足再退半步屈膝半蹲成馬步。

　　右拳收回抱肘，左拳變掌，向

　　下內削，掛出對方小腿，掌心向右。（左式同右式）

　　2.停：同前

七、前進側踹

　預備姿勢：同前。

　　1.左足踏實，足尖外撇，側提右足向前，以足之外緣踹出，

足背向天，趾尖向左，兩拳收回抱肘。（左式同右式，惟兩拳抱肘不再移動）。 前進側踹

2.停：同前。

八、馬步外截

預備姿勢：同前。

1.右足退一步成馬步，右拳收回抱肘，左拳向左外撥，截出對方小腿。（左式與右式同）

2.停：同前。

丁、六年級國術教材教法——復興拳

一、虛步雙摟

1.由立正抱肘的預備姿勢，左足前出半步成「虛步」。

2.兩手成掌，先在胸前交叉再向前伸，轉向左右分摟，最後仍成抱肘姿勢握拳付腰。

二、弓步砍掌

1.左足向左開一步，向左轉身成「弓箭步」。

2.左手向左拳摟出，最後仍握拳抱肘。

3.右手成掌隨身左轉，向左方砍出。砍出位置比肩略高，惟不可過眼，此時掌心向上成仰掌（陽掌）。

三、正踢上架

1.左足尖外撇站穩，右足提起向前正踢，足背繃平，足尖向前指。

2.同時右掌收回抱肘 ，左手成掌向上高架過頂，掌心向前，手指向右。

四、弓步撐掌

1.右足向前落地，立卽頂膝成「弓箭步」。

2.左掌自上收回腰間抱肘，右手成掌，向前
撐擊，掌緣向前，掌心向左，手指向上，
高與肩平（稱謂立掌）。

五、弓步直拳

1.左足跨越右足，向前踏出一大步頂膝成「弓
箭步」。

2.右掌收回抱肘，左手握拳，自腰向前直擊，
拳心向右拇指向上，高不過肩（稱謂立拳）。

六、弓步直拳

1.右足跨越左足，向前踏出一大步，頂膝成
「弓箭步」。

2.左拳收回抱肘，右拳向前擊出，拳心向左，
拇指向上，高不過肩。

七、弓步拖拳

1.左足跨越右足，向前踏出一大步，頂膝成「
弓箭步」。

2.右拳收回抱肘，左掌向前上方作一「托掌」
，掌心向右偏向前，力在掌根，手指略爲外屈。

八、弓步搗肘

1.足部不動，向後輾轉，回身轉面，屈右膝，
繃左膝爲「弓箭步」。

2.左掌握住右拳上， 同時推動轉身， 向後搗
肘，高不過肩，小臂要平。

九、盤步摟架

1.右膝深屈，左足向前拖，使左膝蓋頂住右膝
後，足尖在地，足跟提起，成「坐盤式」。

2.右手變掌，上揚高架過頂，掌心向前，手指
向左。

3. 左手變鈎，五指緊撮，向左下方鈎摟，後垂
   約45度。

十、獨立側踹
   1. 上肢不動，右脚伸膝獨步站立，左足向正方
      以足外緣踹出，足背向上，足趾向右。

十一、盤步劈掌
   1. 左足落地屈膝下蹲，右足前拖，右膝頂住左
      腿彎成「坐盤式」。
   2. 右掌由頂上向正前方下劈，至臂垂身前，手
      指向地，掌心向左。

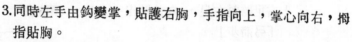

   3. 同時左手由鈎變掌，貼護右胸，手指向上，掌心向右，拇
      指貼胸。

十二、蹬脚分掌
   1. 左足略起，獨脚站立，右足向正前方蹬出，
      足尖向上，足心向前，力點在足掌及足跟。

   2. 兩手立掌，右前左後， 向上分揚， 高不過
      頂，掌心與身同高，手指向上，手肘彎屈成
      90度。

十三、拗步直拳
   1. 右足落地，頂膝成「弓箭步」。
   2. 右掌由前向後摟，收回至腰抱肘。

   3. 同時左掌變拳，經左腰際向前擊一直拳，拳
      心向右，高不過肩。

十四、拗步直拳
   1. 左足跨越右足，上前一大步，頂膝成「弓箭
      步」。
   2. 左拳變掌向左摟，之後又握拳收回抱肘。

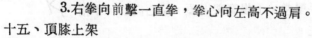

   3. 右拳向前擊一直拳，拳心向左高不過肩。

十五、頂膝上架

1.左足略起，獨脚站立，右脚屈膝用力前提，使膝部向前頂出，足面繃平，提至左膝部。

2.同時右拳收回抱肘，左手成掌高架過頂，掌心向前，手指向右。

十六、弓步揷掌

1.右足落地頂膝成「弓箭步」。

2.左掌自頂上橫臂，經面部胸部而下落，橫在胸下，腹上部位，掌心向地，手指向右。

3.同時右手成掌，向前上方插出，掌心向地，手指向前。

十七、弓步撩掌

1.足部不動，輾地轉身，成左頂膝右繃膝之「弓箭步」。

2.隨身體囘轉之動作，左掌上移置於右大臂上，掌心貼臂。

3.右掌下落，由腰部以下經過向左膝前撩出，掌心向上，下垂約45度。

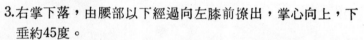

十八、虛步趏肘

1.右足下蹲，左足抽囘半步成「虛式」，身體仍向前而微偏右。

2.右掌變拳，收囘抱肘，左掌亦變拳，向前下方擊出，拳心向地，臂約成45度。

十九、拗步直拳

1.左足再踏出一步頂膝成「弓箭步」。

2.左拳收囘抱肘，右拳向前擊出一直拳，掌心向左，拇指向上。

廿、虛步橫肘

1.身向右轉，面向右方，如同開始之方向。

2.轉右足尖，屈膝下蹲，左足略提離地轉至同一方向，以足

尖下落點地成「虛式」。

3.右拳收回抱肘，左拳同時向前成「橫肘」姿
勢，拳心向己，拇指向左。

4.停止時放手下垂，並足立正即可。

註：六年級國術教材「復興拳」係簡易連續拳術，必須練熟每
一個動作或若干動作後，連續成套。如能練熟可體會出復
興拳之涵義並收到健身養性之效。

第六章 徒手體操及遊戲教材教法研究

第一節 教學目標、教材選配與教學要點

甲、教學目標

一、一、二、三年級教學目標

（一）實施簡單的模仿體操，以培養隨意操作身體的能力。

（二）養成遵守秩序與規定，從事快樂運動的態度。

（三）培養遵守有關徒手操的健康與安全的態度和習慣。

二、四年級教學目標

（一）實施簡易徒手體操，訓練兒童隨意操作身體的能力。

（二）透過體操練習、培養服從、整齊、友愛的態度。

（三）培養自行訂定練習體操時應遵守的健康與安全規則。

三、五年級教學目標

（一）實施徒手體操，訓練柔軟平衡的身體，並能隨意操作的能力。

（二）在練習體操過程中，培養互相鼓勵矯正錯誤等研究練習的態度與習慣。

（三）指導能自行訂定練習徒手體操時，有關健康與安全的規定，並培養遵守該規定的態度與習慣。

四、六年級教學目標

（一）實施徒手體操，訓練柔軟平衡的身體，並能充分運用身體的能力。

（二）培養能自行計劃，研究練習的能力與習慣。

（三）指導能自行訂定練習徒手體操時，有關健康與安全的規定，培養遵守該規定的態度與習慣。

乙、體操教材的選配與教學要點

一、選配的原則

（一）徒手體操教材要輕鬆、活潑、自然而有節拍，切忌呆板機械的動作（所選的動作，要滿足兒童自試能力的慾望）。

㈡教材要簡單易行，注意動作的實效，避免不必要的花式變化。

㈢教材應使各部肌肉與關節，都有平均活動的機會。

㈣每一教材編排的順序，應自運動量較小的四肢動作開始，進而至軀幹動作，再至運動量最高的跳躍動作，最後為整理動作，以幫助恢復生理狀態。

二、教學要點

㈠徒手體操為準備運動之一種，動作易流於呆板機械，不宜單獨編成一單元教學，僅宜以教學機巧，田徑、球類等主要活動前施行，至多不宜超過五分鐘。（以上是站在準備運動性質的徒手體操而言，如以補助運動或健身、美容、改正等為目的則另當別論）

㈡體操的分隊方法，應簡單易做，切忌花式變化，浪費時間。

㈢應以音樂伴奏，如用口令呼唱，應隨動作的性質而有強弱、長短、快慢之分。

㈣務使兒童明瞭上、下、左、右、前、後、等方位，及基本動作的名稱，以利教學。

㈤示範動作時，教師與兒童對立，其左右的動作須與兒童動作相同；即教師向右，兒童向左，但前後的動作則行相反。

㈥每節教材之口令，宜作「四」「八」呼唱三十二拍，其動作須左右交換行之，不可偏於某一方向。

㈦利用自試自我能力的慾望，使兒童學習操作身體的能力。

第二節　各年級徒手體操教材教法研究

甲、低年級模仿操教材教法研究

一、技能：

㈠下肢運動：蹲伸的運動，動作要大而正確。

要點：快蹲慢伸：慢蹲快伸，使動作有快慢強弱之分。二人或三人成一組，面對面手牽手做同時蹲伸的動作或交互蹲伸的動作。

1. 下肢屈伸

2. 下肢開立

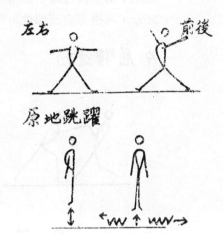

左右　前後

原地跳躍

㈡下肢運動：前後或左右大開立，原地或移動跳躍。

要點：可利用低單槓或肋木、牆壁、樹木或二人成一組，作前後或左右大開立的動作。務使髖關節擴大活動範圍，促進下肢各部伸肌。

以一人或二人牽手，從事原地併足跳，開合跳，移動跳或轉向跳。（可模仿各種動物的跳法，例如白兔、袋鼠、狗等。）

㈢上肢運動：向任何方向擺臂、繞臂、屈伸等以增加肩關節，肘關節的活動範圍，促進肌肉的伸縮性。

要點：使兒童模仿各種物體或動物的形態與動作，從事上肢屈伸、擺振、繞環等運動。例

3. 上肢屈伸繞環

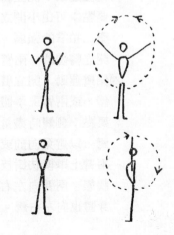

如模仿鐘針繞環，象鼻的擺動，游泳時之划手動作等。

㈣屈體運動：二人一組面相對成前後開立牽手，做推拉的運動。

要點：兩手推拉時，軀體隨着前屈後挺，動作要有快慢強弱
之分，可換方向或部位再作。

4. 屈體運動

5. 轉體運動

㈤轉體運動：開立轉體拍掌，開立轉體。

　　要點：可由小開立或大開立的部位，向左右轉體並拍掌。可
變化拍掌的強弱，次數以增加練習興趣。

　　開立轉體時，兩臂側平舉，像飛機的螺旋槳般的左右旋轉。

㈥側彎運動：開立臂側屈體側彎
　體，或兩臂上舉體側彎體。

　要點：側彎時盡量使兒童正側
　彎，以避免向前或斜前彎體。
　兩臂上舉模仿樹枝被強風吹動
　狀態，兩臂向左右搖擺，隨着
　身體也向左右彎。

6 側彎運動

㈦前後彎運動：由開立的部位前後彎體。

要點：由開立或大開立的部位，身體前彎，兩手各握左右足，從兩大腿中間看背後遠景。後彎體時，兩手反插腰，盡量後彎，眼視體後地面的最近點。可以二人成一組，互作前後彎體時的目標。

7. 前彎運動

8. 全身運動

㈧全身運動：全身蹲伸的動作。

要點：以動作模仿花草由發芽至開花的過程。由併腿全蹲抱膝的部位，慢慢伸腿起身，兩臂由體前向上高伸，最後起踵，張開手指以示百花盛開狀。

二、社會態度

㈠特別注意訓練聽從口令，迅速集合或散開的動作與習慣。

㈡能在友愛的氣氛中，一起練習體操，不向別人開玩笑，不頑皮。

㈢不妨碍別人練習，注意看別人的動作。

三、健康安全的習慣與態度

㈠運動前後要洗手擦汗。

㈡檢拾操場上的小石、瓦片、玻璃片等危險物。

四、教學時應注意事項

㈠動作的編配要適應兒童的想像性或模仿性。

㈡使用節奏器或樂器，使兒童能順着一定的韻律從事練習。

㈢如有坐臥部位的動作，應選擇安全清潔的地方。

乙、中年級徒手體操教材教法研究

一、技能

㈠下肢運動：可分為下列幾種運動：

1. 下肢屈伸：直立分膝或併膝屈伸，半開立屈伸或繞環。

要點：充分的起踵屈伸，利用兩臂推膝的力量，使膝關節伸直。配合兩臂半握拳前平振或前上振的動作，作下

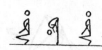
下肢運動　下肢屈體

肢的屈伸運動。注意臂與腿的協調。屈伸動作可快可慢，可強可弱，使兒童體會下肢屈伸運動的效果。

2. 下肢開立：由前後或左右開立的部位，兩足向前後或左右再行伸開，以增加臗關節，膝關節的活動範圍和拉長下肢各伸肌的肌纖維。

下肢左右或前後大開立

要點：可利用固定物體，例如低單槓、牆壁、橫木、樹木或双人相對，以手相扶維持身體的平衡，由直立部位逐漸向前後或左右大開立至不能再開為止。也可由直立的部位，手扶物體，下肢向任何方向擺動，或直立交互擺單腿拍掌等。

3. 原地跳，開合跳或移動跳：在原地足向上跳、開合跳，向任何方向移動跳。

原地跳或開合跳

要點：可配合笛聲、鼓聲或拍掌等作律動性的跳躍。動作可多變化，例如原地高跳，左右開合跳，前後開合跳，單足交

換跳，双足向左（右）或向前（後）移動跳等。跳躍速度或高度視天候和兒童體力，隨時做合理的調整。

㈡上肢運動：

1. 由直立的部位，上肢向任何方向伸舉擺振或做屈伸的運動。

要點：屈伸或擺振的動作要大，並且有強弱快慢之區分，使肌肉或肘關節特別得到充分的活動。

2. 兩臂繞環：由直立或開立的部位，兩臂向任何方向繞環成旋轉。

要點：注意繞環時屈肘，或適當的力量分配。開始繞環時用力起動，隨後立直放鬆。

㈢頸部運動：以頸爲軸，頭向任何方向屈或轉。

要點：由直立或開立插腰的部位，頭向任何方向彎屈或繞環。注意全身盡量放鬆，勿過緊張。

㈣側彎運動：開立單臂過頂屈，軀體側彎。

要點：注意軀體側彎時，勿有向前彎的現象。同時須配合呼吸，彎時呼氣，還原時吸氣。

㈤前（後）彎運動：可分下列幾種運動：

1. 開立前彎體，上體盡量向前彎，看腿後風景或目標。

要點：可以隨意調整開立的距離，增加前彎度。

2. 開立後彎體，上體盡量向後彎，看體後地面之最近點或身體後彎兩手着地。

要點：可以設置目標以爲彎體之用。後彎手着地時注意動作不過快，以免發生危險。

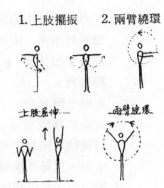
1. 上肢擺振　　2. 兩臂繞環
上肢屈伸　　　兩臂繞環

頸部運動

側彎運動

前彎　　　後彎

3.毛蟲爬行：由俯臥撐的部位，收腹，利用兩足交換向前移動靠近兩手，成弓身撐。然兩手同時向前移，復成俯臥撐部位。如此反覆實行。

3.毛蟲行

要點：兩足交互向前移時不可屈膝，兩腿不可分開。兩手同時向前移時，動作不要太猛烈，以免手腕受傷。

4.蟹行：由仰臥撐的部位向任何方向移動。

4.蟹行

要點：成仰臥撐時腹部要挺平，不可屈腹。以四肢移動時應注意手與足的配合。有時可做比賽。

(六)轉體運動：開立左右轉體。

6.轉體運動

要點：擺臂或舉臂轉體時，不可移動或提起足踵，以加強轉身之運動量。轉身的動作，應有快慢、大小、強弱之分。

(七)全身運動：開立擺臂軀體向任何方向繞環。

7.全身運動

要點：軀體的繞環動作愈大愈佳。動作不可太快。可先分為向後繞環，向前繞環，然後綜合為全身繞環運動。

(八)調節運動：擺臂下肢屈伸。

要點：全身盡量放鬆，動作較緩慢以便調節身心。

二、社會態度

(一)聽從口令從事整齊體操的態度，或自動練習的態度。

(二)能互相觀察體操動作，指出優點，改正缺點。

三、健康安全的習慣態度

（一）培養運動後洗手擦汗，穿着輕便服裝上課的習慣。

（二）整理操場，以免發生危險。

（三）養成晨操或課間操的習慣，以促進身體的健康。

丙、高年級徒手體操敎材敎法研究

一、技能

（一）下肢運動

，下肢運動

下肢屈伸

1. 下肢屈伸：由開立或併立
的部位，作腿屈伸運動。
要點：屈伸的角度可變化。
兩手支撐膝蓋上以加強運
動量。屈伸動作可由慢而
快，由弱而強。

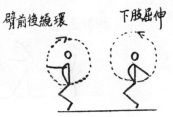

臂前後繞環　　　下肢屈伸

2. 臂前後繞環，下肢屈伸，
配合兩臂前後繞環的動
作，下肢作深淺不同的屈伸運動。
要點：動作要富有韻律性。

擺臂側振腿

3. 擺臂振腿：由站立的部位向任何方向
（前後左右，斜方向）擺或振腿。
要點：擺臂與振腿的動作須配合恰當。
振腿時勿彎膝，保持身體的平衡。

擺臂前後振腿

4. 原地單足跳或移動跳：在原地以各種
速度或高度單足跳或移動跳。
要點：注意跳躍時之韻律感，視腿力
的強弱決定跳躍次數。

原地或移動着雙足跳

（二）上肢運動

1. 上肢屈伸：兩臂由肩部向任何方向屈伸。
要點：可以各種速度屈伸。

2. 上肢繞環：以肩關節爲軸心向任何方向繞環或擺振。
要點：動作可由慢而快，由弱而強。繞環或擺振時勿彎肘

關節。

㈢頸部運動：由直立的部位向
任何方向彎屈或繞環。

要點：可隨時變換動作的快
慢而直立的部位。

㈣胸部運動：出立臂側平舉擴
胸。

要點：兩臂側平舉擴胸時不可停止呼吸，注意兩臂勿下降。

上肢運動

側彎體運動

胸部運動

㈤側彎運動：單臂過頂側彎體。

要點：由開立的部位；盡量向左右平面內彎體，身體不可有
前彎現象。

前彎體運動

㈥前彎運動：開立體前彎，手握
兩足。

要點：可以隨意調節開立的距
離和手握足頸的部位，以加强

運動量，注意勿彎膝關節或起踵。

後彎體運動

㈦後彎運動：兩臂上舉體後彎，或跪立後彎。

要點：可由開立或大開立的部位，兩手上舉
向後彎體。配合上身的重量自然後彎。後彎
時盡量避免彎腿。

跪立兩手反揷腰，向後彎體時，不可屈腹落
臀，必要兩人成一組，一人擔任保護。

㈧全身運動：俯臥爬行。

要點：兩人一組，一人俯臥撐，另一人扶持俯臥者的兩腿，向前推行。走一定距離後，交換位置反覆續行。

俯臥爬行

腹背部運動

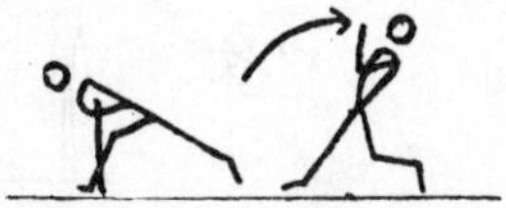

(九)腹背運動：出立前後彎體。

要點：由前後開立的部位，身體前彎後仰做划船的動作。動作應慢而大，前彎時彎前膝，後仰時伸前腿彎後腿。

(十)轉體運動：開立兩臂前平舉體側轉體。

要點：兩臂在側轉體時不可低下，足踵不可離地。轉體的動作要大。

體側轉體

全身繞環運動

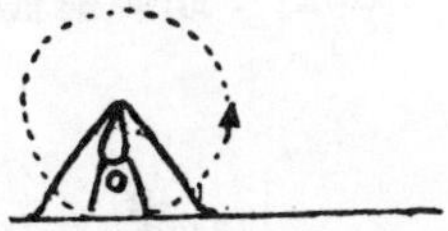

(十一)全身繞環運動：由開立的部位，身體向左右繞環。

要點：可先練習前繞環，和後繞環，最後作全身繞環。

(十二)調節運動：兩臂擺振，下肢屈伸。

要點：盡量放鬆四肢，以調節全身，以恢復安靜的狀態。

二、社會態度

由各小組中選出領袖。以領袖爲中心決定練習要點，共同從事練習。培養能將徒手體操做爲促進身心健康的方法，每日按時實施晨操。

三、健康與安全的習慣：

穿着輕便的服裝，清除練習場地。如果在體育舘，應打開窗門，使空氣能暢通。練習後洗手擦汗，以免着涼。

丁、徒手體操動作的名稱

一、基本動作

(一)展（張）：凡是上肢離開前後平面，向左右展開者。

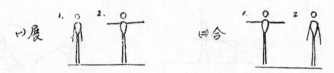

(二)合：由展開部位還原者。

(三)屈：人體各部位的關節與其他部份，成任何角度者。

(四)伸：由屈的部位還原，或向任何方面伸直者。

(五)彎：頭與軀體向任何方向，作弧形的彎屈者。

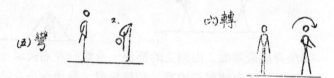

(六)轉：人體各部從原來的位置，向任何方向轉動者。

(七)繞環：人體一部份的末端，如頭、手、足或上身，向任何方向環繞一週者。

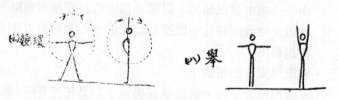

(八)舉：由低的部位，舉至較高位置者。

(九)平放：由伸肘上舉的部位放至平舉位置者。

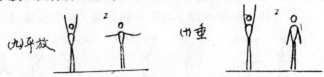

(九)平放　(十)垂

(十)垂：由高的部位，復至低的部位者。

(土)擺：軀體或上下肢向任何方向，作鐘擺式擺動者。

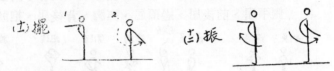

(土)擺　(圭)振

(圭)振：軀體或上下肢向任何方向，
作彈簧式的振動者。

(圭)擊：雙拳或單拳向任何方向擊出
者。

(圭)擊

二、各部位動作

(一)軀體部位

1.彎體：分前彎、後彎、側彎等數種。彎屈時脊柱成弧形。

2.屈體：脊柱保持挺直的部位，上體前傾或後仰者。

3.轉體：以脊柱爲軸，向任何方向轉動者。
有左轉、右轉、前彎體等。

彎體　屈體　轉體
前彎　後彎　側彎　前屈　後屈

(二)上肢部位：

1.平舉：臂由下垂部位向任何方向，舉至水平部位者。分前
平舉、側平舉兩種。

2.上舉：臂由下垂或平舉部位，舉至頂上者有前上舉與側上
舉兩種。

3. 斜舉：臂向任何方向舉起，其角度高於平舉或低於平舉者。有側上斜舉、側下斜舉、前上舉、後下斜舉，前下斜舉等。

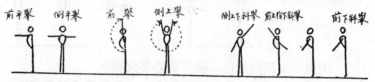

4. 屈臂：臂在各部位，屈其肘關節者。共有下列數種，側屈、側平屈、前後屈、過頂屈、撫胸、背後屈、抱頭。

5. 繞環：可分為下列七種：

　(1)前繞環：由上舉部位，向前繞環者。

　(2)後繞環：由上舉部位，向後繞環者。

　(3)左繞環：由上舉部位，向左繞環者。

　(4)右繞環：由上舉部位，向右繞環者。

　(5)內繞環：由上舉部位，左臂向右，右臂向左，兩臂均向內繞環者。

　(6)外繞環：動作與方向和內繞環相反。

　(7)八字形繞環：單臂或雙臂同時作∞字形繞環者。

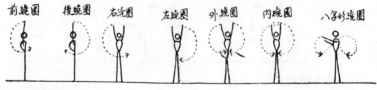

(三)手之部位

1. 手心相對。2. 手心向下或向上。3. 手心向內或向外。4. 手握拳。

(四)下肢部位

1. 平舉：腿向任何方向舉至與地面平行的部位，而與身體成直角者謂之平舉。可分爲前平舉與屈膝前平舉。
2. 蹲：可分爲蹲與半蹲，又可分爲分膝與不分膝。
3. 立：
　(1)直立：除臂在任何部位外，餘均與立正相同。
　(2)出立：一足向前方或斜前方約半步之處立定，雙腿須伸直，體重置於雙足上。
　(3)開立：一足側出半步，間隔等肩寬，兩腿伸直，體重置於雙足上。如果兩足同時向左右分開跳動者，稱開立跳。
　(4)大開立：姿勢與開立同，惟兩足盡量分開。
　(5)平均立：以一足站立，軀體和上下肢向任何方向傾倒或舉者。有兩臂側平舉上體前傾舉單腿水平立，有上體側水平立等。
　(6)跪立：單腿或雙腿跪於地上，前者單跪立，後者爲雙跪立。

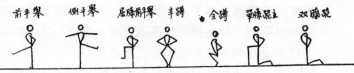

4. 點地：足尖向任何方向點地。
5. 箭步：有前箭步、側箭步、斜前箭步、反箭步。
6. 撐：有蹲撐、伏臥撐、仰臥撐、側臥撐。

第三節　各年級遊戲教材教法研究

甲、教學目標、教材選配與教學要點：

　一、教學目標：

（一）、低年級教學目標

1.使兒童能熟悉單手追趕、搶位置、猜拳追趕、整隊比快、繞物接力、兔跳接力等遊戲方法，以便促進操作或運用身體的能力。

2.培養遵守遊戲規則，從事友愛快樂的遊戲態度。

3.養成選擇安全地方從事安全遊戲的習慣。

（二）、中年級教學目標

1.使兒童熟悉老鷹捉小雞、捕魚、紅白分清、競滾球、蛇形接力跑、圈主人等遊戲方法，並以上述遊戲運動，促進機體的發展與運用身體的基本能力。

2.培養自行訂定並遵守遊戲規則的能力與態度，以養成公平、誠實、友愛、快樂、服從、守法等良好德性。

3.養成清除遊戲場地上危險物品，檢查遊戲器材等習慣，追逐或奔跑時避免衝撞或遊戲過久的情形。

（三）、高年級教學目標

1.使兒童熟悉拍對子、三組競爭、馬鈴薯接力跑、運球繞物跑、蜈蚣賽跑、騎馬摔角等遊戲方法。並以上述遊戲運動促進機體的發展與運用身體的各種能力。

2.培養自行研究並訂定遊戲規則的能力和遵守的態度。從事公平競爭、負責、服從、友愛、合作、勇敢、積極等德性。

3.養成從事安全遊戲的態度與習慣。例如避免追趕或接力時衝撞，妨碍等或清除場地上危險物品等，以維安全。

二、教材的選配與教學要點

（一）選配的原則：

1. 應力求簡易有趣，並以團體活動為原則。

2. 應採用自然活潑的動作，以適應兒童的天性。

3. 應有競爭意味，以增加兒童的興趣和努力。

4. 應富有冒險性，以培養勇敢的精神。

（二）教學要點（一般性）：

1. 說明與示範時，務使每一兒童均能徹底了解遊戲的方法，必要時應指定一人或一組兒童做示範表演，以加強了解的程度。

2. 說明與示範時，務使兒童安靜。否則，雖僅一人不能了解，亦必影響整個遊戲的進行。

3. 對於已宣佈的規則，務必嚴格執行，以培養尊重規則，恪守紀律的精神。

4. 每種遊戲經多次比賽後，如發現兒童興趣低落，即應作適當的變化。

5. 教學新遊戲時，應有如下的過程：
(1)說明名稱。　(2)排列遊戲隊形。　(3)說明方法和規則。
(4)示範。　(5)徵求意見。　(6)嘗試活動。　(7)分組遊戲。
(8)討論。　(9)反覆練習。

6. 遊戲的分組，應注意技能和人數的平均。

乙、低年級遊戲教材教法研究：

一、單手追趕

(一)準備：可利用平坦廣闊的場地，例如田賽場、籃球場等。遊戲前先挑選一人「甲」為追趕人，其餘兒童得自由散開，作逃避人。

(二)方法：追趕人「甲」可追逐任何一人，如逃避人「乙」的肩部被「甲」拍到，則「乙」就變為追趕人，追趕時「乙」必須以一手置於肩膀上，另外用一手去追拍別人。

(三)教學要點：

1. 追趕場所的大小，須視兒童的人數和體力而決定。

2. 如果遊戲時間較短，即可增加追趕者的人數。

3. 指導兒童迅速追趕及閃避的方法，並注意跌倒或撞傷。

4. 本教材適用於氣候較冷時，例如冬季、初春、晚秋。

二、搶位置

(一)準備：可利用籃球或排球場，操場或體育館內。首先推一人

為拍人，其餘的人，面向圓心成一行圓圈蹲踞。

㈡方法：拍人「甲」在圓圈背後繞環跑，同時任意拍着某一人「乙」的背並且立即選擇一方向繞環跑，「乙」則向相反方向跑，看誰先搶到空位（兩人在繞跑中途相遇時必須握手或鞠躬以示友愛），搶不到位置者仍為拍人。

㈢教學要點：

1. 指導兒童被拍後，如何迅速起跑，迅速繞環跑後回原位。

2. 奔跑中途相會時，如何避免衝突以策安全。

3. 本遊戲適合天氣較暖和時採用。

4. 可規劃圓圈代表個人蹲踞的位置。

三、猜拳追趕

㈠準備：可利用籃排球場或平坦的操場規劃如右圖的場地。遊戲前將兩班分為兩組，面相對排列於場地中央。

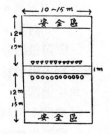

猜拳追趕

㈡方法：聽令後相對的各組兒童則行猜拳，猜輸的立即往向安全區快跑。猜贏者立即追趕，如在逃至安全區域以前被拍着身體，則算被提到。如此反覆續行數次後，以被追拍的人數較多的一隊為敗。

㈢教學要點：

1. 指導兒童能多迅速起跑，並能跑直線。

2. 為避免追趕時發生身體的接觸，猜拳時個人之間，應取適當的間隔。遊戲人數可視場地寬窄而調整。

3. 追趕拍人的動作，勿過粗暴或強烈，以免傷害。

4. 本教材適用於冬季或較涼爽季節。

四、逃避追趕

㈠準備：先由兩人分為追趕人與被追人，其餘繞雙行圓圈。內外兩人對正為一伍，均面向圓心。

㈡方法：被追人「乙」在未被追趕人「甲」追及以前，可以跑到任何一伍前面站立。此時該伍最後一人，則代替被追趕人而逃跑，如被追趕人追拍到，兩人即互換追逃位置，繼續遊戲。

㈢教學要點：

1. 指導兒童怎樣迅速起跑與突停的方法。

2. 規定追逃的區域，以免離開隊伍過遠。

3. 注意控制身體，以免撞人而發生傷害。

4. 本教材適用於春秋季。

五、整隊比快

㈠準備：可利用球場、操場、體育舘。遊戲前先分人數相等的若干隊，均排成一路縱隊。

㈡方法：由教師隨時決定集合整隊地點，然後以口笛聲為號，各隊向新地點迅速集合整隊，先完成整隊為勝。

㈢教學要點

1. 應視兒童的能力來決定整隊隊形和方法。例如方向、隊形，正排或反排等。

2. 整隊比快中，可以插入各種動作，例如繞物，超越簡易障碍等，以增加興趣。

3. 指導整隊的方法以養成迅速、敏捷、正確的整隊技術為主。

4. 本教材可適用於學期開始或天氣較涼時。

六、繞物接力

㈠準備：先分為人數相等的若干隊，各隊成一路縱隊或斜行，排頭立於起跑線後。其場地佈置如右圖。

㈡方法：哨子一響，各隊排頭（第一棒）立即向前快跑，並從右向左繞旗而跑回起點，並以右手輕拍第二人的右手。跑完的人隨即接在排尾。如此依序續行至全隊跑完為止。先

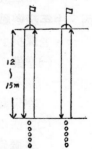

跑完的一隊為勝。

（三）教學要點

   1. 指導怎樣迅速起跑及繞旗的方法。

   2. 接力時應規定用那一手在那一方向拍接，以免發生衝撞受傷。

   3. 研究排列隊形（比賽），以維持比賽秩序。

   4. 注意培養遵守規則，從事公平競爭的態度。

七、兔跳接力

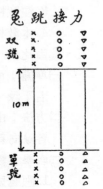

兔跳接力

  （一）準備：先規劃兩條相距十公尺的白線。再將全班分為人類相等之若干隊，每隊再分為二小組（單雙號），分別排列於兩端線後成斜行一路縱隊。

  （二）方法：聽令後，各隊之單號組排頭即由蹲踞的姿勢，如小白兔似的往向前跳至雙號起點，以右手拍接雙號排頭，然後跑至雙號排尾。如此續行至最後一人為止。那一隊先完成接力者為勝。

  （三）教學要點

   1. 指導兒童兔跳的方法。

   2. 拍手接力時應注意身體平衡，以免摔倒受傷。

   3. 注意隊形，以維秩序。

   4. 本教材適用於春秋季。

丙、中年級遊戲教材教法研究

一、老鷹捉小雞

  （一）準備：每六至八人為一組，以身高大小依次排一路縱隊。排頭第一名為母雞，其餘為小雞。每組另行推出一人做老鷹站在母雞前，準備捉小雞。

  （二）方法：聽令後，老鷹設法捉小雞；母雞得側舉兩臂設法阻止老鷹偷襲，保護小雞的安全。小雞則隨時閃避，務不被捉。

惟兩手應握住前面的人的腰部，如果脫手或被老鷹拍到身體任何一部位者，該小雞則成爲老鷹，原做老鷹者則變爲母雞。

(三)教學要點

1. 分組時每組人數不要過多（以七至八人爲宜），以免追逐時受傷。

2. 應選擇地面平坦無障碍的地方做爲遊戲場。

3. 指導兒童追捉和閃避的方法。

4. 本遊戲可適用天氣較冷時。

二、捕魚

(一)準備：利用籃球場或任意規劃方形或圓形場地做爲魚池。遊戲前先選出二至三人成一組，彼此牽手爲魚網，準備捕魚。其餘兒童則均爲魚。

(二)方法：口笛一響，做魚的兒童可在規定場地（魚池）內自由逃跑，做魚網者應設法將魚圍捕。如魚被圍捕，則須加入魚網繼續捕魚。直至全體魚兒被捕爲止。

但在遊戲時需要注意下列幾點

1. 魚不能由網下穿出，也不能强折魚網。

2. 爲網者應牽緊手，圍捕時如鬆手，魚可逃跑。

3. 魚網圍魚時應立即縮小魚網，並完全圍住。

(三)教學要點

1. 應規定魚池範圍，以免到處亂跑。

2. 注意預防衝撞或粗暴行爲。

3. 特別注意承認失敗，勇於負責的態度。

4. 本教材可適用於多季。

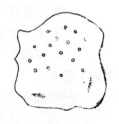

三、競滾球

(一)準備：分爲人數相等的若干隊，準備同數目之籃球，排球或足球，並先依右圖插好標示旗。

(二)方法：聽令後各隊排頭立即以一手滾球往前，由右向左繞標示旗而滾回原位，將球傳給第二人，第二人即以同方法往前

滾球。如此依序續行至最後一人將球滾回原
位為止，先完成者為勝。

(三)教學要點

1. 指導學生如何控制滾地球，並能迅速運動。

2. 遵守規則，將球傳給下一人。

3. 滾球中途如果脫離方向，必須將球拾回原
   地續行滾球。

四、蛇形接力賽

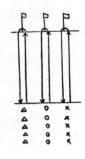

(一)準備：將全班兒童分為人數相等之若干
　　隊，並如右圖佈置隊形。同時準備標示
　　旗，椅子或其他能代替的物品。

蛇形接力跑

(二)方法：聽令後，各隊排頭則向前跑，其
　　方向如右圖曲折繞旗而回。跑回後立卽
　　以右手輕拍次一人的右手，如此依次續
　　行，直至最後一人。先完成接力的一隊
　　為勝。

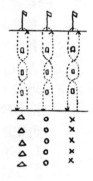

(三)教學要點

1. 指導兒童怎樣控制在高速曲折跑的身
   體平衡的能力。

2. 注意避免碰傷身體或觸及障碍物或標示旗。

3. 本項遊戲可以多變化，以滿足兒童接力的慾望。

4. 本教材可適用於深秋初冬或初春。

五、圈主人

(一)準備：先將全班兒童分為人數相等之若干組，每組人數以十
　　至二十人為宜。各組的每一個人均手抱肩，背相向，站立在
　　直徑四至六公尺的圈圈內。

(二)方法：令一下，全體卽用肩膀或背部，將鄰近或後面的人，
　　推出圈外。被推出圈外者，不得再進圈內，應在規定的地方
　　參觀。如此在圈內互推，看誰能留至最後做圈主人。

（三）教學要點

1. 推人時不可用手，如發現有人違犯規則時，立卽糾正，並令其出圈。

2. 採用體格分組法，以免失公平。

3. 本教材適用於天氣酷冷時。

丁、高年級遊戲教材教法研究

一、拍對子

（一）準備：先推一人「乙」爲被追者，一人「甲」爲追拍者。其餘均二人爲一組，彼此挽臂成一對，隨意散開。

（二）方法：「甲」應想辦法追拍「乙」可以在危險時任意挽一人的臂，此時原成一對的另一人應離開，成爲被追者。如被甲追拍到，兩人卽對換職位，繼續遊戲。

（三）教學要點

1. 指導如何追拍與逃避的方法。

2. 注意避免衝撞，以免受傷。

3. 本教材適用於春秋季。

二、蜈蚣賽跑

（一）準備：可利用跑道或平坦的場地，規劃如右圖場地。賽跑前先分五人一組的若干組，每人均右手由跨下向後伸出，握住後面一人的左手準備起跑。

（二）方法：令一發，一齊向前跑。賽跑間不可脫節，如脫節則無效。至隊伍完全越過終點爲止，先到的爲勝。

（三）教學要點

1. 比賽前先使各組練習，學會合作的要領。

2. 起跑時由排頭喊口令，同時在原地跑步做準備，或五人均舉同一足，以便迅速起跑。

3. 注意步調的整齊，以免發生脫節。

4. 可以變化連接的方式，例如後面的人，兩手握住前面人的足頸。

5. 可分爲若干隊，舉行接力賽。

6. 本教材可用於運動會的團體接力項目。

三、三組競爭

(一)準備：將全班分爲人數相等的甲、乙、丙三組，散立於運動場並規定甲追拍乙，乙追拍丙，丙追拍甲。

(二)方法：甲、乙、丙，可以任意追逃，如被追拍者則「立卽蹲下」，經一定時間後停止追拍，以蹲下人數較少的一組爲勝。

(三)教學要點

1. 追逃的場地應有適當的範圍。高年級兒童以兩個籃球場大小爲宜。

2. 可戴用紅、藍、白色，帽子或結布條，做爲識別之用。

3. 追逃時間以一分至二分爲宜，過長則兒童體力不濟。

4. 本教材可適用於天氣較冷之冬季。

四、馬鈴薯接力跑

馬鈴薯接力跑

(一)準備：在起跑線直前方劃若干直徑和間隔相等的圓圈（直徑五十公分，間隔三至五公尺）。每一圓圈裏放置一個馬鈴薯，也可用小石、砂包、壘球或其他粒狀物體代替。將全班兒童分爲人數相等的若干隊，並做如右圖的佈置。

(二)方法：各隊排頭均帶一個馬鈴薯，令一下則向前跑，至第一圈，將所帶的馬鈴薯放在圈裏，同時拾起原置該圈內的馬鈴薯，再前跑置於第二圈內，再拾起第二圈原置的馬鈴薯往前跑。

如此依次拾放，至最後一圈，將其馬鈴薯拾起繞旗回至起點，

傳給第二人。如此續行，直至最後一人為止，先接完為勝。

㈢教學要點

1. 馬鈴薯必須放置在圈內，如果滾出圈外，必須放好圈內。

2. 指導兒童突跑突停的方法，以便控制身體的平衡。

3. 可用椅子來代替圓圈。

4. 本教材適用於春秋季。

五、運球繞物接力

㈠準備：先在平坦的操場或各種球場上，規劃相距二十公尺的起跑線與繞回線，其間放置距離相等之若干障碍物（可利用板橙、小旗或其他物體）。並將全班學生分為人數相等之若干隊，依右圖排列。準備與隊數相等之籃球、排球或躲避球和標示旗。

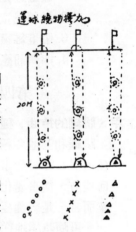

運球繞物接力

㈡方法：令一發，則由各隊排頭，運球繞物至第二條線，繞旗而回交給第二人後至排尾休息。如此續行，至完全運完為止，先完成接力的一隊為勝。

㈢教學要點

1. 指導兒童直線運球和旋轉運球的要領。

2. 運球繞物中途，如果球脫手離開路線，須立卽撿回，從原脫手地點繼續運球。

3. 本教材可做為籃球之基本訓練之一，事先注意運球的練習。

4. 本教材可適用於春秋季。

六、騎馬摔角

㈠準備：將全班均分兩隊，每隊每四人組成一組，其中一人為馬首，另二人成為馬體。內臂搭按在馬首肩上，外臂與馬首的左或右臂相牽，餘下的一人為騎手。騎手可帶有色帽子或布帶以便識辨。

㈡方法：令一發，兩隊由各陣線向前衝鋒，互相摔角搏鬭。騎
　　手應設法將對方騎手推下，使其落地或摘取所帶的帽子或布
　　帶。

㈢教學要點

　1. 騎馬摔角的場地，最好選擇在平坦的草地上舉行。
　　　盡量避免在水泥場上摔角，以策安全。

　2. 指導兒童如何做馬，四人如何配合，以便攻守。

　3. 盡量維護自己的騎手，以免摔落。

　4. 摔角前應事先研究如何預防傷害。

第四節　跳繩教材教法研究

甲、跳繩的特性、種類與價值

　　跳繩和其他各種運動不同。既不須廣大或一定的場地，也不須要
任何器材卽可從事運動。只要有一條繩子，一塊平地，就可以在任
何地方，從事變化無窮的跳繩運動。跳繩運動具有下列特性，對兒
童而言，是一種極富有吸引力的良好運動。

一、可隨時隨地從事跳繩運動，並能依個人身體條件而隨意調節運
　　動量。

二、跳繩的方法變化無窮，容易引起練習的興趣。跳繩種類可分為：

　㈠以繩的長短可分為：

　　1. 短跳繩：可分為單人跳、双人跳、三人跳、向前繞繩跳、
　　　　向後繞繩跳、側方繞繩跳等。

　　2. 長跳繩：可分為前方繞繩跳、後方繞繩跳、双繩交互向內
　　　　繞環跳、十字交叉跳、單人跳、多人跳等。

　　3. 長短繩混合跳。

　㈡以目的可分為：

　　1. 做為體育教材的。　　　　2. 做為遊戲的。

　　3. 做為各種運動的補助運動的。　4. 做為團體表演的。

　　5. 做為休閒娛樂活動的。

三、跳繩運動屬於跳躍性運動，對於身心的健康有極大的幫助。其
　　對身心的價值如下：
　　㈠是適當的全身運動，可消除皮下脂肪，鍛鍊機體。
　　㈡可促進身體各部肌肉的發達。
　　㈢可促進身體各部關節的潤滑機能，擴大活動範圍。
　　㈣可促進體內各內臟器官的功能。
　　㈤可以訓練身體的機巧性、敏捷性、耐久力。
　　㈥可以訓練良好的姿勢。
　　㈦能培養良好的韻律感，有助於情操教育。
　　㈧可以培養明朗活潑，坦白爽快，互助合作，共同勉勵的良好
　　　性格與社會態度。

乙、教學目標、教材的選配與教學要點：

一、教學目標

　㈠、中年級教學目標

　　1.透過跳繩運動促進呼吸循環等內臟機能，發達上下肢肌肉。

　　2.訓練長短繩的基本跳法與操作身體的能力。

　　3.培養兒童遵守規定，互相合作練習跳繩的態度，及以跳繩運
　　　動做為休閒活動的習慣。

　　4.養成跳繩後，洗手擦汗；在安全地方練習跳繩的習慣。

　㈡、高年級教學目標

　　1.透過跳繩運動促進呼吸循環等內臟各器官的機能，發達上下
　　　肢肌肉與彈力。

　　2.訓練長短繩各種跳法與運用身體的能力。

　　3.培養兒童分組自行研究跳繩的能力，及互助合作從事練習跳
　　　繩的態度。

　　4.養成以跳繩做為休閒活動或促進健康的習慣和態度。

　　5.培養在安全地方，練習跳繩和注意身體清潔的習慣和態度。

二、教材的選配與教學要點

　㈠教材的選配原則：

教材不可太難，應視兒童發育程度和能力而選擇。中年級以較簡單的單人短繩或長繩跳為宜。高年級可採用双人或三人短繩跳法或長短繩混合跳法等較難的教材。

㈡教學要點：

1. 跳繩以前應做充分的準備運動，尤其須要充分活動關節，伸縮肌肉。開始時跳繩的動作應慢而輕，隨着身體發熱，逐漸加快動作或加大力量，從事劇烈運動。

2. 跳繩時應注意保持良好的姿勢。卽伸直下肢或背部、頸部各關節，以保持正確的姿勢跳繩。跳繩時自然呼吸，以免發生呼吸困難。

3. 跳繩運動屬於全身性運動，其運動量相當大，有時由於興趣過濃，容易失之過勞，應注意調配適當的運動量。

4. 教學時應給與適當的分組，以便進行練習。

5. 可採用全體教學法和分組教學法，以滿足兒童練習慾望。

6. 練習長繩時，應注意跳躍或出入繩之順序，使全體兒童能輪流繞繩或練習跳繩，以養成負責守法的態度。

7. 有時可以指定技術較好的兒童出來表演，使全體兒童參觀，做為練習之參考。

丙、各年級跳繩教材教法研究：

一、中年級跳繩教材教法研究

㈠短繩：

1. 準備：每人準備長度兩倍於肩高的短繩一條。以地板、水泥場地或平坦的草地做為練習場地。

2. 方法：兩手各握繩端把柄，由兩足前後開立的部位，以手腕由後向前繞繩跨跳，亦可兩足併立的部位繞繩跳躍。

双足一繞兩跳

— 158 —

3. 教學要點

  (1)正式練習前，先使兒童自行試跳。

  (2)對於不會跳的兒童，可先指導繞繩和徒手原地跳的方法。

  (3)可使用鈴鼓，以訓練跳躍的韻律感。

  (4)先練習一繞二跳法，然後進至一繞一跳法。

  (5)先練習原地跳，進而練習移動跳。

㈡長繩：

1. 盪繩

  (1)準備：先分為人數相等的若干組，每組以五至七人，並準備長四至五公尺之長繩若干條（最好和組數相等）。

  (2)方法：每組推出兩位兒童各握長繩一端，在地面上向左右盪繩。其餘的兒童則依順序，入繩跳躍。

左右盪繩與跳繩　　入繩方法

盪繩跳

  (3)教學要點

    ①使兒童認識擺繩的速度，配合韻律跳繩。

    ②養成輪流負責搖繩的態度與習慣。

    ③同時跳躍的人數與次數由少而逐漸增多。

    ④使兒童數出聲，以配合跳繩的動作。

2. 穿繩　　　　　　　穿繩路線

(1)準備：同盪繩。

(2)方法：每組推出兩位兒童繞繩，其餘即成

穿繩

一行依順序，伺機穿過繞繩。

(3)教學要點

①穿繩可爲將來練習長跳繩的準備，其要點在判斷繞繩的位置與時間，通常在長繩繞靠身邊後隨即穿繩而過，可由老師或已學會的兒童先做示範。

②繞繩的動作初時應稍緩慢，然後逐漸加快。

③規定時間輪流更換繞繩。

④培養兒童遵守秩序，從事友愛的練習。

⑤同時間穿繩人數可由一人逐漸增加多人。

3. 長繩繞環跳

(1)準備：同盪繩。

(2)方法：每組推出兩位兒童繞繩，其餘即成一行，依順序進入繞繩區內跳繩。跳法有双足跳、開合跳、單足跳、交換跳等。

長繩繞環法

(後繞環)　(前繞環)　後繞環入繩法　前繞環入繩法

(3)教學要點

①指導進入繞繩區內的時間，訓練判斷機會的能力。

②培養判斷繞繩的韻律感，必要時先使兒童站在繩內後繞繩跳躍。

③跳躍人數由少而逐漸加多。

④熟練後可變化繞繩的速度。

⑤指導出繩的方法，即跳過繩後立即向繞繩的反方向跑出。

二、高年級跳繩教材教法研究

㈠短繩

教材包括，單（双）足一繞一跳、二繞一跳、交叉跳、雙人跳等。

1. 準備：每人準備雙倍於肩高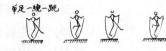
的短繩一條。

2. 方法

(1)單（雙）足一繞一跳：兩手前繞繩，每
繞一次以互換單足跳繩或雙足並跳。

(2)二繞一跳：每跳一次繞繩二次，跳躍
要高，繞繩的動作要快。

(3)反繞跳：向後繞繩，每繞一次以單足
或雙足跳一次。

(4)交叉跳向前或向後交叉繞繩（在胸腹前交叉），以單足
或雙足跳躍。交叉繞繩時兩臂交叉的深度要大，使身體
容易穿繩。

(5)雙人跳：一人繞繩雙足跳，另一人以徒手從前面或後面
伺機加入跳躍。

(6)三人跳躍：一人繞繩雙足跳，另二人以徒手由前面和後
面加入跳躍。

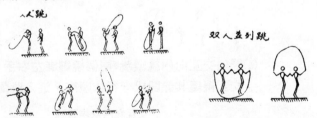

3. 教學要點

(1)徹底訓練單（雙）足一繞一跳，熟練後再練習其他較難
的跳法。

(2)雙人跳或三人跳的技術要點是，韻律感和判斷力。

(3)交叉繞繩的要點在交臂的深度和手腕繞繩的要領。

(4)二繞一跳的要領在跳躍的高度和繞繩速度的配合。可先
練習徒手連續向高跳躍。

㈡長繩

教材有單繩繞環跳，長短繩配合跳，十字交叉跳，交互向內
雙繞環跳。

1. 準備：先分為人數相等之若干組，並準備相同數目之長繩
與稍多的短繩。

2. 方法

(1)單繩繞環跳：二人繞繩，其餘即成一行依順序跳躍，熟
練以後可成二行，二人同時跳躍，如無問題即再增加人
數。

(2)長短繩配合跳：跳者手持短繩在外
邊等機會，待長繩繞過，立即繞繩
進入長繩的繞環區內配合長繩的繞
環速度跳躍，出繩時亦相同（長繩
繞過後立即退出）。

長短繩配合跳

(3)十字交叉跳：使用兩條長繩，繞繩者成十字形同時繞繩，
其餘即在外伺機進入跳躍，視訓練程度逐漸增加人數。

(4)雙繩交互向內繞環跳：兩個繞繩者左右手各握長繩一端，
交互繞繩其餘即成一行依順序，進入跳躍。

交互向內双繞環跳

3. 教學要點

(1)採取能力分組或以領袖爲中心的異質分組，以便分組練
習，養成互助合作的良好態度。

(2)應設法多給較差的兒童有練習的機會。

(3)交互向內雙繞環跳的難易度較高，進入該進度以前應先
熟練各種跳法。

(4)指導跳繩後如何結繩整理放置。

附各種長繩應用跳法圖解

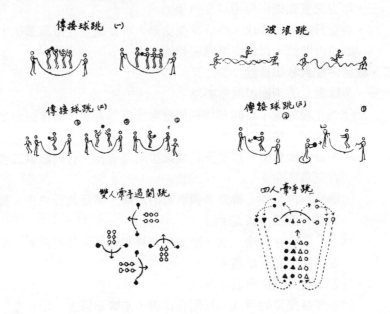

第七章　整隊行進教材教法研究

第一節　教學目標、教材選配與教學要點

甲、教學目標：

一、訓練兒童聽從教師口令，從事秩序活動的習慣與態度。

二、以整隊行進，訓練兒童集中注意力的能力。

三、培養兒童臨機應變的態度與能力。

四、各種行進間的步伐，形成反復活動，可促進全身循環系統，活動肌肉關節，以做為準備運動的前奏。

乙、教材選配與教學要點：

一、整隊教材的選配與教學要點

　　㈠低年級兒童，以圓形排列與縱隊排列為適宜，通常圓形隊伍以兩圈，縱隊以四行為適宜。

　　㈡中高年級兒童，以縱隊與橫隊排列為適當，行列數以二至四行列為適當。

　　㈢除圓形排列外，排頭者與教師的距離，橫隊約為六步，縱隊約為一至二步為宜。

　　㈣下「集合」口令以前，應先指示排列隊形與其行列數，使兒童的心理有所準備。

二、行進教材的選配與教學要點

　　㈠低年級兒童的行進，以配合律調，走齊步為主，配合左(右)轉彎走，以訓練行進的方向變換。

　　㈡中年級兒童的行進，注意步伐的整齊，配合隊形的方向變換。步伐包括齊步、跑步、便步等。

　　㈢高年級兒童的行進，包括齊步、跑步、正步、便步與各種行進間的隊形變化。

　　㈣低年級兒童，只求步調的一致，不苛求步伐的一致。中高年級卽可要求步調與步伐的一致。特別注意行進時的正確姿勢。

第二節　各年級整隊行進教材教法研究

　　整隊教材教法研究：整隊是體育教學中，最初步的工作。整隊種類可分為排列、立正、稍息、集合、解散、分隊、報數、轉法等。

甲、低年級整隊教材教法研究：

　　低年級整隊包括排列、立正、稍息、集合、解散等。

一、排列：以二至四列縱隊排列最為適當，教師應注意排頭所站的位置，指導各行向前看齊。兒童可以向前舉臂以取適當的距離。口令為「向前看——齊！」「兩手——放——下！」。

二、立正：兩腿並攏，足跟靠緊，兩手垂放腿側，全身保持直立的姿勢。低年級兒童的身體尚軟弱，注意力不易集中，不可要求過嚴。立正的時間不應太長。口令「立正！」

三、稍息：左足側出肩寬，體重放置兩足上，兩手在背後相握。稍息的時間不可太長，以免注意力分散而影響秩序。口令「稍息！」

四、集合：低年級兒童的整隊宜採用縱隊排列。故集合時，做基準的排頭面向教師距離一步，其餘即依次排列在後面。每人距離以一臂之長為準。下「集合」口令前應先指示隊形和排頭所站的位置。縱隊排列時以矮的在前面，高的在後面的隊形為宜。集合時動作應迅速，避免前擁後擠的情形。

五、解散：聽到「解散！」口令，全體應立正，向老師敬禮或左足踏出一步，兩手拍掌歡呼後迅速解散。

乙、中高年級整隊教材教法研究：

一、排列：除縱隊排列外，可加上橫隊排列法。

　　㈠縱隊排列法：方法與口令同低年級。惟可指導看齊與對正的要領。除排頭外，其餘以前者的双肩大小做為向前對正的依

據，則双肩均等即對正。

㈡橫隊排列法：通常以二至四列橫隊排列爲準。口令爲「向右
（左、中）看——齊！」。聞令後除排頭外，其餘應向右（
左）轉頭，左（右）手插腰向基準看齊。看齊的要領爲右眼
看右（左）鄰者的胸部，左（右）眼看排頭的胸部，兩胸部
平均即看齊。注意插腰的手臂保持正側面，以免影響間隔。

二、立正：方法同低年級。惟可要求較正確的姿勢。

三、稍息：方法同低年級。務求動作自然，使其能獲得稍息的效果。

四、集合：

㈠縱隊集合：同低年級。

㈡橫隊集合：做爲基準的排頭，立於教師前六步的地方。其餘
兒童即以排頭爲準，以橫隊排列方法整隊集合。

五、解散：全體兒童聽到「解散」口令，即由級長喊「立正」向教
師敬禮後拍手解散，或不敬禮踏出一足拍手解散。

六、轉法：可分爲向左（右）轉，半面向左（右）轉，向後轉等數
種。

㈠向左（右）轉：第一動，以左（右）踵與右（左）尖爲軸，
提起左（右）足尖與右（左）足踵，向左（右）旋轉九十度，
隨著體重移至前足上。第二動，右（左）足向前靠左（右）
足，恢復立正姿勢。

㈡半面向左（右）轉：轉法同向左（右）轉，惟僅旋轉四十五
度方向。

㈢向後轉：第一動，右足順足跟方向，向左後斜方移動一足長
的距離。足尖與左足踵相接，體重隨移至兩足中間。第二動，
將兩足尖稍提起以足踵爲軸，由右向後旋轉一百八十度。第
三動，右足靠左足，恢復立正姿勢。

指導兒童練習各種轉法時，最好在下動令前，應先說明或用手
勢指示新方向，使兒童在心理上有所準備，以免轉錯。口令的
聲音應清楚宏亮。注意兒童在旋轉時固定軸心足，以免轉向後

隊伍不整。

行進教材教法研究：行進包括各種行進步伐、行進間的步伐變換、隊形及方向變換等。茲將依低、中、高年級順序分述之。

丙、低年級行進：

一、各種行進步伐：低年級兒童的身體尚在發育途中，肌力與運動神經系統的功能尚軟弱，不可教學複雜或困難的步伐。對低年級兒童可採用的步伐，有齊步、便步、跑步等三種。

(一)齊步：步速以每分鐘一百四十至一百四十五步為宜，步幅以五十七至六十二公分為適當。行進的隊形以二至四路縱隊。行進時不苛求腳步的整齊劃一，只求步調一致。特別注意行進間抬頭、挺胸、自然擺臂等良好的行進姿勢，以免養成不良的姿態。為提高兒童練習行進的興趣，可利用各種樂器、鼓等伴奏，以助步調的一致。

(二)便步：不求步伐的整齊一致，只求保持隊形行進。

(三)跑步：速度不可太快，不必苛求步伐的整齊劃一，只求保持行進隊形。

(四)原地踏腳：為練習步調的一致，可配合各種樂器或唱片等伴奏，在原地練習踏步動作。

二、行進間的方向變換：包括左轉彎走、右轉彎走。由教師指示轉彎方向（左或右），使兒童能從事行進間的方向變換。

丁、中年級行進：

一、行進步伐：可包括齊步、蹬步、便步、跑步、原地踏（跑）步等。

(一)齊步：步速以每分鐘一百三十五至一百四十步，步幅以六十二至八十二公分為適當。齊步行進時注意抬頭、挺胸、擺臂、求正確的重心移動。不僅要求步調一致，也求步伐的整齊。行進隊形中的兒童應保持適當的間隔與距離（間隔二十公分，距離八十公分至一公尺）。為求步調與步伐的整齊，可使用樂器或唱片等伴奏。

㈡蹬步：行進間發現兒童精神散漫時，可採用蹬步走法。蹬步走以三至七步間之奇數步爲宜。例如三拍蹬步爲例，走兩步，蹬一步，再走兩步蹬一步。蹬步行進時應注意良好的姿勢，以免蹬步過重而影響良好的行進姿勢。

㈢便步：方法同低年級。分爲整隊的便步行進與散隊後爲調節疲勞，向任何方向自然行進的兩種。

㈣跑步：步速以每分鐘一百九十至二百步，步幅以八十至九十公分爲宜。跑步時，注意屈肘擺臂，屈肘前後擺臂的動作與步調的一致。可使用樂器等伴奏，以增加練習效率。

㈤原地踏脚或原地跑步：方法同低年級。可以進一步要求提腿踏（跑）步或步伐的一致。

二、步伐變換：中年級兒童的步伐變換，可包括齊步變換跑步，跑步變換齊步。齊步換跑步時，聽到預令後，兩手立卽屈臂付腰，身體稍前傾，準備變換跑步。動令後馬上開始跑。跑步變換齊步時，聞動令後多跑兩步，以變成齊步。

教師下變換步伐的口令時，預令和動令之間，最好有一段時間，並且配合行進速度爲宜。

三、方向變換：有下列兩種：

㈠左（右）轉彎走

1. 在縱隊行進間，聞令後排頭立卽向新方向行進，餘者逐次至排頭的位置，始變換方向行進。

2. 橫隊在停止間，聞令後排頭（尾）向右（左）轉，餘者各取捷徑，以齊步逐次到達新線上立定，然後迅速向右（左）看齊。

如在行進間，排頭卽以原地跑步的方法向右（左）轉向，餘者以基準爲軸心，取弧線跑步到達新線向右（左）鄰取齊並恢復原步伐行進。中年級兒童尚不必以墊步方式求變換步伐的整齊。

㈡左（右）後轉彎走

不論在停止間或行進間，聞令後排頭由左（右），行兩次轉
彎（一百八十度），餘者逐次至排頭的位置，始變換方向，
繼續行進。轉彎時做軸心的排頭，應以踏腳或小步前進，至
隊伍到齊後，恢復原步伐。方向變換時應注意整齊劃一，以
免混亂。

戊、高年級行進：

一、行進步伐：可包括齊步、蹬步、便步、跑步、正步、原地踏腳
　　與原地跑步等。除正步外，其他各種行進步伐的要領均同中年
　　級，惟可提高要求水準。

　　㈠正步：聞令後，左腳伸膝前振，足尖伸直，約離地二十至三
　　　十公分，然後重心前移落地；繼之提右腿向前伸膝振腿。每
　　　步步幅以七十五公分為宜。如此左右腿交換前振踏地行進。
　　　兩臂配合兩腿的動作。做交互前後擺（向前擺至水平，向後
　　　擺三十度）。正步行進，應特別注意排面的整齊，步調的一
　　　致與飽滿的精神。

　　㈡各種行進的立定：除跑步行進外，聞動令後多走半步，然後
　　　靠前足足跟立定。跑步行進時，聞立定動令，多跑兩步後靠
　　　足立定。口令的喊法同中年級。

二、步伐變換：同中年級。

三、行進間方向變換：包括左（右）轉彎走，向後轉彎走，向左（
　　右）轉彎走等。

　　㈠左（右）轉彎走和左（右）後轉彎走：同中年級。

　　㈡向左（右）轉彎走：擬向左轉向時，將左足剛踏下而落地時
　　　下動令（向右轉向即相反），然後①右足向前踏出半步，足
　　　尖向內。②將身體向新方向旋轉九十度，同時右（左）腳往
　　　新方向行進。

　　㈢向後轉走：聞動令後，①左足向前踏出半步，②以兩足尖為
　　　軸，由右向後旋轉一百八十度。③由左腳向新方向行進。

　　㈣行進間方向變換的教學要點：

1. 對反應速度較慢的或初學的兒童，可採用聽口令後多行進兩步或一步，然後轉換新方向的方式為宜。

2. 旋轉時應特別注意方向正確。

3. 如跑步間行旋轉者，聞動令後，應繼續跑兩步後，依上述方法旋轉方向。

四、停止間與行進間的隊形及方向變換

(一)停止間由兩排橫隊變換四路縱隊：聞「成四路向右(左)轉」之口令後，依下列順序變換新隊形和方向。

1. 全體以右(左)足踵與左(右)足尖為軸，向右旋轉九十度。

2. 左(右)足靠右(左)足，成立正姿勢。

3. 單(雙)數生不動，雙(單)數生向右(左)斜前方，由右(左)足踏出一步至前方的單(雙)數生右(左)邊，成四路縱隊。

(二)停止間由四路縱隊變成兩排橫隊：聞「成兩排向左(右)轉」之口令後，依上述相反的順序和方法，轉向變為兩排橫隊。

(三)停止間由兩排橫隊變換三路縱隊：先行一至三的指定報數，使兒童了解自己的號數。聞「成三路向右轉」之口令後，依下列順序變換新隊形和方向。

1. 全體以右(左)足踵與左(右)足尖為軸，向右(左)旋轉九十度。

2. 左(右)足靠右(左)足，成立正姿勢。

3. 前排報第二數目者，由右(左)足向右(左)前斜方踏出一步，至前方報一數者的中間，後排報二數者卽由左(右)足向左(右)後斜方退後一步至後方報三數者的中間，成

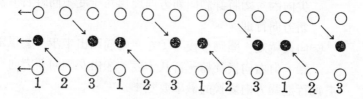

為三路縱隊，回復原隊形時，應下「成兩排向左（右）轉
」之口令，動作的方法相反。

㈣行進間由一路縱隊轉向成兩㈣路縱隊：聞「向左轉成兩㈣路
走」之口令後，最前面兩㈣個人，立刻同時向左旋轉九十度
成為兩㈣路，向新方向繼續行進，餘者至排頭者的位置，兩
㈣人成一組，如法同時轉向行進。

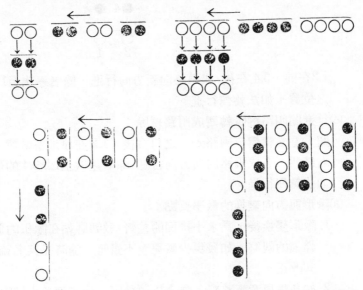

㈤行進間由四（兩）路縱隊轉向成一路縱隊：聞「向左轉成一
路走」之口令後，排頭者即向左轉九十度——成一路，然後
向新方向行進，餘者逐次至排頭者之位置，如法轉向行進。

㈥行進間兩路縱隊轉彎成四路縱隊：
聞「左（右）轉彎成四路走」之口令後，第一排與第二排共
四人即行左（右）轉彎成四路，向新方向行進，餘者逐次至
排頭與第二排之位置，如法轉向行進（參照下圖）。

㈦行進間由四路縱隊轉彎成兩路縱隊：
聞「左轉彎成兩路走」之口令後，1.2與3.4在原地左轉彎，

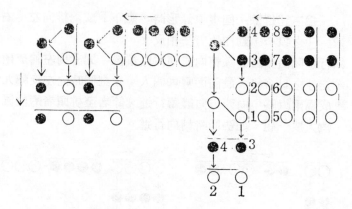

1.2在前，3.4在後，成兩路向新方向行進，餘者逐次至1.2.3.4
之位置，如法轉彎行進。

㈧行進間四路縱隊轉彎成兩路縱隊：

聞「左右轉彎成兩路走」之口令後，1.2在原地左轉彎，3.4
右轉彎，各成兩路向新方向行進，餘者逐次至1.2.3.4的位置，
如法轉彎行進。

㈨隊形與方向變換的教學要點：

1. 隊形變換後，爲求小排面的整齊，教師應站在隊伍的側方，
   詳細的觀察。如發現少數兒童不齊時，隨時呼其名號，促
   其改正。

2. 如多數兒童不整齊，應令排頭踏脚，待後面各小排取得正
   常距離和排面整齊後，再令前進。

   由少數行變成多數行時，轉彎後的步速應稍慢，步幅稍縮
   小，以免各排間的距離太長。相反的由多數行變成少數行，
   變換新方向後，應加速或加大步伐行進，以免後面的人擠
   在轉彎處。

3. 轉彎時，成軸心的兒童，以小步前進，外端兒童則稍放大
   步伐前進。小學兒童可用踏脚旋轉法，又求轉彎時保持排
   面的整齊。

第八章 田徑運動教材教法研究

第一節 教學目標教材選配與教學要點

甲、教學目標：

一、低年級教學目標

　㈠以賽跑、接力遊戲、整隊比快、跳躍過河等運動，發達機體，增進跑、跳等基本運動能力。

　㈡培養跑、跳、排隊時遵守規律，在友愛、快樂氣氛中從事運動的態度。

　㈢養成清除跑、跳等運動場地，從事健康安全運動的習慣。

二、中年級教學目標

　㈠以五十公尺賽跑，穿梭接力、慢跑、跳遠、軟式棒球擲遠等運動，鍛鍊機體，提高跑、跳、擲等運動基本能力。

　㈡培養互相勉勵練習，遵守規則的良好態度。

　㈢養成自行整理跑道、沙坑等練習場地，從事安全運動的習慣。

三、高年級教學目標

　㈠以短跑、接力、長跑、跳遠、跳高、壘球擲遠等運動，鍛鍊機體，促進基本運動能力。

　㈡培養自行訂定練習規約，互相勉勵，力求進步的態度與從事公平競爭的良好習慣。

　㈢灌輸有關練習前後或練習中應注意的健康安全等常識。例如事前做充分的準備運動，事後做整理運動，練習時遵守秩序，互相觀察練習情形。整理練習場地等同時培養能實踐上述有關健康安全的習慣和態度。

乙、教材選配與教學要點：

一、田徑運動教材的選擇原則

　㈠田徑運動包括跑、跳、擲等三大類，每類又包含各種不同的項目，應根據兒童身心發達程度與能力、需要及興趣選擇適

當的項目。

㈡應編製與各項運動有關的模倣教材，以助教學。

二、教學要點

㈠田徑活動爲人類的本能活動，爲使此種本能有優越的表現，應特別着重動作的正確與基本方法的訓練。

㈡應經常保持跑道、跳道及沙坑等平坦與鬆軟，否則不但影響教學的效果，且容易傷害兒童足踝關節或發生其他意外。

㈢兒童熟習動作後，即應說明比賽規則，使能了解比賽方法。

㈣矯正錯誤時教學的位置，應距離對象十步以外，同時視線與動作應成直角。

第二節　各年級田徑運動教材教法研究

甲、低年級田徑遊戲教材教法研究：

教材有三十公尺跑、繞環接力、排隊比快、跨跳等。

一、三十公尺快跑

㈠技能方面：

1. 指導兒童能跑直線。

2. 快跑時能直視前方，不擺頭閉眼。

3. 規劃跑道，以幫助兒童集中全力快跑。

4. 快跑時應屈肘前後擺臂，配合兩腿快跑的動作，以維身體的平衡。

㈡社會態度：

1. 注意號令，迅速起跑。不偷跑不偷懶。

2. 不要在中途放棄，一定跑到底。

3. 快跑時不推人也不妨碍別人。

4. 跑完後在規定地方集合排隊。

㈢健康安全的習慣：

1. 快跑前先活動各關節，做充分的準備運動。

2. 清除跑道上的石頭、瓦片等危險物品。

3. 遵守快跑的路線，以免發生衝撞而受傷。

4. 下課後擦汗、洗手、嗽口。

二、移放接力

　㈠技能方面：將全班兒童分為六至七人一組之若干組。聽令後各組的第一棒向前跑至目的地，將放置在圈內或台上之球，移放在另一圈內或台上。然後跑回接給下一棒。移放接力有下列幾種。

1. 將目的地之圈內球移放至鄰圈內，然後跑回以拍手為證接給第二棒。

2. 跑至目的地後，將圈內所有小球移放至鄰圈後跑回，如果球數多，可兩人同時跑並合作移放。

3. 在接力途中畫兩圈，相距三或四公尺，將放置在圈內的球運送至另一圈後跑回，以拍手接給下一棒。

4. 可用小橇子代替圓圈。

　移放接力的教學要點。

1. 指導全速度跑後突停要領。可採用開立急停或降低重心急停的方法。

2. 移放動作要確實而快。

3. 接力時勿錯接給別組的人。接力時動作要快，不要妨碍別人，除上述外教師應注意如何從事移放接力賽中應注意的地方。

　㈡社會態度：

1. 使兒童能夠遵守移放接力的規定。

2. 不能放在圈外或掉下橇子。

3. 不要弄錯接力順序。

4. 接力時，應遵守秩序，在規定的地方助興。

5. 接力時分組輪流佈置或整理接力場地。

㈢健康安全的習慣：

　　1. 急停時注意跌倒摔傷。

　　2. 接力時避免發生衝突。

　　3. 清除接力區域或跑道上的危險物品。

三、排隊比快：聽教師的口令或手勢，以最快的速度排隊。

　　㈠技能方面：注意在排隊時不會發生排錯自己的位置，避免與
　　　　別人發生衝撞，比快時可分數組，一組以六至八人為宜。

　　㈡社會態度：

　　　　1. 聽教師口令或注視手勢。2. 不推人。3. 不發脾氣。

　　　　4. 不吵架。

　　㈢健康安全的習慣：注意避免衝撞而受傷。

四、跨跳：先在地上畫幅度不等的河川，使兒童用各種跨、跳、越
　　等方法跳過河川。

　　㈠技能方面：

　　　　1. 指導立定跳遠的要領，屈膝着地、緩衝動力的方法。

　　　　2. 指導單足起跳，另一足落地的跨跳方法。

　　　　3. 指導利用數步助跑後急行跳遠的要領。

　　㈡社會態度：

　　　　1. 遵守秩序，
　　　　　依次跨跳。

　　　　2. 跳完後，注
　　　　　意觀察別人
　　　　　的跳越。

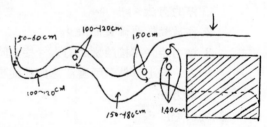

　　㈢健康安全的習慣：

　　　　1. 消除跑道或砂坑內危險的東西。

　　　　2. 保持一定的距離跨跳，以免衝撞。

　　　　3. 練習以前多活動下肢各關節，練習以後應洗手足和擦汗。

五、跳橡皮筋

　　㈠技能方面：

1.由正面或斜面藉三至四步助跑，用力起跳躍過。

2.確定起跳點，起跳時儘量提高前腿。

3.兩臂側上振，以保持過竿時的平衡。

㈡社會態度：

1.以六至七人爲一組，輪流持橡皮筋，以便練習跳躍。

2.依順序練習跳高，不搶先，不頑皮。

3.注意觀察別人的跳躍姿勢和方法。

㈢健康安全的習慣：

1.選擇平坦安全的地方練習。

2.不要加長助跑距離或加快助跑速度。

3.練習以前做充分的下肢屈伸或繞環運動。

4.不要故意撥橡皮筋，以免彈痛同學。

六、以上各項運動教材的教學要點

㈠分組人數：以六人至八人爲一組較爲適當。

㈡考慮練習次數，滿足兒童的活動慾望。

㈢練習以前，應做充分的準備運動，以免發生危險或傷害。

㈣注意並配合個人身體狀態而實施指導。

㈤注意場地的整理和佈置。

乙、中年級田徑運動教材教法研究

教材有四十至六十公尺快跑、立定跳遠、軟式棒球擲遠、接力跑等。

一、四十至六十公尺快跑

㈠技能方面：

1.「各就位」：聞「各就位」口令後併腿站
立於起跑線後方，雙眼注視正前方。

2.「預備」：再聞「預備」口令後，即成前後
開立，前腳膝蓋微屈，上體前傾，眼視前方，兩臂屈肘，
其位置和兩腿相反，以準備起跑。

3.「跑」：聽到「跑」或發令槍的槍聲，以最快的速度起跑。

4.「中途快跑」：充分擺臂以助快跑。

⑴擺臂時，肩關節儘量放鬆。

⑵兩臂前後擺動的幅度要均等。

⑶快跑時下顎不要突出，頭部不要左右或上下搖動。雙眼正視終點全力快跑。

5. 終點衝刺：保持快跑的姿勢直衝終點，避免跳躍式衝刺，或舉臂衝刺法。

6. 練習或比賽時，最好劃好跑道（寬度一公尺）以提起學習興趣。

㈡社會態度：

1. 輪流出公差或全班分工合作，在上課前把跑道規劃好。

2. 分組練習，能夠互相觀察起跑，中途跑或衝刺的姿勢，做為改進的參考。

3. 以小組長為中心，研究起跑或有關短跑的常識。

㈢健康安全的習慣：

1. 清除跑道上的危險物品。

2. 做充分的準備運動，尤其是下肢和上肢運動。

3. 遵守規定，在自己的跑道上快跑，不妨碍別人的賽跑。

4. 避免過度疲勞，下課後洗手擦汗。

二、穿梭接力跑

㈠技能方面：

1. 準備：先區分人數相等的若干組，然後每組再分為兩小組（每小組以五至六人為宜）。各小組相距三十公尺或四十公尺而面相對，每隊間隔五至六公尺。

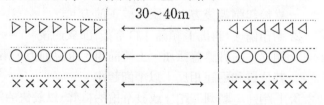

2. 接力方法：起跑號令一響，各組的一數即向前快跑，至雙

數組以拍掌爲證或將接力棒傳給雙數排頭，然後排在雙數行尾。二數被拍掌或接到棒，立卽向單數組快跑，再傳給三數，然後排在單數組排尾。如此依次續行至單雙數組完成互換位置爲止。先完成的爲勝。

3. 社會態度

(1)交接棒或拍手時不可投機取巧，踏出規定地方。

(2)遵守接力規則。

(3)跑完以後要回到規定的位置爲本組隊員加油，不要亂跑。

4. 健康安全的習慣

(1)不要跑錯路線，以免和別人相撞。

(2)交接棒時應以右手完成，以免正面衝突。

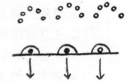

(3)清除接力區域，以策安全。

(4)做充分的準備運動和整理運動。

三、往返接力跑

(一)技能方面：

1. 準備：先分爲一組七至八人的若干組，然後依下圖分別就位，每人各折還跑五十公尺後，傳接給下一棒。

2. 接力方法

(1)在接力區域內慢跑中完成接棒，當傳棒者跑至距離接棒者三公尺左右時，接棒者卽右手反掌向上

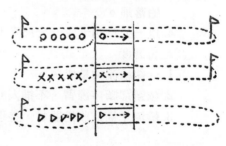

虎口張開，手臂後伸，開始向前起跑。傳棒人追及接棒人後立卽將接力棒的上半部傳給接棒人的右手。接棒人接到棒以後立卽換左手握棒。

(2)配合傳棒人的速度起跑。

3. 練習或比賽時注意等質分組的原則，使各組實力均等。

4. 比賽隊形如上圖，跑完後回到排尾，替本組接力者加油。

㈡社會態度：

1. 遵守接力規則，不投機取巧。

2. 自行研究並決定接力順序。

3. 各組自行研究並練習傳接棒的方法。

4. 比賽得勝時不可驕傲，失敗時不必灰心。

5. 分組輪流佈置或規劃接力用具與場地。

㈢健康安全的習慣：

1. 清除跑道上危險物品。

2. 注意傳接棒時避免互相衝撞。

3. 除接力跑以外的其他兒童不可亂跑，以免妨碍接力。

4. 做充分的準備運動與整理運動，下課後洗手擦汗。

四、立定跳遠

㈠技能方面：

1. 起跳時充分利用兩臂的助擺和膝、踝關節的伸展力量。

2. 隨着兩臂前上振，猛然伸腿蹬地向前跳遠。

3. 落地時力求併腿提膝遠伸，兩臂由上經前向後振以謀合理的落地。

4. 以一公尺四十或一公尺五十為練習目標。

㈡社會態度

1. 分組輪流丈量成績。

2. 依跳躍順序練習，不推人。

3. 輪流準備或收拾器材，整理場地。

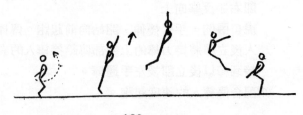

(三)健康安全的習慣：

　　1. 充分做下肢屈伸的準備運動。

　　2. 挖鬆沙坑。

　　3. 遵守秩序，以免跳躍時撞人。

　　4. 規定跳躍後出坑歸隊的路線，以策安全。

五、軟式棒（壘）球擲遠：三年級擲棒球，四年級可擲壘球。

　　(一)技能方面：

　　　1. 以右（左）手持球，其方法通常以食、中、無名指在後，拇指、小指在側。投擲時，以肩關節為軸心，手臂由體後向前廻旋至頭前上方時將球擲出。

　　　2. 注意投擲角度和方向。

　　　3. 分為若干組，相距二十五至三十公尺面向對，以練習投擲。

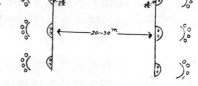

　　　4. 先練習站投，熟悉後可以加數步助跑投擲。

　　(二)社會態度：

　　　1. 互相研究投擲方法。

　　　2. 遵守順序練習投擲，避免爭先恐後去搶球投擲。

　　　3. 指導成績丈量方法。

　　(三)健康安全的習慣：

　　　1. 事先做完充分的準備運動，尤其肩、肘、手腕等各關節應多活動。

　　　2. 整理場地，清除危險物品。

　　　3. 合理的分配練習場地，以免過度擁擠，發生被球擊傷的情形。

六、教學要點：

　　(一)教材進度應配合學校行事曆或季節。

　　(二)田徑運動較為單調，應配合其他各項運動教材，混合編製教

學活動設計，以引起兒童學習的興趣。

㈢與運動能力測驗有關部份，可參考全國或外國的標準，以鼓
勵兒童練習。

㈣田徑運動屬個人性運動，爲避免養成自卑感，或過度的驕傲
心理，應着重鼓勵個人成績的進步，或團體性比賽。

丙、高年級田徑運動教材教法研究：

教材有短跑、接力、簡易障礙跑、耐久跑、跳遠、跳高、壘球擲遠
等。

一、短跑

㈠技能方面：

1. 起跑：高年級兒童可採用蹲踞式起跑。其方法如下：

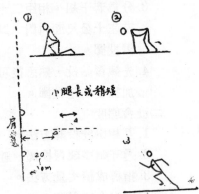

(1)聞「各就位」口令
以後，先決定並放
好前足位置，兩手
取肩寬度，手指分
開支撐於起跑線後
，最後放好後足的
位置。起跑「各就
位」的位置和距離
如右圖。

(2)「各就位」後，務
使兒童保持靜止狀態，以準備下一動作。

(3)「各就位」時手指的支撐法有很多種，應指導兒童正確
的手指支撐法。

(4)「各就位」或「預備」時勿抬頭過高，應自然向斜前下
方卽可。

(5)聞「預備」口令後，臀部上提重心前移，集中注意力，
以準備聽槍聲起跑。

(6)再聞跑，或「槍聲」，立卽兩手離地前後擺，前腿伸膝

蹬地，後腿屈膝前舉以迅速前跨。

(7)教師發令時聲音要平穩，以免激起不安的心理。

2.中途跑

(1)由起跑獲得加速度後，双眼正視正前方，從事直線快跑。

(2)快跑時應保持適當的前傾體角（由足尖至頭頂成直線與
跑道面所成的角度）。短跑的一流選手的體角為十五度
左右。

(3)肩關節放鬆並屈肘沿體側迅速前後擺動，以維持身體的
平衡和加快速度。

(4)着地腿推進時應充分的伸膝、踝關節。

(5)如果以全速度跑彎道，身體應微向左傾，右臂的擺幅加
大，以減低離心力，以減小身體外衝的傾向。

3.終點衝刺：提起精神集中注意力，保持快跑的正確姿勢直
衝終點。可以告訴兒童將終點目標向前延十公尺以便衝刺。

4.短跑的主要規則

(1)「各就位」時兩手或身體任何部位，不能觸及或超出起
跑線前的地面。

(2)「預備」時抬平臀部後，必須保持靜止狀態，不可隨意
搖動。

(3)發令以前不可偷跑，如參加正式比賽，偷跑兩次就會被
取消資格。

(4)分道比賽時不可越道並妨碍別人。

(5)軀幹的任何部位抵達終點線時，才算跑完全程。

5.五、六年級兒童短跑成績的目標

(1)男子： 五十公尺——九秒， 百公尺——十八秒三

(2)女子： 五十公尺——九秒五；百公尺——十九秒三

㈡社會態度：

1.輪流出公差，事先規畫跑道或佈置短跑所須要之器材，事
後負責整理。

2. 以各小組長為中心，從事分組練習。

   (1)各組分別擬定練習計劃與要點，並互相勉勵練習。

   (2)各組以個人成績做為根據，實行讓先賽，以提高練習興趣。

3. 以小組為單位，輪流擔任發令，計時、記錄、裁判等職務，學習規則和裁判方法。

4. 以小組為單位，輔導自行研究短跑的技術。例如前傾體角、擺臂的方法、加速度的要領、衝刺技術等。

㈢健康安全的習慣：

1. 練習以前，清除跑道上的危險物品。

2. 事先做充分的準備運動，事後做整理運動。

3. 全力快跑後要有適當的休息。

二、接力：包括二百公尺至四百公尺各距離的接力，每人跑五十至一百公尺的距離。

㈠技能方面：

1. 原地練習傳接棒的技術（採用伸臂反掌式接棒法）。

   (1)將全班兒童分為人數相等之若干組。各組成一路縱隊，後面人的左肩對正前人的右肩，各取一公尺二十的距離成前後開立的姿勢。

   (2)各組由排尾以左手將接力棒的上半部傳給前面人後伸的手掌上。前面人接棒後立即換左手握棒，隨即再向前傳遞。如此傳至排頭，然後向後轉後再練習傳接棒。

2. 慢速度中練習交接棒的技術。

   (1)四人為一組，每人相距十至二十公尺，由第一人持棒向前跑將棒傳給第二人。

   (2)接棒人應前後開立稍降低重心，視傳棒人跑近距離數步時開始前跑，以便在慢跑中完成傳接棒。

   (3)傳棒人要看清楚接棒人伸臂的位置，接棒人伸臂反掌時不可左右搖擺。

3. 快跑中練習交接棒的技術

　(1)四人為一組，每人相距三十至四十公尺，由第一人持棒
　　向前快跑，在接力區域內將接力棒傳給第二人，第二棒
　　以後均以此法傳接棒。

　(2)接棒人注視傳棒人的動作。傳棒人跑至四至五步後面，
　　配合其速度向前跑。

　(3)傳棒人應保持高速度，盡快接近接棒人。

　(4)傳接棒時，接棒人後伸的手臂，切勿左右擺動，以免接
　　漏木棒。

　(5)接棒後立即由右手換左手握棒。

　(6)在二十公尺的接力區域內，最好能在十二至十八公尺之
　　間完成傳接棒。

4. 分道接力與不分道接力

　(1)分道接力時應在規定
　　跑道接力區域內完成
　　傳接棒，並在規定跑
　　道內賽跑。

　(2)不分道接力時，接棒
　人的位置以傳棒人跑至第三彎道時的先後順序為準。即
　在第三彎道領先隊的接棒人應站立在接力區域第一道（
　最內道），第二名站立第二道，其餘依此類推。開始接
　棒時，如先後到達的時間較長時，站在外道等候接棒者
　可依順序向內道移動，以爭取傳接棒的時間。

5. 規劃接力區域，最好在直道中央區域，以便傳接棒前後有
　較長的直道可資快跑，同時可預防衝撞的危險。

6. 第一棒在起跑時，左手所握接力棒，不可觸及起跑線前地
　面，以食指或中指握接力棒較為適當。

7. 練習或比賽時以能力分組為宜，使每組實力平均，以求公
　平。

8.熟悉接力技術後可舉行各種不同距離的短程接力比賽，以滿足兒童比賽的慾望。

㈡社會態度：

1.以小組爲單位，鼓勵並指導兒童以小組長爲中心研究接力技術或練習方法，接力規則等態度，並從事實際練習的習慣。

2.從練習或比賽中，養成互相友愛，團結合作，積極，公平競爭的態度。

3.輪流出公差，規劃接力區域或跑道，以便練習或比賽。

㈢健康安全的習慣：

1.事先規定完成傳接棒或超前時應遵守的動作，以免發生跌倒或相撞而受傷。

2.不把接力棒作爲玩耍的用具。

3.清除並整理跑道。

4.跑完接力後不可立即停下來或坐下，應慢慢減低速度，恢復常態。

5.充分的準備運動或整理運動。

三、簡易障碍跑：障碍跑的距離以六十至八十公尺爲宜，跑道上以七至八公尺間隔，放置高度三十至四十公分的障碍物（可用長橇子、橡皮筋、橫竿、跳箱、平衡木等代替）。

㈠技能方面：

1.先以步行，跨越障碍，以熟悉跨越的動作要領。

2.然後以慢步速度練習跨越障碍。

3.再以相當快的速度練習跨越障碍的動作。其要點爲：

(1)儘量以最低的高度和最迅速的動作跨越。

(2)跨越時利用兩臂保持身體的平衡。

(3)跨越時，前腿應自正

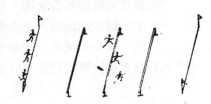

前面提起，勿側舉前腿跨越。

　　(4)跨越時上體微向前傾以免失去平衡。

　4.當熟悉跨越後，可使用接力方式，舉行比賽。

㈡社會態度：

　1.自行分配工作，以便事先規劃場地，搬運並佈置器材。事
　　後負責整理或搬回器材。

　2.由各小組自行研究跨越技術並決定練習重點，互相勉勵練
　　習。

　3.輪流觀察各人跨越的姿勢，以資練習時改進的參考。

㈢健康安全的習慣：

　1.做充分的準備運動和整理運動。

　2.練習跨越時應遵守教師的指導，遵守由慢而快，由低而高，
　　由少而多的漸進練習法，以免發生危險。

　3.選擇平坦安全的跑道或場地做為練習場所。

　4.跨越時應取適當的距離，以免後面的人撞上前面的人。

四、耐久跑：以較慢的速度跑六百至一千公尺的距離。

㈠技能方面：

　1.屈肘放鬆肩寬節，配合呼吸和慢跑的速度。

　2.上體微向前傾，以較小的步伐前跑。

　3.以鼻與口同時呼吸，通常以二吸二呼為宜。

　4.步幅不求大，步調的快慢律調要一致。

㈡社會方面：

　1.各小組自行決定長跑距離，地點和速度。

　2.互相矯正長跑的姿勢。

㈢健康安全的習慣：

　1.選擇平坦的地方練習長跑。

　2.身體不適者，例如感冒、發燒、心臟衰弱者不可勉強參加。

　3.跑完後，不可突然停下來休息。

　4.儘快擦汗更衣，以免受涼。

5.如跑校外場地或利用道路長跑時應設導護員。

五、急行跳遠

㈠技能：

1.取十五至二十公尺的距離，注視起跳板而助跑。

2.配合助跑的步幅與速度，練習正確的起跳方法。

(1)先以較慢速度的短助跑練習起跳，然後逐漸延長助跑的距離和加快速度，練習正確的起跳方法。

(2)確定助跑的步數和距離。

3.以起跳腿的全足踏板起跳。

(1)助跑的最後二步，稍降低重心，以準備起跳。

(2)起跑時儘量伸膝踝關節，兩臂向前上振。

4.起跳後，身體在空中時，注意身體的平衡並準備落地。

(1)空中姿勢可分爲蹲踞式、挺胸式、剪式等三種。

(2)起跳後盡量屈膝提起前腿，以提高重心，增加惰性，至空中最高點卽挺身準備落地。

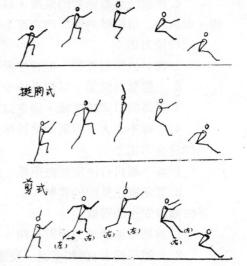

(3)落地時候兩臂由上經前向後擺，兩腿膝遠伸，用以獲得更佳的成績。

5.跳遠的學習目標可暫定如下

(1)男子五年級——三公尺十，六年級——三公尺二十。

(2)女子五年級——二公尺六十，六年級——二公尺七十。

6. 可利用跳箱做起跳板，練習起跳要領與空中姿勢。

7. 可加寬起跳板，以訓練正確的步點與起跳方法。

8. 在沙坑上以石灰或皮尺，規劃白線以爲跳躍目標。

㈡社會態度：

1. 分組以小組領袖爲中心，互相勉勵並研究跳遠的練習方式。

2. 輪流丈量成績，耙鬆沙坑，以利練習。

3. 參觀別人的跳躍，注意自己的跳躍技術和成績，以求不斷的進步。

㈢健康安全的習慣：

1. 做充分的準備運動，尤其是下肢的屈伸動作。

2. 急行跳遠以前先練習立定跳遠。

3. 挖鬆並耙平沙坑，清理跑道，以策安全。

4. 遵守練習秩序以免發生衝撞受傷。

六、急行跳高

㈠技能方面：

1. 先練習一至三步助跑起跳過竿。然後延長助跑距離，正式練習，全力跳高。

　(1)以起跳足用力踏地，前腿前上振，兩臂向上振以增加身體向上的速度。

　(2)逐漸加長助跑距離練習起跳。五、六年級兒童的助跑，以七至十一步爲宜。助跑的速度不可過快，以富於彈力與韻律的步伐向起點前跑，至最後二步時降低重心步幅加大，身體後傾，準備起跳。

　(3)助跑時不要看橫竿，應注視起跳點。

2. 練習有效的起跳方法

　(1)起跳時以利腳的足底用力踏地起跳，兩臂上振高抬前腿。

　(2)起跳點的距離不可太近或太遠。

3. 過竿姿勢的練習：

　(1)如採用剪式過竿法，當前腿過竿，立即向下擺，同時起

跳腿屈膝向上舉靠胸部，呈剪絞狀態以便過竿。

(2)兩臂應配合過竿的動作，收在體側上面，以免觸落橫竿。

(3)落地時應保持身體的平衡。

4. 跳高的學習目標可暫定如下

(1)男子：五年級——九十五公分至一公尺；六年級——一公尺至一公尺十。

(2)女子：五年級——九十公分至九十五公分；六年級——九十五公分至一公尺。

㈡社會態度：

1. 以小組為單位，自行擬定練習目標，計劃與重點，從事有計劃的練習。

2. 以小組為單位，比較團體紀錄，以促進學習效果。

3. 分組輪流擔任紀錄、丈量、裁判等工作或佈置跳高場地。

4. 與其他小組取得連繫，互助交換場地練習其他跑或投擲等項目。

㈢健康安全的習慣：

1. 充分的準備運動，尤其是下肢各關節。

2. 挖鬆沙坑，以策安全。

3. 整理助跑道及起跳點。

4. 不爭先恐後，遵守試跳順序。

5. 如果練習腹滾式過竿，更須指導落地的要領，以免身體因落地而受傷。

七、壘球擲遠：可分為原地投擲和助跑投擲兩種。

㈠技能方面：

1. 以右（左）手的食、中、無名指持球，拇、小指從旁輕托，兩腿開立，如以左手投擲則相反。

2. 以肩關節為軸心，採用側方投擲法（Side throw）或肩上投擲（Over throw）法。

3. 原地投擲時除了用手臂的力量外，尚須利用伸腿轉腰上體

伸屈的力量。

4. 注意投擲方向，不可過份偏左或右。

5. 注意投擲角度（以30°～40°爲宜），勿過高或過低。

6. 助跑投擲時應注意助跑速度和投擲動作的銜接。

由助跑變換投擲動作的方式有下列幾種

　(1)騰步式：助跑的最後一足騰一步後，轉身改變爲投擲姿勢。

　(2)交叉式：助跑後兩腳以前交叉或前後交叉的方式改變爲投擲姿勢。

　(3)騰步交叉式：助跑後先騰一步然後再行前交叉或前後交叉改變爲投擲姿勢。

7. 先以全部學習方式練習投擲技術，然後再用分段學習方式，學習投擲姿勢。

8. 配合助跑速度，練習全力投擲。

㈡社會態度：

1. 以小組領袖爲中心，研究投擲及助跑技術，並互相勉勵練習。

2. 自行擬定練習計劃和重點，以便從事合理的練習。練習時輪流搶球及觀察，以增進練習效果。

3. 自行分配裁判、丈量、規劃場地等工作，以學習有關比賽成績測驗的知識與技能。

㈢健康安全的習慣：

1. 做充分的準備運動，尤其是手腕、肘、肩、脊柱等各關節。

2. 注意練習場地的分配，以免發生擲傷同學。

3. 清除助跑道，或練習場地之危險物品，以策安全。

第九章 器械運動教材教法研究

第一節 教學目標、教材選配與教學要點

甲、教學目標

一、低年級器械遊戲教學目標

(一)訓練兒童充分利用固定器械設備,或低單槓、跳箱、墊子等,從事機巧遊戲的技能和習慣。

(二)培養共同遵守秩序,從事機巧遊戲的態度。

(三)養成使用器械,從事遊戲時之健康安全的習慣。

二、中年級器械運動教學目標

(一)以低單槓、跳箱、墊子或草坪等運動,促進機體的發達,訓練技巧性。

(二)培養互相保護,練習器械運動的態度。

(三)養成負責佈置或搬運並檢查器械,以從事安全練習的習慣。

三、高年級器械運動教學目標

(一)以單槓、跳箱、墊上、平均台等運動,訓練運用身體的機巧性,促進機體的發達及滿足兒童自試活動的心理。

(二)培養自行研究練習方法,訂定計劃並能確實進行練習的態度,和將已學的各種動作,編成有系統的整套連續動作的能力。

(三)養成注意健康與安全的原則下,從事機巧運動的習慣。

乙、教材選配與教學要點

一、教材選配的原則

(一)應根據力學原理,採用坐、立、蹲、撐、跪、臥、懸垂、擺振、繞環、廻轉、騰越、滾翻、平衡等動作編配教材。

(二)選擇教材時,應特別注意配合各學年兒童身心的需要與程度。

(三)選擇教材時,應徹底瞭解各動作所能發生的任何情況,俾能預防或避免發生意外事件。

(四)應多採用活潑機敏的動作 , 以培養敏捷的反應 。 促進調整

機能。

二、教學要點

　　㈠應訓練兒童輪流擔任搬移器械。

　　㈡器械應平行放置，俾於教學新動作時，可分組交互循環練習。

　　㈢器械的窄度與寬長度，以適合大多數兒童爲標準。

　　㈣對於易犯錯誤或危險性動作，應加强特別指示，使兒童警惕
　　　注意，以防意外。

　　㈤示範動作時，不但注意動作的主要部份，且注意結束動作的
　　　姿勢，否則，不但影響動作的優美感，並養成兒童有始無終
　　　及取巧的不良習慣。

　　㈥爲重安全，教師必須熟悉困難動作的保護方法，但其方法並
　　　無一定，主要是了解兒童的能力，動作的性質，用力的方向
　　　等，隨機應變以防止意外事件的發生。

　　㈦練習時應行分組，以組長爲中心，互助合作，研究練習方法，
　　　以增進練習效果，並養成良好的社會態度。

三、教學機巧運動時，教師應具備的條件與注意事項：

　　㈠「百言不如一行」，教師應具備優秀的技能，以便示範。

　　㈡教師應具備力學與心理學的基礎，以做教學時之依據。

　　㈢不僅訓練兒童的技巧性，尚須重視鍛練體力，促進全身各部
　　　的平均發展。

　　㈣教學時應多採用有系統的分段教學法。

　　㈤研究保護方法，以助學習和安全。

　　㈥研究器材的佈置與使用方法，以期提高學習效果。

　　㈦教學中高年級，應以能力分組的教學爲原則。

　　㈧特別注意練習時的秩序，以免受傷。

第二節　各年級器械運動教材教法研究

甲、低年級器械遊戲教材教法研究

一、指導兒童怎樣利用固定器械或設備從事器械遊戲的方法。例如

怎樣使用鞦韆、曉曉板、滑梯、攀登槓、雲梯、平均台、巨人步、廻旋塔、攀登架等。

(一)技能方面：

指導兒童認識各種器械或設備的名稱，並能善加使用的方法。

1. 怎樣上或下器械的方法。

2. 怎樣利用或操作器械活動全身，以滿足征服與自試活動的慾望。

(二)社會態度：

1. 培養在友愛氣氛中，共同輪流使用器材或設備的態度，不爭先恐後，不以強欺弱，獨佔遊戲器械的習慣。

2. 養成兒童樂以遵行，使用器械或設備的次數和其他規定的態度與習慣。

(三)健康安全的習慣：

1. 指導安全的器械遊戲方法。

2. 特別叮嚀，勿在器械遊戲中有惡作劇，以免發生危險。

3. 遊戲後一定擦汗或洗手。

二、低單槓和墊上（草坪）遊戲教材教法研究

(一)低單槓遊戲：

1. 猴子倒吊：兩手以肩寬正握單槓，兩臂懸垂兩腳屈膝勾槓，成懸垂倒身雙勾膝單槓的狀態。熟悉後可以放手或放手拍掌。

1 猴子倒吊　　　　　　　　　　2. 盪鞦韆

2. 盪鞦韆：兩手以肩寬正握單槓成懸垂部位。然後屈膝收腹做盪鞦韆狀。

3. 跳上拍足：由正握站立部位向上跳，兩足在空間拍足一次或兩次。

3 跳上拍足　　　　　4. 足猜拳　　剪刀　　拳頭

4. 足猜拳：由正握站立部位，在原地連續跳兩次，第三次可隨意開立、出立、併立。開立代表布，出立代表剪刀，併立代表石頭。可令兒童面對着練習足猜拳。

5. 小鳥停樹：由直立部位，跳上槓成正撐挺身姿勢，其狀好像小鳥停樹狀。注意伸臂挺胸伸腿，以保持優美的姿勢。

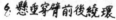

5.小鳥停樹　　　6.懸垂穿臂前後繞環

6. 正懸垂兩腳穿臂前後繞環：由正懸垂的部位，收腹屈膝，兩足由兩手間穿過向後繞環，或還原。

7. 跳上跳下：以正握的部位，跳上在槓上成正支撐姿勢。再由正支撐的部位，兩腿稍後振，兩手輕推槓而跳下。

7.跳上跳下　　　　8.鐘擺

8. 鐘擺（勾膝擺振）：由正握懸垂單膝勾槓的部位利用另一腿擺振。腿擺振時兩臂應伸直。

以上低單槓遊戲的教學要點為：

    (1)說明要點，多做示範。

    (2)尤其注意握槓的方法和兩臂的寬度。

    (3)上下槓或擺振等動作，應注意時間的配合。

    (4)指導兒童簡易保護方法。

(二)墊上或草坪遊戲教材教法研究

1. 滾筒：（直身側滾翻）由仰臥兩臂上舉的部位，向左（右）側滾翻。或由跪撐的部位，向左（右）側滾翻。熟悉單人側滾翻後可以練習双人或三人一組的側滾翻。

2. 搖籃：由全蹲抱膝的部位，利用圓背做搖筒般的動作。為使搖動方便，可以兩人做一組，互為推動。

3. 蛙跳：模仿青蛙跳躍，以兩足起跳，兩手着地，如此反覆前跳。

4. 兎躍：模仿小白兎的跳躍姿態。

5. 象形：四肢撐地弓身，以同方手足起步前行，以模仿大象的行走。

6. 其他動物的模仿行走。

以上各種墊上或草坪遊戲的教學要點為：

低年級墊上遊戲

1.滾筒

2.搖籃

3.蛙跳

4.兎跳

5.象行

(1)選擇平坦乾淨的草坪或墊子上以做遊戲場地。

(2)盡量促使兒童發揮想像力，以模仿動物行走，使其能够有充分機會鍛鍊機體，促進操作身體的能力。

(3)注意遊戲（練習）時之秩序，以免受傷。

乙、中年級器械運動教材教法研究：

一、低單槓運動

㈠技能方面：

1. 向後廻環上

前廻環上

(1)以肩寬正握（反握）低單槓，單足蹬地，另一足向上擺振，同時屈臂引體，使腹部靠近單槓，隨即仰身廻環上，成正撐姿勢。

①臂力與腹肌弱小者不易廻環上，一面加強臂力與腹肌以外，可以利用踏台、跳箱，或由人幫助廻環上。

②腹部勾槓後須等下肢充分下垂，始抬頭仰身成正撐部位。

③已學會單足蹬地廻環上者，可練習連續廻環上。

2. 向前廻環下

中年級低單槓

二、向前廻環下

(1)由正撐姿勢，屈臂上體前俯，屈膝勾腹，向前廻環下。

(2)廻環下時爲減輕下槓時之衝力，應屈臂緩衝落地速度。

(3)如果有恐懼心，可以反握向前廻環下。

3. 勾膝擺振

三、單勾膝上

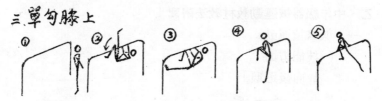

(1)由正握懸垂的部位，伸臂勾單膝，以另一腿做前後平面
內的擺振。

(2)勾膝擺振時，兩臂應盡量伸直，利用伸直腿擺動。

(3)熟練後可以換腿或換部位(外勾膝、大外勾膝等)擺振。

4. 單勾膝上

(1)伸臂懸垂勾膝後，利用另一腿向後擺振上槓。

(2)應在前後平面上從事大幅擺動。

(3)擺振上的要領是，俟腿向後擺振至最大幅度時，屈臂將
上體引至單槓上，隨即臀部移至槓上，以成掛腿正撐姿
勢。

5. 向後廻環

四、向後廻環

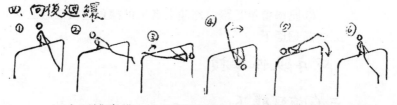

(1)由正撐姿勢，先輕推單槓，下肢由腹部向後振，然後利
用反動速度屈膝勾腰向後廻環。

(2)如果因恐懼而不敢做者，可令其多練習向後廻環上。

(3)練習時，保護者應站立在單槓前側方，以兩手輕托練習

者臀部或順推大腿，使其易廻環。

(4)如果學會屈膝勾腰向後廻環後，可進一步練習挺身向後
廻環。

6. 勾膝向後廻環

(1)由勾膝上的姿勢，伸臂將後腿後振移離單槓，使身體重
心後移，利用向後旋轉力，向後廻環。

(2)開始向後廻環時，兩臂與身體應伸直，俟身體的重心超
過垂直線後，稍屈臂引體屈腹，以減小半徑增加角速度，
以便廻環上槓。

(3)通常容易犯的缺點就是屈臂太早折腹過快，以致喪失旋
轉速度。

㈡社會態度：

1. 以小組領袖爲中心，互相研究各種上下槓或槓上廻環的動
作或保護方法，以利練習。

2. 輪流佈置練習場地，例如墊子、石灰或其他用具。

3. 各組自行訂定並遵守使用單槓的方法和練習目標。

㈢健康安全的習慣：

1. 練習以前做充分的準備運動。

2. 研究墊子的佈置方法，以免落地時發生危險。

3. 不做困難或危險的動作。

4. 如果沒有把握應請別人保護。

5. 練習時不開玩笑，以免失手受傷。

二、跳箱運動

㈠技能方面：

1. 單起双落：使用高度約三十至四十公分的橫箱。

(1)助跑若干距離以後，以右（左）足踏起跳板，另一足踏
上箱，隨卽在空中挺身並腿，兩臂側平舉，最後以半蹲
或全蹲落地。

(2)由跳箱跳起後盡量跳高或跳遠。

(3)落地時應盡量屈膝以
  期安全。

跳箱運動
1. 單起雙落

(4)練熟後，可以訂定跳
  起的高度或遠度，以
  提高興趣及運動量。

2. 分腿騎坐：使用高度約
   八十至九十公分，長一
   公尺的縱跳箱。

2 分腿騎坐

(1)助跑數步，以兩足起
  跳，兩手按箱分腿騎坐。

(2)先兩足起跳，然後兩手按箱背，隨即分腿騎坐。

(3)逐漸拉遠起跳板，增加助跑的速度和起跳的力量。本運
  動的最後目標是縱箱的分腿騰越。

3. 跳上箱前跳下：使用高度六十至八十公分的橫箱或縱箱。

(1)助跑數步後兩足起跳蹲上箱
  。隨即站立挺身向前跳下，
  如果是縱箱，即可向前走一
  步然後挺身前跳下。

3. 跳上箱前跳下

(2)為維持身體在空中的平衡，兩臂應側平掌，並且以全蹲
  落地。

(3)注意跳下時眼視前方保持良好的姿勢。

4. 併腿蹲騰越：使用高度約六十至八十公分高度的橫箱。

(1)助跑數步後，兩足踏板起跳，兩手按箱背遠端，隨即併
  腿屈膝蹲騰越。

(2)如果不敢蹲騰越的，可以先練習起跳後兩足蹲上箱向前
  跳下的動作。

4 併腿騰越

(3)為幫助膽小的兒童練習，由教師
  或其他兒童分別站立在跳箱前側
  方，當試跳者騰越時扶持上臂，

以助騰越。

5.箱上前滾翻：使用高度約四十至六十公分高度的縱跳箱。

(1)助跑數步後，兩足用力起跳，
兩手按箱的近端，隨卽屈頸收
腹在箱背上前滾翻。

ㄅ箱上前滾翻

(2)兩手按箱的位置以跳箱的近端
三分之一爲宜。

(3)前滾翻時，頭應屈正，以免翻歪掉落箱下。

(4)練習時，在箱側站兩名保護者，以防掉落受傷。

(二)社會態度：

1.以小組長爲中心，互相研究跳箱的技術，輪流保護，以促
進練習效果。

2.輪流負責搬運並佈置跳箱、起跳板、墊子等良好態度和習
慣。

3.學習自行擬定練習目標和實行的能力。

(三)健康安全的習慣：

1.上課前檢查跳箱、跳板、墊子等有無佈置妥當。

2.做充分的準備運動。

3.遵守輪流試跳的秩序，以免發生衝撞。

4.徹底的指導保護方法，以策安全。

三、墊上運動

(一)技能方面：

1.前滾翻：使用墊子或在草坪上練習。

(1)由蹲撐的部位，伸膝舉臀蹬地，頭前屈彎背向前滾翻。

(2)兩手以肩寬撐墊，頭須正屈，身體儘量彎曲成球型。

(3)兩腳微伸蹬地，眼視胸腹部，以最小的直徑向前滾翻。

(4)可以利用斜坡或由
跪坐低跳箱上向前
練習前滾翻。

/. 前滾翻

2. 後滾翻：

　　背向墊子。全蹲，兩臂屈肘掌心向上置於肩上。利用向後傾倒的力量，屈頭彎腹，背向後滾翻。當後頭部觸墊，兩腿超過頭頂時，可利用兩手支撐的力量，幫助後滾翻的動作。注意身體應儘量保持球狀，以便順利滾翻。

　　(1)可先複習搖籃動作，使兒童體會身體後滾的要領。

2 後滾翻

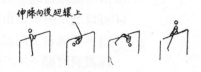

　　(2)可利用斜坡練習（墊子下以起跳板墊高，形成下斜坡）以便練習後滾翻。

　　(3)後滾翻時注意頭部前屈靠胸，兩臂同時推撐，以免滾歪方向。

㈡社會態度：

　　1. 以小組為單位，研究各種滾翻的技術和保護的方法，以增進學習效率。

　　2. 輪流負責搬運並佈置墊子，愛護用具的態度。

　　3. 訂定各組的練習目標，使兒童努力練習。

㈢健康安全的習慣：

　　1. 練習以前檢查墊子有無破損或有無佈置妥當。

　　2. 注意練習時秩序，以免前擁後擠現象。

　　3. 勿以比快方式進行滾翻。

丙、高年級器械運動教材教法研究

一、低單槓運動

　　㈠技能方面：

　　　　1. 伸膝向後廻環上

　　　　　(1)兩手以肩寬正握槓。

　　　　　(2)以單足或雙足蹬地，同時屈肘引體使腰腹部靠槓。

伸膝向後廻環上

(3)併腿伸膝勾腰向後廻環上。

(4)上槓後，伸臂挺身，保持良好的正撐姿勢。

2. 單勾膝上：

(1)單膝勾槓後，利用另一腿的擺動上槓。

(2)儘量減少擺動的次數，最好能做到擺一次即上槓的程度。

(3)單膝勾槓的位置，可多變化。例如中勾膝，外勾膝，左
（右）勾膝等。

(4)指導兒童體會擺腿浮身的要領。

3. 正撐向後廻環

(1)由正撐姿勢，兩腿後振浮身，隨卽手腹靠槓向後屈腹廻
環一週。

2. 單勾膝向後廻環

(2)廻環將要完成時，
順移握槓位置以便
支持體重。

(3)熟練以後，可練習挺身向後廻環。

4. 單勾膝向後廻環

(1)由單勾膝上槓的姿勢，浮腰伸腿後振，撐臂挺身以手膝
爲軸心向後廻環。

(2)開始向下廻環時應伸臂挺身，以加大半徑增加廻環動能，
超過垂直線後屈腹稍屈臂，以增加角速度，使廻環動作
得以順利。

㈡社會態度：

1. 由各小組自行研究練習方法，輪流保護的技術等，以促進
練習的效果。

2. 自行訂定使用器材的規定。

3. 培養互相勉勵從事練習的態度。

㈢健康安全的習慣：

1. 事先檢查單槓有無損壞，或以沙紙擦拭單槓，以策安全。

2. 養成自行量力，從事由簡而繁，由易而難，循環漸進的練

習，以免發生危險。

二、跳箱運動：

　㈠技能方面：

　　1. 分腿騰越：使用長度約一公尺，高度約六十至七十公分的
　　　縱箱。

　　　⑴助跑六至八步後兩足踏板起跳。

　　　⑵起跳騰身後兩手儘量向前按箱背的遠端，隨即分腿騰越，
　　　　落地。

　　　⑶落地時兩脚全蹲，兩
　　　　手前(側)平舉或垂下
　　　　支撐墊子以維平衡。

1 分腿騰越

　　　⑷如果不敢騰越，可先溫習分腿騎坐，然後加快助跑速度
　　　　和起跳力量逐漸遠騎，最後終將能騰越。

　　　⑸保護者應站立於縱箱遠端兩側，當練習者試跳時，以兩
　　　　手各扶握該試跳者之兩臂（上臂），以助騰越過箱。

　　2. 並腿蹲騰越：使用高度約六十至七十公分的橫跳箱。

　　　⑴助跑六至八步以後，以兩足踏板起跳。

　　　⑵起跳後兩手以肩寬按箱背，隨即併腿屈膝靠胸腹部而騰
　　　　越。

　　　⑶騰越後立即兩臂前平舉屈
　　　　膝落地。

2 並腿騰越

　　　⑷如果不敢騰越，可先複習
　　　　兩足起跳，兩手按箱兩足
　　　　屈膝蹲踏箱後向前跳下的動作。

　　　⑸保護者應站立在跳箱的前側方，當試跳者騰越時，以兩
　　　　手握其上臂以助騰越。

　　3. 箱上前滾翻：使用長度約一公尺，高度約四十至六十公分
　　　的縱跳箱。

　　　⑴助跑數步後兩足踏板起跳，兩手按箱的近端三分之一處，

在箱上前滾翻。

　　⑵注意屈頭彎背以利滾翻。

　　⑶完成滾翻時臂部能在箱的遠端爲宜。

　　⑷前滾翻的方向須正確，以免滾落受傷。

㈡社會態度：

　　1. 由各組自行研究跳箱運動的技術，決定輪流試跳與保護的
　　　順序，以進行有效的練習。

　　2. 自行訂定輪流出公差搬運或佈置器材的辦法，並能確守該
　　　辦法的態度。

　　3. 注意觀察別人試跳時的優缺點，做爲自己練習時的參考。

㈢健康安全的習慣：

　　1. 練習以前切實檢查跳箱、起跳板、墊子等有無損壞。

　　2. 整理助跑道和落地點。

　　3. 做充分的準備運動。

　　4. 練習後注意擦汗洗手，以求清潔。

㈢墊上運動：

　　㈠技能方面：

　　　1. 分腿前滾翻

　　　　⑴前滾翻後分腿，兩手在兩
　　　　　腿中央推撐墊子以利站立。

　　　　⑵兩腿盡量分開，膝蓋伸直，上體向前傾。

　　　　⑶可利用斜坡練習，以助滾翻速度。

　　　2. 分腿後滾翻

　　　　⑴可由併腿或分腿的部位
　　　　　後滾翻。

　　　　⑵可利用斜坡練習。

　　　　⑶後滾翻時盡量使用兩手的推撐以助滾翻。

　　　3. 側翻

　　　　⑴由開立兩臂側平舉的部位，向左或向右側翻，經倒立

的部位側翻立。

　　(2)側翻的技術較難，可在地面劃直徑十公尺的大圓圈，使兒童面向圓心，順着圓周側翻。

3. 側翻

　　(3)熟悉側翻要領後可利用直線練習正確的側翻。

4. 托肩手前翻

　　(1)助跑數步後，單足墊步起跳，兩手伸肘撐地將肩托在支架或保護者的手上做手前翻的動作。

　　(2)單足起時應盡量利用另一腿的後上振的力量。

　　(3)臀部超過垂直線時迅速蹬足挺身翻起。

　　(4)可利用捲墊，低跳箱或跪撐者做爲支撐物體。

托肩手前翻

5. 頭手倒立和手倒立

　　(1)頭手倒立

　　　①以兩手和頭頂在草坪上或墊上構成正三角形或等邊三角形，以一足或兩足同時輕蹬地成頭手倒立姿勢。

　　　②可先練習舉臀屈腿頭手倒立，然後伸膝成正式的頭手倒立。

5. 頭身倒立

頭頂

左手　　右手

　　　③爲促進學習效率，可以兩人組成一組。一人練習頭手倒立，一人在旁保護協助。保護者可以站立或跪立在練習者的前方或側方，以兩手扶持大腿。

　　(2)手倒立

　　　①兩人爲一組，一人練習一人擔任保護。

②練習者，取肩幅寬度手指分 6.手倒立
開，兩手撐地，以兩足或一
足蹬地舉臀成倒立姿勢。

③保護者站立於練習者對面，
在倒立時以兩手扶腿部以助其練習。

④可以利用助木、牆壁等練習手倒立。

㈡社會態度：

1. 由各組自行決定練習時的職務。例如觀察、保護、改正
等。

2. 輪流負責搬運墊子、起跳板或佈置練習場地。

3. 各自訂定練習目標，以促進學習效率。

㈢健康安全的習慣：

1. 遵守秩序，依順序練習。

2. 研究保護方法，以免練習時受傷。

3. 練習前後做充分的準備運動和整理運動。

4. 練習後應洗手擦汗以維清潔。

丁、平衡木運動教材教法研究：

中高年級兒童的神經功能的發達極為迅速，如能適時加以合理的
指導與訓練，對於操作身體的能力大有裨益。平衡木運動是屬於視
覺與身體穩定的運動。茲舉例介紹平衡木的教材教法。

一、平衡立：使用高度約三十至四十公分，長度三至四公尺，寬十
公分的平衡木。

平衡立與腿屈伸

㈠以左（右）足站立
於平衡木上，兩臂
側平舉以維身體的
平衡。

㈡以左（右）足站立於平衡木上，兩臂側平舉，站立腿做屈伸
動作。

二、平衡行進：所使用平衡木的高度和長度同上。

（一）以兩臂側平舉或插腰的
　　姿勢，由平衡木的近端
　　走至遠端。

2.平的行進與足尖行進

（二）以同上述要領以足尖行
　　走。

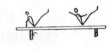
3.台上直坐舉腿

三、木上互推：兩人面相對站立於平
　　衡木上，互以手掌推人，使對方
　　落地。

4.蹲踞旋轉

四、木上直坐舉腿：騎坐平
　　衡木，兩手在背後支撐
　　平均台，收腹舉腿成 V
　　字型狀。如果熟練此動作，可進一步練習舉臂直坐舉腿平衡。

五、足尖行進與蹲踞旋轉：站立於平衡木上，以足尖行進數步後向
　　左（右）旋轉 $\frac{1}{2}$ 週，改變方向後再前進。旋轉時可以屈膝降低
　　重心，兩臂側平舉以維平衡。

六、其他運動：視兒童能力
　　的高低，可指導台上跳
　　躍、前滾翻、俯身平衡
　　立、肩倒立等動作。

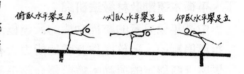
俯臥水平舉足立　側臥水平舉足立　仰臥水平舉足立

教學要點
一、在平衡木上須集中注意力，不可嬉皮笑臉，隨便開玩笑。
二、在平衡木上練習動作時，兩眼應視正前方。
三、互推時不可用力過猛。
四、注意練習時之秩序，以免摔傷。
五、注意場地的佈置和器材的排列，以策安全。
六、整理場地以免發生危險。
七、指導兒童能自行編製簡單的平衡木連續動作。

第十章　球類運動教材教法研究

第一節　教學目標、教材選配與教學要點

甲、教學目標

一、低年級教學目標

(一)以各項球類遊戲，促進兒童機體的平均發展，訓練簡易球類遊戲或運動的基本能力。

(二)從球類遊戲中培養友愛、快樂、忠實、守法等良好的態度和習慣。

(三)養成事先清理球戲場地，從事安全遊戲與事後洗手擦汗的良好習慣。

二、中年級教學目標

(一)以各項球類運動，促進機體的發達，訓練基本球類運動能力。

(二)培養遵守比賽規則，服從裁判，從事公平競爭。並訓練友愛、合作、誠實、積極等良好的態度與習慣。

(三)養成整理球場或運動前後做充分的準備運動或整理運動等健康安全的態度與習慣。

三、高年級教學目標

(一)透過各項球類運動，促進機體的發達與運用身體的基本能力，並訓練各項球類運動的基本技術。

(二)促進自行研究練習方法或各種規則的能力，使其能夠從事較有組織的球類運動。並培養積極、快樂、友愛、互助合作、服從、守法、忠實、公平等良好的社會態度。

(三)養成經常整理球場，維護球類器材，注重健康安全的運動習慣。

乙、教材的選配及教學要點：

一、教材的選配要點：

(一)應根據各年級兒童的能力與興趣，選擇各種球類運動的基本

動作，予以訓練如擲、接、投、擊、踢、跑等。

㈡應將各種基本動作，編爲準備遊戲，以便教學時分組練習或比賽。

㈢準備遊戲應具有簡化各該球類初步練習的意義。

二、教學要點：

㈠最初練習各種基本動作時，宜先分組在固定位置上行之，俾使兒童集中注意力學習正確的姿勢與方法，然後配合各種球類的性能，以流動方式反複練習。

㈡教學各種準備遊戲時，應將正式比賽的基本規則加入，此後陸續增加規則，俾能逐漸適應正式比賽的情況。

㈢團體的合作和攻擊的方法，應於比賽中逐漸訓練。

三、一般教學注意事項

㈠確定教學目標：教學目標應包括灌輸何種知識，培養那些態度訓練、那些技術。

㈡球類運動（遊戲）的教學，應配合兒童身心的發展情形。

㈢從球類運動，培養兒童認識個人職責的重要性與責任感。

㈣採用適當的教學方法，培養良好的社會態度。

㈤養成自制心，以免在比賽或練習中失去自制的態度。

㈥特別注意宣揚運動精神的重要性。

㈦教學前要有充分的準備，這些準備包括研究並檢討教學計劃，整理器材、場地、研究隊形、練習方法，規則的變化等。

㈧訓練優秀的技能………可應用全習法和分習法。

㈨研究分組的方法，使各組隊實力平均。

㈩教材須配合季節，研究兒童上課時的服裝。

㈢對於體弱多病的兒童要有適當的管理和指導。

㈢教師的教學態度要明確。

　1.少說多動，不過分着重技術，應重精神態度。

　2.利用兒童全身的感覺，給予適當的鼓勵和檢討。

㈢指導兒童如何評價學習的效果？

1. 比較過去與現在。

2. 擬定練習計劃。

3. 利用團體的討論會或座談會，讓學生發表練習的得失，以作為改進的參考。

4. 檢討技術的進步情形。

5. 以各種記錄比較基本技能。

第二節　各年級球類運動(遊戲)教材教法

甲、低年級球類遊戲教材教法研究：

一、拋球投籃競爭：

(一)目標：

1. 培養投籃的技能。

2. 培養遵守規則、合作、友愛、快樂的遊戲態度。

3. 提高兒童對球類遊戲的興趣。

(二)準備：

1. 每人分配兩個壘球。

2. 長 2.5 公尺直徑5~8公分的竹竿二枝。

3. 直徑50公分，深60~70公分的竹籃兩個。

4. 細繩、石灰、口笛等。

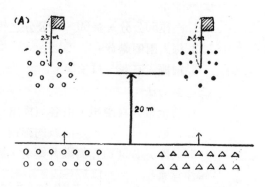

(三)遊戲方法：

1. 將竹籃分別裝配於竹竿頂上。

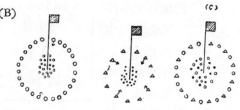

2. 分組同時拋球投籃經規定時間後，以投進數目的多少決定勝負。

(四)注意事項：

1. 注意投籃地點，儘量瞄準投籃。

2. 遵守起止號令。

3. 每次比賽後使兒童立卽還回原隊伍。

4. 算籃內球時使兒童出聲同數。

5. 比賽場地的分配如附圖。

二、追逐投籃競爭

(一)目標：

1. 培養追逐投籃的技能。

2. 養成遵守規則快樂遊戲的態度。

3. 培養友好合作等社會性。

4. 訓練跑和迅速反應的能力。

(二)準備：

1. 直徑50公分，深60～70公分之竹籃一個或兩個。

2. 每人兩個壘球。

3. 細繩、石灰、口笛等。

(三)遊戲方法：

1. 將全班分為兩組，由各組推出一位背籃者。

2. 背籃者可以在規定區域內奔跑，以避免對隊員的投籃。

3. 其除兒童則追逐對隊背籃者，將球投進之。

(四)注意事項：

1. 場地大小以30公尺四方為宜。

2. 不可越出規定場地。

3. 注意起止號

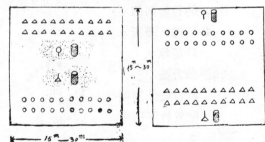

令。

4. 應選出體格較強健者為背籃者。

5. 投球者不可接觸背籃者的身體。

6. 每次比賽應更換背籃者。

7. 背籃者不可彎體或搖身，故意倒出籃內球。

8. 注意比賽中避免發生互撞。

9. 指導如何對移動中的目標投籃。

10. 每次比賽時間以2～3分鐘為宜。

11. 由於運動量大宜於多季實施。

三、競投球

(一)目標：

1. 培養友愛的團體遊戲態度與習慣。

2. 養成活潑靈敏的態度和行為。

3. 培養遵守規則的態度。

(二)準備：

1. 將壘球或小砂包，散放在場地的兩區內(數目要比人數多)。

2. 利用排球柱掛排球網，高度以2～2.3公尺為宜。

3. 如無排球網，可用長繩代替網。

(三)遊戲方法：

1. 聞令後將本區之球投向對區場地內。

2. 由對方擲進來之球應速擲還。

3. 以存在本場內球數之多寡決定勝負，少的為勝。

(四)注意事項：

1. 第二次聞令後立即停止擲球，退出
場地外。

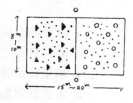

2. 可指定代表或見習兒童數存留各區
場地內之球。（如果從網下擲進者
亦應計算在內）

3. 每次比賽時間以2～3分鐘為宜。

4. 可同時擲兩個球。

四、手傳球比快

(一)目標：

　　1. 熟練手傳球。

　　2. 訓練以手傳接球之技能。

　　3. 養成遵守規則輪流遊戲的良好態度。

(二)準備：

　　1. 躲避球、排球等數個。

　　2. 哨子、旗子。

(三)遊戲方法：

　　1. 將全班兒童分成人數相等的若干組，依照順序以手傳接球。

　　2. 可用各種方法傳接。

　　　(1)以兩手將球傳給左鄰者。

　　　(2)以兩手將球從頭上向前（後）傳球。

　　　(3)以開立體前彎將球向前傳接。

　　　(4)混合以上四種傳接法。

(四)注意事項：

　　1. 排列隊形的距離或間隔，初時縮短隨着技術的進步慢慢加大。

　　2. 傳接球的動作須確實。

　　3. 維持良好的秩序。

　　4. 如果在傳球中，失手落球時，由原人拾起重傳接。

　　5. 本遊戲運動量較小，適於夏季。

　　6. 可加上跑跳等動作，以增加運動量。

　　7. 研究隊形。

五、踢球遊戲

（一）目標：

1. 訓練踢球技能。

2. 培養友愛快樂的遊戲態度與習慣。

3. 養成遵守規則，不爭先恐後的習慣。

（二）準備：小足球、哨子、石灰等。

（三）遊戲方法：

1. 以二列橫隊或圓形互相踢球。

2. 踢球比遠。

（四）注意事項：

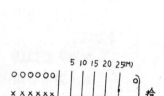

1. 指導兒童以足背部踢球。

2. 先從站立部位練習踢球。

3. 加上助跑的踢球，或踢移動中的球。

4. 左右腿均須練習。

5. 踢球機會應求均等。

乙、中年級球類運動教材教法研究：

一、對陣球

（一）目標：

1. 訓練擲球或接球的技能。

2. 培養積極、勇敢、敏捷的行為。

3. 養成友愛、合作的良好態度與習慣。

（二）準備：

1. 手球或躲避球等數個。先規劃40～50m之兩條平行線。

（三）方法：

1. 分為兩組，各成一列橫隊以中線為準，相對10公尺距離間隔2～3公尺。

2. 每組人數以10～15名為宜。

3. 聞令後將球擲向對隊後陣。

4. 接球者由該地點將球擲回對隊場地。

— 215 —

5. 先將球擲入對方陣地後地面者則得一分。

6. 舉行 3 至 5 分鐘以得分多寡判斷勝負。

(四)注意事項：

1. 應指導各種擲法，例如勾手擲法、肩上擲法等。

2. 注意接球時避免相撞。

3. 注意來球方向及落點，並迅速跑至該地準備接球。

二、擲球擊棒遊戲

(一)目標：

1. 訓練擲球能力。

2. 培養注意來球的方向，迅速捕接球的能力。

(二)準備：

1. 手球、躲避球、排球等數個。

2. 棍棒10枝（可用外包厚紙的酒瓶代替）。

3. 10公尺正方場地一所。

(三)方法：

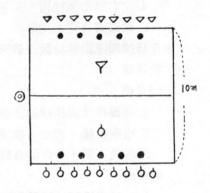

1. 每組人數以10～15名爲宜，並由各組選出防守員一名。

2. 防守員可在本半場內，防守對方擊進之球擊到本隊棍棒，並將球供給本隊隊員。

3. 其餘組員均排列站立於端線外。

4. 列生可用球擊倒棍棒。

(四)注意事項：

1. 防守員不可超越中線進入對隊場內。

2. 擲球員不可入對隊場內。

3. 被擊倒的棍棒不可再行豎立。

4. 如防守員不小心將本隊棍棒碰倒，亦不可豎立，判由對隊

得分。

　　5.在規定時間內，以棍棒被擊倒數目的多寡判定勝負。

　　6.如犯規時，將本隊棍棒放倒，由對隊得分。

　　7.防守員可用身體任何部位，防守對隊的攻擊。

　　8.防守員應輪流擔任。

　　9.視兒童投擲能力，決定場地大小及棍棒間隔。

　10.可使用兩個球。

　11.避免搶球現象。

三、手壘球：

　㈠目標：

　　1.訓練投球、接球、擊球等技能。

　　2.使兒童對壘球式遊戲發生興趣。

　　3.培養觀察比賽，判斷情況的能力。

　　4.養成分工合作的精神。

　　5.培養兒童能自行比賽或練習的能力。

　　6.培養兒童公平競爭的態度。

　　7.確立娛樂休閒活動的基礎。

　㈡準備：

　　1.軟式網球或女子排球數個。

　　2.壘球四個。

　　3.壘球場地（內野12公尺四方）一所。

　㈢方法：

　　1.攻隊隊員以手（或球棒）將守隊隊員投擲之球擊出後不被捕殺，跑歷經過1.2.3壘而回本壘者得一分。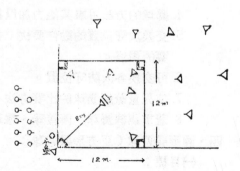

　　2.守隊隊員應盡力捕

殺跑壘員或使擊球員三振出局。

3.出局三名時交換攻守位置。

4.可比賽5～7局，以得分多者為勝。

㈣注意事項：

1.說明規則，並使兒童瞭解清楚。

　(1)擲球員應以低手投擲法擲球（臂與身體並行）。

　(2)被擊中的飛球或滾球落在本壘第一壘及第三壘延長線內
　　 的球均為好球。

　(3)擊球員出局。

　　①好球擊不中三次。

　　②擊成飛球，在未落地前被守隊捕接。

　　③擊球後未跑至一壘時被捕殺。

　　④未跑至第一壘時，球被第一壘手接住時（其一足必觸
　　　 壘方有效）。

　(4)球一出擲球員手中，跑壘員即可進次一壘。

　(5)跑壘者出局。

　　①離開壘時觸球或被球觸及身體任何部位時。

　　②在上壘前，被接球員觸壘時。

　　③擲球員未投球前離壘時。

2.可使兒童自行訂定規則。

3.可參考壘球或棒球等規則。

4.擲球的方法可視其能力加以指導。

5.交換攻守位置的動作要快，並指導兒童遵守秩序，參觀比
　賽的習慣。

6.可交換各人防守位置。

7.使兒童瞭解壘球的比賽方法。

8.着重訓練擲球、傳接球、擊球、跑壘等基本技能。

四、圓形躲避球（正方形躲避球）。

　㈠目標：

1. 訓練正確的擲接球與迅速閃避的能力。

2. 培養遵守規則，共同合作，從事比賽的態度與能力。

3. 使兒童瞭解躲避球的規則及比賽方法。

㈡準備：

1. 躲避球、帽子、口笛、石灰等。

2. 直徑8~10公尺之圓形場地。

㈢方法：

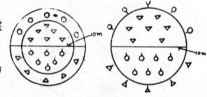

1. 外場員可用躲避球擲擊內場員。

2. 內場員應盡量躲避外場員的攻擊。

3. 被擊中之內場員應立即出場，並在規定地區集合。

4. 經過一定時間的比賽，以留存人數多寡而判定勝負。

5. 被擊中之內場員可加入外場員。

㈣注意事項：

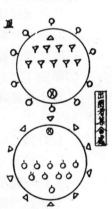

1. 規定比賽時間。

2. 指導兒童自行訂定規則。

3. 規則概要：

　(1)內場員不可接球。

　(2)內場員不可因躲避而出圈。

　(3)外場員不可持球移動。

　(4)外場員不可進圈檢球或擲球。

4. 出圈者或被擊中者應集合在規定區域。

5. 避免使用過硬的躲避球。

6. 不可瞄準並擲擊肩部以上的部位。

7. 避免同隊員的衝撞。

8. 使兒童避免跟隨同隊員躲避。

9. 外場員應注意控制球以免接漏。

10. 外場員應多練習傳接球的技能。

五、對陣足球：

㈠目標：

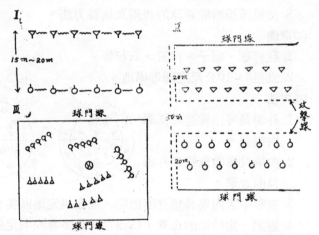

1. 訓練踢球技能。
2. 培養互助合作、快樂、友好的遊戲態度。
3. 訓練身體的敏捷性。

㈡準備：

1. 小型足球、口笛和如上圖的場地。

㈢方法：

1. 分為二隊，各隊隊員成一列橫隊面相對而排列。
2. 將球踢到對隊後面。
3. 踢球時不可脫手。
4. 如踢球時脫手即使將球踢進對隊後面，也算無效。
5. 可採用攻擊對方陣線的方法。

㈣注意事項：

1. 必須牽着手方能踢球。
2. 如果所踢出的球超過對方頭上、臂或由腳下穿過對方陣線
   即得一分，並由原位從頭開始比賽。
3. 在規定時間內以得分的多少判定勝負。

4. 兩隊間的相對距離初習時以15～20m爲宜。

5. 一隊不可繼續踢一次以上，惟以足阻球時可再踢一次。

6. 球從橫隊外側出場，由兩側隊員負責檢球，但球權則歸對隊。

7. 踢球時，其他隊員應儘量形成有利於踢球的隊形。

8. 推選隊長以便領導遊戲或比賽。

9. 指導踢球的基本技術。

　　(1)屈單膝，足尖下壓向後引。

　　(2)以兩臂保持身體平衡。

　　(3)踢球時微屈膝關節。

　　(4)踢球瞬間猛然伸膝踢出。

　　(5)爲保持平衡，上體應前傾。

　　(6)踢球前如能加上一、二步助跑其威力更大。

10. 應強調全體隊員合作，隊員的動作應迅速。

11. 可參照第二圖所示方法指導。

　　(1)不可牽手踢球到對隊球門線。

　　(2)球超過球門線卽得一分。

　　(3)得分後重新整隊（橫隊）再行比賽。

丙、高年級球類運動教材教法研究：

一、方形躲避球：

　㈠目標：

　　1. 訓練投擲或接球的技能與迅速閃避的能力。

　　2. 培養遵守規則、服從裁判、共同合作，在友愛氣氛中從事比賽的態度與習慣。

　　3. 使兒童共同研究規則及改進比賽的方法。

　㈡準備：

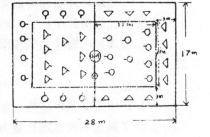

1. 躲避球、紅白帽或藍白等有色帶、口笛、石灰、躲避球場。

(三)方法：

1. 分為藍白二組，由各隊隊長在中圈跳球後，開始比賽。

2. 比賽一定時間（3～5分）後，以留存內場員的人數多寡決定勝負。

(四)注意事項：

1. 說明規則概要並指導兒童在比賽時嚴守規則。

(1)身體任何部份觸及外場員所擲擊的球者，應出場並參加外場員陣列。

(2)外場員所擲擊的球，如一經觸地後再觸及內場員者即無效。

(3)內場員跑出場外時出局。

(4)外場員擲球時，如觸及或進入內場時，如該球擊中，判無效。

(5)外場員不得進入內場檢球，如是該球權應屬內場員。

(6)內場員持球時不得移動兩步以上。

2. 持球球員只許運球一次。內場員可以用手接球，惟不可抱球，如抱球即出局。

3. 研究比賽方法以便順利進行。

4. 不可獨佔球應多傳球，以便大家有機會接觸球。

5. 指導擲、傳、接球的方法。

(1)利用全身力量擲傳球。

(2)接球時應順球勢縮臂由兩手指掌接住。

6. 不宜過份計較勝負，培養服從裁判的美德。

7. 指導如何擔任裁判和舉辦比賽。

二、壘球

(一)目標：

1. 訓練壘球基本技能，並增進對壘球運動的興趣。

2. 了解規則及熟練比賽方法。

3. 促進投擲及跑壘的能力。

4. 培養隊員間之友愛合作，在愉快的氣氛中練習或比賽的態
　度和習慣。

5. 培養對勝負的正當態度。

6. 養成娛樂休閒活動的習慣。

㈡準備：壘球、球棒、壘、壘球場、石灰、球網等。

㈢方法：

1. 依據壘球規則（或簡化）比賽。

2. 各隊以10～15名為宜。

3. 比賽5～7局以決勝負。

4. 每局有三人出局時應交換攻守。

5. 在第三名出局時，如跑壘員跑完壘，其分數不算。

㈣注意事項：

1. 說明規則概要。

2. 規則應視兒童能力而做適當
　的調整。

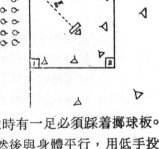

3. 主要規則：

　⑴擲球員（投手）

　　①擲球員應面向擊球員，

　　　双足站立於擲球板上，擲球時有一足必須踩着擲球板。

　　②擲球應先將球持於胸前，然後與身體平行，用低手投
　　　擲法擲球。

　　③擲球員可繞臂一週擲球。

　⑵跑壘員：

　　①擲球員站在擲球板上，而球未
　　　出手以前跑壘員不得離壘。

　　② Pass ball 時跑壘員可各進一
　　　壘。

　　③球離開擲球員時可跑壘，如在

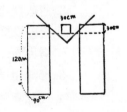

— 223 —

擲球前偷壘即為出局。

　　④跑壘時不可跑開壘線左右一公尺以上，如是應出局。

4.各隊應選出隊長並以隊長為中心，多做基本動作的練習。

5.務使兒童熟悉規則；指導良好的比賽態度。

6.特別注意指導跑壘員離壘時間及進壘方法。

7.培養兒童擔任裁判的能力。

8.養成公平競爭，勝不驕敗不餒的運動員精神。

9.練習基本技術。

　　(1)低手擲球的練習。

　　(2)傳接球的練習。

　　(3)擊球練習。

　　(4)防守練習。

　　(5)跑壘練習。

三、運球過關。

　㈠目標：

　　1.訓練擲準的能力。

　　2.養成友愛快樂的遊戲態度。

　　3.增進擲球速度和正確時間。

　　4.訓練迅速的判斷能力與敏捷動作。

　　5.注意安全。

　㈡準備：躲避球、籃球、口笛、籃球場或擲球場。

　㈢方法：

　　1.將全班分為兩組即擲球組與運球組擲球組再分為二小組，
　　　站立於場地兩側。

　　2.運球投籃組即成二路，以一人或兩人同時運球，過場到安
　　　全區投籃，然後再運球回原地。如果中途未被擊中而中籃
　　　者得兩分，未中籃時得一分。

　　3.擲球組以球擲擊運球過場者。

　　4.運球者應儘量避免被擲球員擊中。

1. 運球過場者如在場內被球擊中時，應立卽離開場地，迅速至出局員集合處。

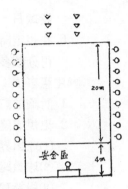

2. 以各隊得分多少決定勝負。

3. 各隊比賽完了後，應速行交換位置。

4. 運球者的籃球被擲球員擊中時亦爲出局。

四、端線球：

㈠目標：

1. 使兒童了解端線球的規則並使其發生興趣。

2. 訓練傳接球的技能。

3. 培養遵守規則，公平競爭的精神及態度。

4. 養成互助合作，在練習或比賽時爲團體盡力的態度。

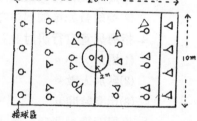

5. 培養自主自發的精神。

㈡準備：

1. 排球、躲避球、有色帽或有色帶，口笛。

2. 將全體分爲二組，每組以20名爲宜。

3. 準備如右圖的端線球。

㈢方法：

1. 由各隊推選接球員4名及跳球員1名（隊長）並依附圖所示，各就規定位置。

2. 各隊防守員應位於後場（本隊場地）。

3. 由跳球員（隊長）在中圈跳球後開始比賽。

4. 可用傳球或合法的運球，將球投給接球員。

5. 防守員可用合理的方法搶得對隊所傳或投擲給接球員的球，或預防球權被對隊球員控制，並將所獲得的球傳給本隊

投球員。

6. 在規定時間內（10分鐘為半場，上下場之間休息三分鐘）得分較多的為勝。

㈣注意事項：

1. 討論並訂定適合能力的規則。

2. 犯規或違例時，球權屬於對隊。

　　⑴球出界。

　　⑵球員跑出規定區域搶球時。

　　⑶對持球者有粗暴行為者。

　　⑷帶球走者。

　　⑸爭球或不知何隊使球出界時應在中圈跳球。

3. 得分。

　　⑴接球員在接球區域內接到球時得一分。

　　⑵接球員如接觸過防守員的球則不算得分。

4. 指導兒童自行研討並訂定規則及規劃場地的方法。

　　⑴場地大小。

　　⑵參加人數。

　　⑶比賽時間。

5. 使兒童練習運球、傳球、接球；足部動作等基本動作。

6. 輪流位置使每一兒童均能熟悉勝任。

7. 指導兒童在比賽間，互助合作，盡責職守。

8. 遵守規則，服從裁判，嚴禁粗暴行為。

9. 培養兒童自行舉辦比賽的能力。

五、少年排球。

㈠目標：

1. 培養排球基本技能。

2. 養成盡責、守法、公平競爭的精神。

3. 培養勝不驕敗不餒的良好態度。

4. 訓練擔任裁判及記錄的能力。

㈡準備：

　1.排球場、口笛、排球網、裁判台、記錄板。

㈢方法：

　1.分為兩隊，每隊九人，按前、中、後三排各就各本場之位置。

　2.由一隊發球給守隊，守隊接球後只能擊球三次，第三次必將球擊入對隊場內。

　3.守隊如接球失敗或無法在第三次以內將球擊返對場區，或使球出界接觸地面或任何物體時，算失機，給對隊一分並將發球權移交給對隊。

　4.先得到二十一分者為勝。

㈣注意事項：

　1.說明規則概要，視兒童能力訂定規則。

　2.主要規則：

　　⑴比賽時在本場內可連續擊球三次，惟同一名運動員不可連擊二次（如程度較差可准予連擊）。

　　⑵如果球落地出界或擊球四次，或同一人連擊，應算失機，對隊得一分，發球權則歸對隊。

　　⑶每人有兩次發球機會，發球時必須站在端線外，邊線內任何位置。

　　⑷每局比賽先得二十一分者為勝，如至二十分平手必須多取二分始能獲勝，每局比賽如有一隊先得十一分時應換邊再行比賽。

　3.指導練習補助運動：

　　⑴對壁拍球（傳球）。

　　⑵發球比賽。

　　⑶傳球或托球比賽。

　4.訓練基本動作。

(1)正傳球。　(2)低傳球。　(3)發球方法。

5. 指導兒童練習迅速的動作。

(1)不怕球。　(2)出手不過快。　(3)判斷球的方向。

6. 應力求全體隊員的技術平均發展。

7. 注意養成員責、努力、公平競爭的精神及舉辦比賽的能力。

8. 以隊長為中心，全體力求合作，並研討戰略，盡力取勝的態度。

六、少年籃球：

(一)目標：

1. 訓練傳、接、運、投籃等基本技術，熟練籃球運動，繼之引起學習興趣。

2. 使兒童了解比賽規則，養成自行遵守規則，從事公平競爭的態度。

3. 培養快樂、友愛、互助合作、服從裁判、迎接勝利、接受失敗的正當態度。

4. 注意練習或比賽場地的安全，與充分的準備運動或整理運動，避免發生衝撞等情形。

(二)準備：

1. 少年籃球。

2. 少年籃球場。

3. 紅、藍、白等有色帶子。

4. 口笛。

5. 碼錶。

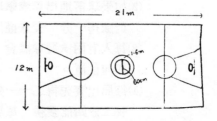

(三)方法：

1. 一隊五人，由中圈跳球後，以合理的方法傳球運球，將球傳到對區籃邊投籃。

2. 守隊可用合理的方法搶奪攻隊在運傳的球，並傳給本隊隊員攻籃。

3. 在規定時間內，以投中籃數的多寡而決定勝負。

㈣注意事項：

1. 說明規則概要，並指導兒童自行研討合乎能力的規則。

2. 規則概要（參考中華全國體育協會審定的中華民國少年籃球推廣委員會編定少年籃球規則摘要）。

    (1)比賽時間：分為四節，每節六分鐘休息時間第一節與第二節之間為二分鐘，第二節與第三節之間為十分鐘，第三節與第四節之間為二分鐘。

    (2)在每節開始時應以中圈跳球開始比賽。

    (3)發生以下行為時應將球權交給對隊。

    ①二次運球。②持球超過五秒鐘。③球出界。

    (4)發生以下行為時除將球權交給對隊外，須罰球1～2次。

    ①帶球撞人。②推人。③拉手。④其他粗暴行為。

3. 特別注意傳、接、運球或投籃等基本動作。

4. 應注意培養公平競爭，互助合作的良好態度。

5. 灌輸兒童簡易進攻或防守的方法與投籃技術。

6. 應力求全體隊員技術的平均發展。

第十一章 舞蹈教材教法研究

第一節 低年級唱遊教材教法研究

甲、教學目標

一、促進兒童身心健全的生長與發展

　　㈠促進身心各部均衡的生長與發育。

　　㈡促進各系統功能的正常發展。

　　㈢發達富有彈性的大肌肉。

　　㈣培養快樂活潑的情操。

　　㈤培養勇敢的精神。

　　㈥發展兒童想像能力。

二、增進兒童愛好音樂的興趣：

　　㈠培養聽音發聲的能力。

　　㈡培養韻律感。

　　㈢培養唱歌演表的興趣與能力。

　　㈣培養使用敲擊樂器的興趣與能力。

　　㈤培養對音樂的欣賞能力。

三、發展兒童遊戲運動的興趣與能力：

　　㈠指導各種遊戲器械及用具的使用方法。

　　㈡培養各種遊戲運動的興趣。

　　㈢培養追逐、跳躍、擲接、躲閃、攀登、均衡等能力。

　　㈣培養故事、簡易歌舞、戲劇等表演的興趣與能力。

四、培養優良的基本習慣：

　　㈠指導兒童對於唱遊有關基本保健的知識與習慣。

　　㈡培養康樂的習慣。

　　㈢指導兒童對遊戲運動環境有關的安全教育。

　　㈣培養優美的體態。

五、培養優良的群性生活

㈠培養同情、友愛、禮貌、尊敬他人等美德。

㈡培養合作互助的精神。

㈢培養公平、守規則、誠實、守時、負責等習性。

㈣培養領導的能力與服從的精神。

乙、教材選配與教學要點

一、教材選配的原則

㈠適合時代、環境，含有民族精神教育意義。

㈡適合時令季節。

㈢適合兒童程度能力與興趣。

㈣適合兒童生活。

㈤方法要簡易。

㈥安全，不妨害衛生。

㈦全體或多數兒童可以同時活動。

㈧應在遊戲教材內注意大肌肉活動，運用身體基本能力的活動；如走、爬、跑、跳、躍、擲、滾翻、攀援、躲閃、膝越、懸體等，並注意正確方法的訓練。

㈨應盡量與國常科、公民科、衛生訓練以及團體活動等配合實施，俾促進兒童對其他各科學習興趣，並增加本科學習效果。

二、教學要點

㈠一般教學要點：

1. 每節活動，須有適度的運動量，俾能促進身心平衡發育的目標，不可過猶不及。

2. 教師應特別注意兒童之健康與衛生，風和日暖時，應盡量在戶外上課，如天雨多風，必要在室內上課時，應先開窗使空氣流通，地板掃除清潔，課桌椅必須搬移，使兒童仍能獲得適度的運動。

3. 於教學活動時要隨機解釋運動、休息、飽餓、冷暖、日光、空氣、營養、沐浴等常識，並注意培養有關良好習慣與態度。

4. 教學環境應使兒童充滿活潑之情緒，藉以培養優美的動作及自然的表情，並建立積極愉快的心理。

5. 教學時應注意於活動中，能予兒童以公平、守法、互助、合作等經驗。

6. 教學應以興趣爲上，切忌呆板機械，各種教材組織要靈活配合，每節教學過程，多變化而饒興趣，使兒童感到滿足。

7. 教師態度應和藹、溫柔、快樂、活潑，對於教學時的常規及秩序之維持，應認眞執行，並使兒童有深切之了解，如教師做某一手勢時，全班卽立須安靜，或某一音樂指示某一動作，教師應做到能收能放運用自如，兒童亦能在自由範圍內，表現動而不亂，靜而不板之精神。

8. 教師應隨時注意培養同情、友愛、服從、禮貌等美德，以及領導的能力。

9. 教師要注意自身的整潔（服裝、鞋子要輕便適於活動的）。

10. 每節教學活動中，應使兒童有二、三次不受排列之限制，自由跑跳而獲得滿足，如場地太小時，可分組行之。

11. 圓圈排列時，教師應站在圈之一邊，以能照顧全班兒童爲原則。

12. 教學時不必太注重於兒童排列的整齊，對於兒童情緒的愉快，精神的飽滿，動作的優美，韻律的正確應特別注意。

13. 教師應隨時注意兒童在體力及情緒上的差異，予以適當的處理。

㈡分項活動教學要點：

1. 發聲：

　(1)輕聲發出悅耳的聲音，不要大聲叫喊。

　(2)教師邊彈邊唱，兒童答唱，教師亦可離琴參加在兒童群中，如同小型歌劇，彼此唱和。

　(3)如大三度、五度、七度音階，並配適當歌詞以增加學習興趣。

(4)兒童依照教師所奏的旋律用不同的口型隨唱，以增加聽音能力。

2.歌唱：

(1)教學新歌的過程，教師先把歌曲的旋律奏出，讓兒童靜聽，然後彈琴使兒童們隨着輕聲哼（用任何口型均可），再將歌曲用講故事的方式很有趣地講給兒童聽，領導他們唸一、二遍，教師範唱一、二遍令兒童說出歌詞內容，於是領導他們試唱，如遇較難之處，則特別提出同唱數遍，略熟後再分組練習。

(2)低年級的兒童對詞曲符號的認識和學習較難，所以歌唱教學，不必唱譜曲，歌詞亦僅用聽唱法（不認文字，只聽歌詞隨唱）。但二年級遇有較簡易的歌詞時，可酌量以板書，或用複式聽唱法，使兒童從聽唱法逐漸轉到視唱法。

(3)應使兒童充分明瞭歌詞的意義，但除了包含故事的歌詞，可以講故事的方式仔細講述之外，不必多事講解，詞意淺易的只稍慢慢的念一二遍，使兒童明瞭即可，至於詞意不易明白的部份，僅須提出該部份加以解釋詞意中的情感，教師講解時要以態度、表情、語調等表示出來，幫助兒童了解，欣賞和記憶。

(4)教師範唱時，最好不用樂器伴奏，使兒童注意力集中，容易聽清楚，或用單音輕輕相和，兒童唱時可用琴伴奏。

(5)在未學會時，最好不配和聲先彈單音。

(6)歌曲的聲域不宜太高或太低，最好唱ＣＤＥＦＧ五種輕快優美的歌曲。這些音域從高音譜表下一線C到第三間C音一個八度內爲宜。

(7)應特別注意，不可在劇烈運動之後即練習唱歌，應該在劇烈活動後有一段靜息時間，給予兒童欣賞教師奏琴、唱歌、吹口琴……等。

3. 欣賞：
    (1)由教師或部份兒童表演給全體兒童參觀，以培養兒童觀察、判斷和欣賞的能力。
    (2)歌曲欣賞方面，可選用鋼琴、提琴、或獨唱名曲唱片等，使兒童傾聽欣賞，使之領會而能辨別樂曲的情意，但帶有悲傷消極成份的歌曲，應予以避免採用。
    (3)優秀兒童表演，可偶而行之，以免剝奪多數兒童活動的機會。
4. 表演：
    (1)歌曲與故事教材要淺顯易懂，合於兒童的口語。
    (2)表演的歌曲，曲趣應以快樂活潑勇敢雄壯為主。
    (3)可選用國常科及公民科內容編成表演教材，並於工作科指導兒童自製道具，使各科活動打成一片。
    (4)唱歌表演時，應先教會唱歌，然後再與動作配合表演；故事表演應將故事內容簡略說明，使兒童充分瞭解後，再加動作表情。
    (5)歌詞要有活動的意義，易於編配動作，藉此增進兒童自創自動表演的興趣。如歌曲的字義，不易編配動作，可利用簡易舞步與排列的變化來穿插。
    (6)動作編配，不但要與音樂節拍相合，與音樂表情亦應力求和諧，如：雄壯的音樂，應挺胸、重踏做激昂的表情；輕快的音樂，配以活潑跑跳的動作；高昇的音樂，配以向上前進的動作；降低的音樂，則配以彎腰後退的動作等。
    (7)表演動作，可先徵求兒童意見，由其自行創造，教師從旁加以組織與發展即可，應盡量尊重兒童意見，但注意自然活潑與真實，不可矯作。
    (8)在分組或輪流表演之後，培養兒童們自動鼓掌助興的熱情，並可互相討論批評與改進。

5. 韻律活動：

　　(1)韻律活動應注意培養感覺，教學時須有音樂伴奏，可用鋼琴、風琴、唱片、口琴、鼓等樂器調和節拍，或載歌載舞，亦可解決伴奏問題，如以口令教學則失去韻律活動的意義。

　　(2)初步教學應用顯明節奏之樂曲，偏重於基本步法——走、跑、跳、躍、跑跳、跑馬、滑步等之教學，進而表演各種模仿動作，如鳥飛、兔跳、馬跑、蛙跳、打鐵、鋸木、搖船、插秧、飛機、小兵、打鼓等。

　　(3)節奏動作稍為熟練後，應進一步注意音樂的抑揚頓挫，作輕快疾徐的反應，並注意自然及自由的表情。

　　(4)常規應用：上課和下課可利用自然的韻律活動，引導出入教室或場所。例如跟琴聲走步等，使兒童能隨音樂韻律而作適當的有秩序的反應。

　　(5)節奏樂隊：

　　　①利用敲擊樂器，如大小鼓、鈴鼓、鐃、鈸、響板、三角鐵等，以及其他可以發聲之器具，組織樂隊。

　　　②初學時樂器應簡單，限於四、五種。兒童依樂器分組，俟稍有基礎時，樂器可隨人數而增加。

　　　③教學時用鋼琴或風琴伴奏，樂曲須顯明雄壯有力。

　　　④教師於教學時應注意下列各點：

　　　　ㄅ、先令全體兒童靜聽樂曲，並隨意敲擊拍掌以探求正確節拍。

　　　　ㄆ、再令兒童於指定節拍上反應。

　　　　ㄇ、先以一拍一音，一組一節或一段開始訓練，進而為一拍兩音‧一拍多音及各組交互配合的反應。

　　　　ㄈ、應使全體兒童集中注意老師指揮。

　　　　ㄉ、指揮方法：手勢動作應稍固定，少變化，藉能發揮暗示作用，兒童事前對指揮方法應有充分的瞭

解。

　　　　丢、練習時間每次以不超過卅分鐘爲限。

　6. 遊戲：

　　⑴教學用具要在課前準備妥當。

　　⑵遊戲的方法要說明清楚，使全體兒童明瞭後，才開始練
　　　習。

　　⑶應使參加的人數機會均等，並須多數人同時活動，如人
　　　數太多時，可分組進行之。

　　⑷要隨時矯正錯誤，防止養成不良的習慣。

　　⑸要注意遵守規則和勝敗的態度。

丙、唱遊敎材敎法硏究：

　一、技能方面：

　　㈠韻律基本訓練：

　　1. 基本步法

　　　⑴走步：抬頭，用自然的步法走。走是利用膝及踝關節的
　　　　彈性，迅速地移動重心，輕快地前進或後退。

　　　⑵跑步：與普通跑步相同，用足尖，放鬆膝關節而向前向
　　　　後跑。

　　　⑶踏跳步：右足前踏一步⑴，右足原地跳，同時左足屈膝
　　　　前舉⑵（斜前舉、側舉、後舉均可）。

　　　⑷跑跳步：右足前踏跳起，同時左足屈膝前舉，以上動作
　　　　在一拍內完成。

　　　⑸跑馬步：此步法固定一足在前，如右足起則左足在前，
　　　　右足先由後方提起向前跳出，然後左足由後上方向前跳，
　　　　右足先落地，左足後落地，以上動作在一拍內完成。此
　　　　種步法如馬跑之姿勢，故做動作時上體與頭部應前後顫
　　　　動，兩手作握韁狀。

　　　⑹滑步：右足向前滑出⑴，左足滑上與右足併攏⑵。此步
　　　　法向前後左右滑出均可。

(7)滑冰步：右足向前（斜前）滑出(1)，右足原地跳，同時左足後舉(2)。

(8)交換步：右足前出(1)，同時左足併在右足後，重心移至左足（和），右足再向前踏一步(2)。

2.基本運動：應包括走、跑、跳躍、屈伸、繞環、旋轉、擺動、平衡等運動，爲增加兒童學習興趣，以上各運動應以各種模仿動作教學。

(1)小星星（走）

1~4　雙手側平舉而左右轉動腕關節而向前走四步。

5~8　雙手上舉，左右轉動腕關節而原地踏四步轉一圈（圖1）。

(2)打鼓（走）

1~8　食指向上以代表棒，其他手指握拳，在腹前上下打八次，同時舉腿向前走八步。

1~2　食指在右斜上方相打一次，同時右足踵右斜前點地，再收回與左足併攏。

3~4　向左反覆1~2動作一次。

5~8　食指在腹前上下打三次，同時原地踏三步（右左右）。

(3)飛機（跑）

1~4　雙手側平舉，上體稍前彎，以跑步向前而逐漸向上。

5~8　雙手側平舉，繼續以跑步向前，由高部位向下飛。

(4)浪（跑）

1~4　成橫隊，每排5~6人一組，牽手上體前彎，以小跑步向前，同時上體逐漸向上，雙手至上舉部位（圖2）

5~8　以小跑步後退，上體逐漸前彎，雙手亦向下（圖2）

(5)蹲伸（屈伸）

1～2 雙手握拳，腹前交叉，低頭全蹲。

3～4 快速起立舉踵，雙手手指分開向上伸（圖3）。

(6)做體操（屈伸）

1～4 手插腰，半蹲二次（圖4）。

5 左足向左跨一步，同時雙手側屈（圖5）。

6 雙手用力向側伸（圖6）。

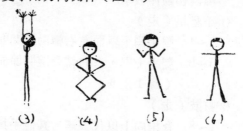

(3)　　(4)　　(5)　　(6)

7 雙手側屈。

8 雙手放下，左足與右足拼攏。

(7)打鐵（繞環）

1～2 左足出立，雙手握拳由前方經右後向前繞（圖7）。

3～4 重心前移，雙手用力向下打，上體微微前彎（圖8）

(8)風車（轉）

1～8 兩人一組，互牽左手，右手上舉，向反鐘形方向以走步轉一圈（圖9）

1～2 右手側平舉，繼續向反鐘形方向以跑步前進，一生以半蹲姿勢跑，二生以普通姿勢跑（圖10）

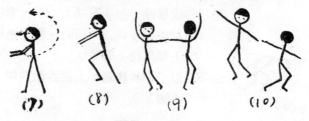

(7)　　(8)　　(9)　　(10)

3～4　一生以普通姿勢，二生以半蹲姿勢跑。

5～8　反覆1～4動作。

(9)鐘（擺動）

1～4　雙足開立，體前彎，雙手相握而左右擺動（圖11）。

5～8　雙手抱頭，左右彎體（圖12）

(10)稻草人（平衡）

1～4　右足屈膝側舉，雙手側平舉（圖13）

5～8　左足舉踵，同時雙手向斜上舉，保持平衡(14)。

(11)　　　　(12)　　　　(13)　　　　(14)

(11)蜻蜓（跳躍）

1～4　雙手側平舉，左足始滑步二次前進。

5～8　雙手保持側平舉，右足後舉，以左足原地單
　　　足跳四次，向左後轉一圈（圖15）

(12)兔跳（跳躍）

1～4　雙手置於頭上以表示兔耳，向左斜右斜雙足
　　　跳二次（圖16）

5～8　向左右左雙足跳三次後，停一拍。

(13)馬跑（跳躍）

1～8　以跑馬步八次向前，兩手做握韁狀，上體與
　　　頭部應前後顫動（圖17）

1～8　向右後或左後以跑馬步八次繞一大圈。

(14)吹喇叭（跳躍）

1～4　雙手握拳，置於嘴前，仰頭以跑跳步四次向
　　　前（圖18）

5～8　雙手位置不變，前彎低頭跑跳步四次向前。

(二)設計表演實例

1. 來來來　　G調²/₄

$$\underline{1\ 3\ 5}\ |\ \underline{5\ 6\ 5}\ |\ \underline{5\ 6}\ \underline{5\ 4}\ |\ \underline{3\ 4\ 5}\ |$$
來來來　來來來　兄弟　姐妹　一起來

$$\underline{1\ 3\ 5}\ |\ \underline{5\ 6\ 5}\ |\ \underline{5\ 6}\ \underline{5\ 4}\ |\ \underline{3\ 2\ 1}\ \|$$
來遊戲　來唱歌　你拉　我扯　多快活

隊形：自由隊形。

動作：來來來，來來來　拍手，向任意方向跑步。

　　　兄弟姐妹一起來　二人一組，攜雙手以跑步轉一圈。

　　　來遊戲，來唱歌　自己拍手一次後與對方拍雙手，
　　　　　　　　　　　再反覆一次。

　　　你拉我扯　攜雙手，原地雙足跳二次。

　　　多快活　雙足跳三次後，停一拍。

2. 早起　　F調²/₄

$$\underline{1\ 1}\ \underline{1\ 3}\ |\ \underline{5\ 3\ 1}\ |\ \underline{2\ 2\ 2}\ |\ \underline{1\ \underset{.}{6}\ \underset{.}{5}}\ |$$
每天　早晨　早早起　有精神　又快活

$$\underline{1\ 1}\ \underline{1\ 3}\ |\ \underline{5\ 3\ 1}\ |\ \underline{2\ 2}\ \underline{\underset{..}{5\ 5}}\ |\ 1\ \cdot\ 0\ \|$$
臉洗　乾淨　牙刷白　清潔　又美　麗

隊形：橫隊

動作：

(17)
(20)

　　　每天早晨　全蹲低頭，兩手握拳交叉於胸前（圖
　　　　　　　　19）。

　　　早早起　起立兩臂用力斜上擊（圖20）。

　　　有精神　兩手握拳，用力向前推，同時左足在
　　　　　　　原地重踏一步。

　　　又快活　兩臂抱胸，雙腿屈伸二次，同時頭向
　　　　　　　左右擺動一次。

臉洗乾淨　雙手靠攏，手心向內，在臉前轉動二次做洗臉
　　　　　的動作。

牙刷白　　右手作拿牙刷狀，左手叉腰，頭部左右左動三
　　　　　次。

清潔又美麗　拍手以跑跳步八次原地轉一圈。

3. 小白兔　　D調⁴/₄

| 1 1̲ 2̲ 3 — | 2 2̲ 3̲ 4 — | 6̲ 5̲ 4̲ 5̲ | 4̲ 3̲ 2 — | 1 1̲ 2̲ 3̲ 3̲ 3̲ |
小白　兔　　小白　兔　　穿著一身　白衣服　　兩只　大耳朵

| 2̲ 2̲ 3̲ 4̲ 4̲ 4̲ | 5̲ 5̲ 6̲ 6̲ | 1̲̇ 6̲ 1̲ 6̲ 5 — | 6̲ 5̲ 4̲ 3̲ | 2̲ 4̲ 3̲ 2̲ 1 — ‖
一對　紅眼珠　跳跳蹦蹦　蹦蹦跳　跳　　無拘無束　快樂又幸福

隊形：橫隊，或自由隊形

動作：

小白兔　　雙手置於頭上做兔耳狀，向右斜前雙足跳一次，
　　　　　原地雙足屈伸一次，同時上體微微向右斜前彎

小白兔　　向左斜前反覆以上動作一次

穿著一身　兩臂由腹前交叉向外繞環一週

白衣服　　拉裙子（男生手插腰），雙足屈伸一次

兩只大耳朵　雙手置於頭上，頭向左右擺動一次

一對紅眼珠　雙手指眼，頭向左右擺動一次

跳跳蹦蹦　手置於頭上，雙足跳二次向前

蹦蹦跳跳　向右左右雙足跳三次

無拘無束　拍手跑步轉一圈

快樂又幸福　雙手向內繞環而抱胸全蹲（圖21）

(21)

4. 小青蛙　　D調²/₄

| 3̲ 2̲ | 1̲ 1̲ 2̲ | 5̲ 3̲ 2̲ 2̲ | 3 · 0 | 6̲ 5̲ | 4̲ 3̲ | 5̲ 4̲ 3̲ 2̲ | 1 · 0 |
我是　小青蛙　我有兩個　家　　地上　住住　池塘裡滑　滑

| 3̲ 2̲ | 1̲ 1̲ 2̲ | 5̲ 3̲ 2̲ 2̲ | 3 · 0 | 6̲ 5̲ | 4̲ 3̲ | 5̲ 4̲ 3̲ 2̲ | 1 · 0 ‖
一會兒跳上來 一會兒又跳下　唱起　歌來　刮刮刮刮　刮

隊形：自由隊形

動作：

(22)　(23)

我是小青蛙　手指張開，兩手側屈於肩上，左足始向左右做踏跳步各一次（圖22）。

我有兩個家　雙足併攏，雙手向外繞環一次至斜下舉部位而以手指數二，同時下肢屈伸一次（圖23）。

地上住住　向右雙足跳而全蹲，再向左雙足跳全蹲。

(24)　(25)

池塘裡滑滑　右足向右斜前踏跳步一次，左足後舉，雙手由胸前向側分開做蛙泳姿勢。再向左方反覆以上動作（圖24）。

一會兒跳上來　向右斜前雙足跳，同時雙手向前擺，再向前雙足跳，雙手向上擺。

一會兒又跳下　向左斜後雙足跳，手前平舉，再向後雙足跳，手後擺而體前彎（圖25）。

(26)　(27)

隨意唱歌　雙手抱頭，左足右足踵各向前點一次，同時上體左右彎（圖26）。

呱呱呱呱呱　雙手五指併攏，手心向前，置於嘴前，以五個跑步原地轉一圈。跑時膝蓋伸直稍向側踢出同時上體稍向左右彎（圖27）。

5. 造飛機　F調 $^2/_4$

| 5 3 4 | 5 3 4 | 5 5 6 6 | 5 · 0 | 3 2 1 | 3 2 1 |

造飛機　造飛機　來到 青草　地　蹲下來　蹲下來

| 6 6 1 1 | 5 · 0 | 6 1 1 | 5 1 1 | 2 2 1 2 | 3 · 0 |

我做推進　器　蹲下去　蹲下去　你做飛機　翼

| 5 3 4 | 5 3 4 | 5 5 6 6 | 5 · 0 | 6 6 5 | 3 2 1 |

彎著腰　彎著腰　飛機 做得　奇　飛上去　飛上去

| 2 2 5 5 | 1 · 0 ‖

飛到 白雲　裡

隊形：自由隊形。

動作：

造飛機　　雙手側平舉，左足始向前走兩步。

造飛機　　雙手在胸前交叉一次而側平舉，同時左足向左斜
　　　　　前做踏跳步，右足後舉。

來到青草地　由右足反覆以上動作。

蹲下來蹲下來　雙手側平舉，先半蹲後全蹲。

我做推進器　　保持半蹲姿勢，左足向前做二次滑步，同
　　　　　　　時雙手向前推二次（圖28）。

蹲下去蹲下去　動作與蹲下來蹲下來同

你做飛機翼　　雙手側平舉，而交互上下動，同時在原地
　　　　　　　小步轉一圈（圖29）。

彎著腰彎著腰　體前彎雙手向後伸，向後雙足跳兩次。

飛機做得奇　　雙足併攏，由腹前交叉向外繞環至側平舉
　　　　　　　部位。

飛上去飛上去　雙手側平舉，左足始向前做踏
　　　　　　　跳步二次，另一足後舉。

飛到白雲裡　　雙手經腹前交叉向外繞環至斜
　　　　　上舉，同時原地小步轉一圈（圖30）。

(三)遊戲（參考低年級遊戲教材教法研究）：

二、社會態度

　(一)聽從口令，不亂跑，不大聲叫喊。

　(二)養成大家一齊愉快地從事練習的態度。

　(三)養成互相友愛、同情、禮讓等美德。

　(四)培養公平、守規則、誠實、負責等習性。

　(五)養成輪流搬運風琴及遊戲器材的習慣。

三、健康安全

　(一)服裝必須輕便。

　(二)運動後要洗手、擦汗以維持清潔。

㈢注意整理場地，清除危險物品。

㈣養成選擇安全的地方，從事活動的習慣。

第二節　中高年級舞蹈教材教法研究

甲、教學目標：

一、促進身心各部得以均衡的生長與發育。

二、培養對於美的欣賞與理解能力，並啓發想像及創造能力。

三、培養正確的反應及韻律感。

四、培養優美的體態，及正當社交之態度。

五、培養舞蹈的技能，充實康樂生活。

六、指導保健的知識及習慣。

七、培養民族意識，國家觀念，團結及合作的精神。

八、培養友愛、同情、禮讓等美德與守法、誠實、守時、負責等習性。

九、培養領導的能力。

乙、教材選配與教學要點：

一、教材選配

㈠應根據教學綱要，多數兒童的經驗，興趣與程度，選擇適當的教材。

㈡應多採用自然活潑的大肌肉運動，以適應身體生長發育的需要。

㈢舞蹈教材以民族舞蹈爲主（邊疆舞、山地舞）及人物舞、形意舞各國土風舞等。

㈣應多選擇動作優美，自然活潑的團體性舞蹈。

㈤伴奏舞樂應愼重選擇，以節奏清晰，曲趣活潑輕快而與舞蹈精神吻合爲宜。

二、教學要點

㈠教學舞蹈在設備上至少須有風琴一架，其他如電唱機、錄音機、大小鼓、鈴鼓等亦可利用。

㈡教學地點以健身房或大禮堂為最理想，如在戶外則應選擇僻靜或樹蔭下為宜。嘈雜的環境，不能引起適宜的心向，有礙教學的進行，應極力避免。

㈢每一舞蹈最好採用分段教學法，並且應按音樂的段落說明與示範。

㈣教新舞蹈時，應先說明其來歷與大意，然後令兒童欣賞伴奏的音樂，以激發兒童的興趣。

㈤著重韻律基本訓練，其動作應由易而難，由簡而繁，逐漸引進。

㈥練習步法時，宜先慢後快，逐漸至正常速度。

㈦每一動作的說明，必須簡要，示範正確。於第一次示範時，應以正常速度做整個動作。第二次再以緩慢的速度做分解動作，並說明動作之要領。必要時，說明與示範可同時進行，並於特別注意處，略為停頓，詳加說明，如果無法停頓時，應作多次示範。

㈧練習隊形變化時，可令某組兒童先做，其他各組兒童觀察，全體瞭解後再一齊練習，並配以節奏明顯的音樂，使兒童按照音樂的節奏舞蹈。

㈨矯正錯誤時，首先應注意動作和節奏的快慢，以求舞蹈的情緒與音樂符合，同時宜多用團體矯正而少用個別矯正，以節省時間，增加學習的機會。

㈩不可過於著重排列的整齊，不過對於兒童精神的愉快，動作的優美，與韻律節拍的正確反應等，則應加以注意。

㈠每一舞蹈應有充份的練習，使兒童在舞蹈時，不致想及動作與步法，方能培養動作的優美感，表現舞蹈的精神，及愉快的心情。

㈡教學的態度，要和藹可親，不可流於粗暴，以免引起兒童的反感畏懼。

丙、舞蹈教材教法研究

一、技能方面

(一)韻律基本訓練

1. 基本步法：

(1)走步、跑步、踏跳步、跑馬步、滑冰步、滑步、交換步（參考唱遊教材教法研究）。

(2)急馳步：右足向右側一步，左足逼右足向右，以上動作在一拍內完成，如此繼續做。

(3)交換跳步：右足向前，同時左足併在右足後(1)，右足再向前一步同時原地跳起，左足屈膝前舉(2)。

(4)莎底士步：右足側出(1)，左足交叉於右足後(2)，右足再向右(3)，左足右斜前舉，右足原地跳(4)。

(5)搖籃步：右足向右輕躍一步(1)，左足舉踵交叉於右足後（前），同時重心移至左足(2)，右足原地踏一步，重心移至右足(3)。

(6)踵趾交換步──右足踵前點地(1)，右足尖後點地(2)，右足向前做交換步（3、4）。

(7)踵趾交換跳步──右足向前足踵點地，向後足尖點地後，向前做交換跳步。

(8)波蘭舞步──右足向右側屈膝滑出(1)，左足逼右足(2)，右足屈膝側舉，左足原地跳(3)。

(9)華爾滋步──右足前出(1)，左足再向前(2)，右足與左足併攏。

(10)隨行步──右足側出，左足交叉於右足後，如此小步向前後，左右任何方向移動。

(11)繞跳步──右足向右滑出(1)，左足逼右足(2)，左足原地跳起，右足前繞至左足前落地，同時左足屈膝側舉，靠於右足後(3)。

(12)躍繞步──右足向右斜前繞至原位跳起(1)，左足向左斜

前滑(2)，右足逼左足(3)。

(13)緩莊步——右足始向前走三步（1～3）左足向前輕舉而
足尖點地（4～6）再由點地的腳向前走。

2. 基本動作：

(1)踏：右（左）足在原地用力踏，體重亦隨之移動。

(2)滑：單足屈膝向任何方向滑出，體重亦隨之移動。

(3)點：單足尖向任何方向輕輕點地，體重仍落於另一支持
足。

(4)跳：左（右）足屈膝前舉（側舉、後舉均可），以右（
左）足在原地，或向任何方向，做單足跳。

(5)躍：右（左）足起跳，而左（右）足落地。

(6)轉：以單足或雙足轉。有交叉轉、踏跳轉、走步轉、華
爾滋轉、躍轉等。

(7)逼：右足原地跳起，同時左足打右足，此時右足則向前
（後側）踢出，而左足落地佔右足的位置。

(8)踵趾：右（左）足踵向前點地(1)，右（左）足尖向後點
地(2)此動作亦可向側方行之，即右足踵向右側點地(1)，
右足尖點於左足右側(2)。

(9)踏併：右(左)足向側一步(1)，左(右)足向右足靠攏(2)。

(10)交叉：右（左）足向側一步(1)，左（右）足交叉於右（
左）足前或後(2)。

3. 基本運動：

(31)

(1)跳躍：

1～2　原地雙足跳二次。

3～4　高跳（伸膝、屈膝均可）而落地。

(2)屈伸：

1～2　雙手握拳，前交叉，低頭全蹲。

3～4　快速起立舉踵，同時單足向任何方向踢出，雙手
手指張開向上伸（圖31）。左右足交換做。

(3)走～屈伸：

　　1～4　向前走三步，第四拍雙足併攏。

　　5～8　雙膝屈伸二次，同時雙手前後擺動（圖38）。

(4)繞環～跳躍

　　1～2　右足始向前走二步，同時雙手向後繞環一次。

　　3～4　右足向前做踏跳步，跳時左足後舉，同時雙手向
　　　　　上舉（圖33）。

　　5～6　左足始後退二步，同時雙手向前繞環一次。

　　7～8　左足向後做踏跳步，跳時右足屈膝前舉，雙手向
　　　　　後擺而體前彎（34）。

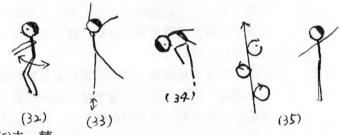

　　　　(32)　　　(33)　　　(34)　　　　　　(35)

(5)走～轉

　　1～4　雙手側平舉，右足始向前走四步。

　　5～8　向右後走四步繞一圈，此時右手斜下，左手斜上
　　　　　舉（圖35）

　　1～8　反覆以上動作，向左繞圈。

(36)

(6)跑～轉

　　1～4　小跑步向前，同時雙手由下逐漸向上。

　　5～8　雙手斜上舉，原地小步轉一圈。

　　1～4　小跑步後退，同時雙手由上逐漸向下，而體前彎。

　　5～8　雙手置於右側（或左側）彎體而小步轉一圈（圖
　　　　　36）。

(37)

(7)擺動～轉

　　1～6　雙足開立，雙手左右擺動，重心亦隨之移動（圖37）

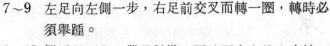

7～9　左足向左側一步，右足前交叉而轉一圈，轉時必須舉踵。

10～12　雙手斜下舉，雙足併攏，原地再向左後小步轉一圈（圖38）。

(38)

(8)轉～跳躍

1～3　雙手側平舉，左足始向左側走三步，同時轉圈移動（圖39）

4　左足原地跳起，右足向右側舉，雙手向左斜上擺（圖39）。

(39)

5～8　向右反覆以上動作。

(9)走～平衡～擺動

(40)

1～2　右足始向前走二步，同時雙手由下逐漸向上。

3～4　右足舉踵向前一步，同時左足屈膝前舉，雙手斜上舉，保持片刻的平衡（圖40）。

(41)

5～8　左足前踏，雙手後前擺動以後，體前彎雙手再後擺（圖41）。

(10)擺動～轉～平衡

(42)

1～3　右足向右斜前一步，左足併攏，雙手由左斜下向右斜上擺動（圖42）。

4～6　左足向左斜後一步，右足併攏，雙手向左斜下擺動。

7～9　右足向右側一步而單足轉一圈，此時左足屈膝側舉靠於右足後，雙手斜下舉（圖43）。

(43)

10～12　右足再向右一步，身體向右轉而前倒，左足後舉，雙手後伸而做平衡姿勢（圖44）。

(11)繞環～跑～跳躍

(44)

1～6　向右、左各做搖籃步一次，雙

(45)

(46)

手自右至左做一次八字繞環（圖45）。

7～9　雙手側平舉，右足始向前跑三步。

10～12　雙足併攏，用力向上跳，在空中，雙足後屈挺腹，雙手斜上舉（圖46），落地時雙手斜下舉而半蹲。

⑿跳躍～屈伸～轉

1～6　右手反插腰，左手上舉，右足向右做波蘭舞步二次（圖47）。

7～8　雙足併攏向右輕跳，同時雙手前交叉全蹲低頭。

9～12　快速起立，雙手用力向斜上舉後，向右後小步轉一圈。

(47)

㈡教材實例

1.中年級教材：

⑴蹺蹺板　DF調⁴/₄

$$5\ \underline{5\ 6}\ \underline{5\ 5\ 6}\ |\ \underline{5\ 3}\ 1\ 2\ —\ |\ 3\ \underline{4\ 5}\ \underline{6\ 7}\ \dot{1}\ |\ 7\ 6\ 5\ —\ |$$

$$5\ \underline{5\ 6}\ \underline{5\ 5\ 6}\ |\ \underline{5\ 3}\ 1\ 2\ —\ |\ 3\ \cdot\ \underline{4}\ 5\ 4\ |\ 3\ \cdot\ 2\ 1\ —\ ‖$$

排列：三人一組，排一橫隊。

預備姿勢：中央生雙手側平舉，左右兩側生，以雙手握中央生的手。

動作：

1　小節（4拍）　2號向左彎體，左手斜下，右手斜上舉，左側之3號全蹲，右側之1號盡量舉踵手上舉（1、2），後二拍1號蹲3號站反覆以上動作（3、4）（圖48）。

2～4　小節（12拍）　反覆1小節動作三次。

(48)

5～6　小節（8拍）

　　　　1號以跑跳步八次穿過2、3號手下（圖49），至3號左側（圖49）。

7～8　小節（8拍）　　　　　　（49）

　　　　三人牽手向順鐘形方向以跑跳步八次繞一圈，再成一排橫隊，此時3號站中央。

(2)丹刻克的鐘聲舞(Chimes of Dunkirk)(比利時)G調²/₄

$$\underline{1} \mid 3\,1\,3\,1 \mid 2\cdot 2 \mid 4\,2\,4\,2 \mid 3\cdot 5 \mid 6\cdot 5\,6\,7 \mid$$

$$\underline{1}\,7\,6\,5\,4 \mid 3\,2 \mid 1\,0\,1 \mid 1\cdot 2\,1\,7 \mid 6\cdot 2 \mid 2\cdot 3\,2\,1 \mid$$

$$7\cdot 2 \mid 1\,7\,6\,5 \mid ^\#4\,2\,5\,1 \mid 7\,6 \mid 5\,0 \parallel$$

隊形：雙重圓，男內女外，相對而立。

動作：

1～2小節（4拍）　各自右足始在原地踏步三次，停一拍。

3～4小節（4拍）　各自拍手三次，停一拍。

5～8小節（8拍）男女互牽雙手，以踏跳步四次向順鐘形方向轉一圈，回原位（圖50）

（50）

9～10小節（4拍）互牽右手，右足向前，左足併攏，左足後退右足併攏。

11～12小節（4拍）互牽右手，右手向前，左足併攏時，男左後轉，女則穿過右手下同時右後轉。兩人均左足後退，右足與其併攏而換位（圖51）。

（51）

13小節（2拍）　牽右手，右足始向前走二步而向右轉（圖52）。

（52）

14～16小節（6拍）　放開右手與左斜
前之新舞伴互牽
左手以走六步轉
一圈（圖53）

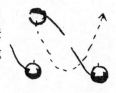

(53)

2.高年級教材：

(1)加利福尼亞雙人舞(Cotton Eyed Jae)(美國)bF調²/₄

$$\underline{\overset{\cdot}{5}\ 1}\ \underline{3\ 3\ 3}\ \big|\ \underline{2\ 3\ 4}\ \big|\ \underline{\overset{\cdot}{5}\ 1}\ \underline{3\ 3\ 3}\ \big|\ \underline{2\ 2\ 1}\ :\|$$

$$\underline{6\ 5}\ \underline{3\ 2\ 1\ 3}\ \big|\ \underline{6\ 5\ \dot{1}}\ \big|\ \underline{6\ 5\ 3\ 2\ 1\ 3}\ \big|\ \underline{2\ 1\ 7\ 2\ 1}\ :\|$$

隊形：雙重圓，兩人一組，互牽雙手。

動作：

1～2小節（4拍）　男左女右足始向側做一次踵趾交換
步。

3～4小節（4拍）　男右女左足始反
覆1～2小節動作
回原位。

5～8小節（8拍）　放開雙手男左女
右足始向外做三
(54)
次交換步轉一圈回原位，面相對而
原地踏三步（圖54）。

9～10小節（4拍）　男左女右足始向側做四個推滑步（
女生右足向右踏出同時左足向左側
踢出，男生相反）（圖55）。

11～12小節（4拍）　向反方向反覆9～10小節動作。

13～16小節（4拍）　互牽雙手，男左女右始做四個交換
跳步向順鐘形方向轉一圈。

(55)

(2)萬衆歡騰（山地舞）　F²/₄

6 1 3 | 3 2 3 2 1 2 1 | 6 3 2 1 2 1 | 6·1 6 6 |

誰要　　快　樂　誰要　歡　　笑嘿 大家一齊　來　　狂歡

6 5 3 6·2 | 1 2 1 6 6 | 6 5 3 6·2 | 1 2 1 6 6 |

齊舞蹈 縱情　歌　舞　樂陶　陶　 ．縱情　歌舞　　樂陶

6 —— | 3 5 6 5 | 3 2 1 2 1 | 6·3 2 1 2 1 | 6·1 · |

陶　　 愛國愛　　民英雄漢　　呀嘿 保國保家　　呀

6 6 | 6 5 3 6·2 | 1 2 1 6 6 | 6 — | 6 ‖

萬民　歡　　國泰　人　安 萬民　歡

排列：單圓，全體携手。

動作：	第一段
1. 誰要快樂誰要歡笑嘿大家一齊來狂歡齊舞蹈。	1. 右足踏(1)立即提起向外轉（提），上體放鬆轉動右膝，左膝稍顫動（1拍）。重覆以上動作8次（8拍）。
2. 縱情歌舞樂陶。	2. 右足起向右斜前方跑六步，上體稍向右轉，每拍跑兩步（3拍）。
3. 陶	3. 右足踏一步(1)，右足跳同時左腿向右斜前舉（拉）（1拍）。
4. 縱情歌舞樂陶陶。	4. 左足起向左退跑七步（上體仍向右轉），然後右足重踏二次時上體稍前彎（5拍）。
5. 愛國愛民英雄漢呀嘿，保國保家呀萬民歡	5. 右足向右斜躍一步，上體稍向左轉，右足先稍向左(1)左足向右躍一小步，上體稍向右轉（拉）重覆以上動作九次（注意動作時應腰部轉動臀部不要動）。

6. 國泰人安萬民	6. 右足起向前跑六步，動作如 2（3拍）。
7. 歡	7. 右足踏一步(1)右足跳，同時左腿右斜前舉（拉）右足後踏一步(2)右足在左足旁重踏兩次(8)。

第二段

1. 誰	1. 全體放手，右足踵前點地，左臂前擺，右臂後擺（1拍）。
2. 要	2. 右足尖後點地，左臂後擺右臂前擺（1拍）。
3. 快樂誰要歡	3. 重覆 1、2 動作一次（2拍）。
4. 笑嘿	4. 右足踏一步，同時左足提起(1)左足重踏右腿斜前舉（拉）。
5. 大家一齊來狂歡齊舞蹈	5. 二數隨一數反鏡形跑成一二數面相對，一數在外圈二數在內圈，即一數跑一週，二數只跑半週。
6. 縱情歌舞樂陶陶	6. 一二數攜手反鏡形跑，重覆第一段 2、3 動作一次。
7. 縱情歌舞樂陶陶	7. 反方向即順鏡形重覆第一段 4 動作一次。
8. 愛國愛民英雄漢	8. 一數右足二數左足起向側一步(1)另一足併攏一步（拉）同時上體左右擺動，以上動作共做四次（4拍）。
9. 呀嘿	9. 一數右足二數左足起重覆本段 4 動作。
10. 保國保家呀萬民歡	10. 一數右足二數左足起用七個跑步兩人錯左肩互換位置，末拍重踏一步（4拍）。
11. 國泰人安萬民	11. 一二數右足起用六個跑步錯左肩

互換位置回原位（3拍）。

12. 歡　　　　　　　　12. 重覆第一段7動作一次（3拍）。

二、社會態度

㈠自行分配工作，以便事先佈置場地、器材或事後負責整理。

㈡遵守秩序，在規定的地方以小組領袖為中心，從事分組練習。

㈢由各小組自行研究，決定練習重點，互相勉勵練習。

㈣輪流表演或欣賞，以求練習效果。

㈤從練習中養成互相友愛、互助合作的精神。

㈥培養領導的能力與服從的精神。

㈦培養康樂的習慣。

三、健康、安全

㈠服裝、鞋子要輕便，適於活動的。

㈡養成運動前後穿脫外衣，運動後洗手、擦汗的習慣。

㈢教學地點以健身房或大禮堂為最理想，如在戶外則應選擇僻
　靜或樹蔭下為宜。

㈣教學場所必須平坦，以免發生意外。

第十二章　水上運動教材教法研究

第一節　教學目標、教材選配與教學要點

甲、教學目標

一、低年級教學目標

(一)、以各種水中遊戲，例如水中列車，相互撥水，傳球等消除兒童對水的恐懼心理，使其樂於從事水中遊戲。同時訓練能適應水中運動的能力，促進機體的發育。

(二)、養成遵守水中遊戲的規定，從事積極、友愛、愉快的水中遊戲的態度。

(三)、灌輸並培養有關水中遊戲的健康安全的常識與習慣。

二、中年級教學目標

(一)、以水中猜拳，水中尋寶，面部入水，浮身等遊戲，訓練兒童適應水中或水上的各種遊戲，並藉以發達機體。

(二)、培養自行訂定有關水上或水中遊戲的簡單規定，並能遵守規定，在友愛、愉快、積極、互助合作的氣氛中從事水上或水中遊戲等態度。

(三)、養成事先做充分準備運動，事後洗淨身體等有關游泳的健康安全的習慣。

三、高年級教學目標

(一)、訓練爬泳、俯泳、潛水等各種游泳基本技術，並以這些游泳促進機體的平均發育，提高內臟各器官的功能。

(二)、培養自行研究游泳技術並依計劃，互相勉勵，合作練習的態度。

(三)、灌輸有關游泳智識，訓練初步急救的技術和有關健康安全的習慣。

乙、教材選配與教學要點

一、教材的選配原則

㊀選擇教材應適合兒童能力與興趣，並配合身心發育的程度。
低年級兒童的教材，以各種水上或水中遊戲爲主，中年級兒童以較難的水上或水中遊戲爲主，高年級兒童則以基本游泳技術爲宜。

㊁配合游泳場所或設備，選擇教材。

㊂教材應多取材於日常生活或水中動物的模仿運動。

二、教學要點

㊀給與適當的能力分組，採用分段漸進教學法。

㊁分析各種游泳方法的力學原理。例如浮力，推進力，阻力等，以做教學時的依據。

㊂對於初學游泳的兒童，應先使其熟悉水性，培養安全感。

㊃身體有疾病者，例如心臟病、皮膚病、耳疾、砂眼等應禁止入水。

㊄事先檢查游泳場所的安全設備。

㊅入水以前應做充分的準備運動，然後沖洗全身，由四肢逐漸入水，不可猛然跳水。

㊆入水前或出水後應清點人數，說明游泳須知，以免發生意外。

㊇如果利用河川、湖沼或海濱教學游泳，應特別加強監視與救護設備，以免發生危險。

第二節　各年級水上運動(遊戲)教材教法研究

甲、低年級水上或水中遊戲教材教法研究

一、技能方面

㊀水中列車：在深度四十至六十公分之淺水池中以六至八人各成一路縱隊，後者將兩手搭於前者肩膀上，在水中行進。行進時盡量屈膝抬腿，以利前進。

㊁鴨子行走：在深度約四十公分之淺

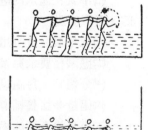

水池中，以六至八人成一路縱隊，後者
將兩手搭於前者肩膀上，以全蹲姿勢向
前行走。

㈢水中賽跑：在水深及膝的池中，使兒童
們從事單手追趕，或十公尺快跑
等遊戲。其目的是培養兒童不怕
全身潑水的習慣。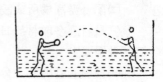

㈣水上傳球：使用手球或躲避球，
小型皮球，在水裏列隊傳球比快
或分兩組互相擲擊的遊戲。

㈤撥水比賽：將全班兒童分為兩列
或兩人一組，面相對，取適當距離
後，聽令互相以手向對方撥水。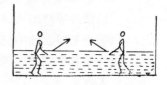

二、社會態度：

㈠培養遵守規定，在友愛、愉快的氣氛中從事水上或水中遊戲
的態度。

㈡不隨便離開所屬小組和規定泳區。

㈢培養勇敢、不哭、能處理自己所屬各種問題的能力。

三、健康安全的習慣

㈠遵守各種水上或水中遊戲的安全規定。

㈡入水以前或出水以後必須先清便或沖洗身體以維池水清潔。

㈢不要在池水內遊戲過久。上岸後以毛巾被覆，以免受涼。

四、教學要點

㈠低年級兒童所用的水池以膝至胸深為宜。

㈡應嚴格要求兒童遵守游泳或水上遊戲應守的規定。

㈢分組時，每組以六至八人為宜。

㈣儘量多培養輔導員（小組領袖）。

㈤事先檢查游泳場之安全及救生設備。

乙、中年級水上運動教材教法研究

一、技能方面

（一）面部入水：兩手扶持池壁或互相牽手，吸氣後睜開眼睛，將面部浸入水中，並徐徐呼氣，呼完氣後即抬頭離水。

1. 面部入水時必須睜開眼睛。練習由站立的姿勢蹲下至眼睛完全沈下爲止。

2. 呼氣後抬頭出水面時不用手擦拭臉眼邊的水。

（二）水裏猜拳：兩人一組互牽手，沉身後在水裏猜拳。

1. 猜拳時看清對方的拳頭。

2. 沉身以前盡量吸氣，以便維持較長的潛水時間。

3, 抬頭露臉時不用手去拂拭臉水。

（三）水中尋寶：將白石、磁磚等散置在水深及胸腹的泳池底，使兒童潛水檢拾。

1. 盡量採用睜眼屈頭倒身潛水法。

2. 潛水至池底，以手檢石頭或磁磚。

3. 在水中不斷的動腿，以免浮起。

（四）浮身：兩手扶持池邊，或牽對方的手成俯臥平身的浮身。

1. 浮身時收下顎，勿挺腹，使身體平臥在水中。

2. 盡量維持浮身的時間。

3. 由水平俯身的部位，收腹屈腿，兩臂向下划水，恢復站立的姿勢。

（五）沉身：由站立的姿勢深吸氣後，跳起利用反動力量沉水，身體在水中成蹲踞抱腿姿勢。

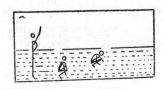

1. 睜開眼睛在水中抱膝蹲踞，使身體成球型。

2. 可採用分組或與同伴練習方法，以消除恐懼的心理。

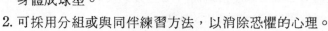

㈥蹬足水平浮身：由站立兩臂平舉
頭前俯的姿勢，以兩足蹬池底，
使身體在水中浮身。

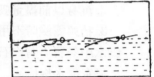

1. 蹬足成水平浮身時，收下顎睜
眼看池底。

2. 身體盡量放鬆平伸水面。

3. 由練習中，使兒童體會浮身的時間與距離。

㈦站立法：由俯臥水平浮身的部位，兩臂向下輕划水，收腹屈
腿仰身抬頭而站立。站穩後始吸氣。

㈧打水：兩手扶持浮板成為俯臥水
平浮身，然後兩腿伸膝與足頸交
互打水。

1. 由臂至足尖盡量保持與水面平
行的狀態打水，呼吸時可轉頭露臉。

2. 打水時應以髖關節為中心，伸膝足關節打水。

3. 打水時，兩足稍向內，以踇趾將相接觸為度。

4. 可用比賽方式，練習打水。

㈨站立式入水：

1. 由低跳台或池邊兩足起跳，成垂直姿勢入水。入水後屈膝
半蹲以緩衝力量，以便安全站立。

2. 入水時儘量睜開眼睛。

二、社會態度

㈠遵守游泳場規則，從事安全的練習。

㈡自行訂定簡單的練習計劃和重點，互相勉勵，幫助練習。

㈢負責整理游泳用具。

三、健康安全的習慣

㈠入水前做充分的準備運動，並且先沖洗身體。

㈡身心疲勞或不舒適時，不勉強下水。

㈢練習時應遵守秩序，不開玩笑。

㈣如果發現有人溺水時應大聲求救。

㈤清除危險物品，保持池水清潔。

㈥天氣炎熱時要常潤濕頭部，以免患日射病。

四、教學要點

㈠游泳前後應點名。

㈡以能力分組進行分組教學。

㈢對於能力較差的兒童，應給與個別指導。

㈣兒童下水時間勿過長。

㈤使兒童瞭解安全區和危險區。

丙、高年級水上運動教材教法研究：

一、技能方面

㈠爬泳：由水平俯臥的姿勢，兩腿交互打水，兩手交互划水，
使身體前進。其方法如下：

1. 由水平俯臥的部位，眼視前下方，兩臂交互由肩前伸臂入
水後划至腿側，然後屈肘由肩
提起，再向前插入水中後划。

2. 兩腿伸膝交互打水，以產生浮
力與前進力量。

3. 通常每划臂一循環，兩足打水
六次。

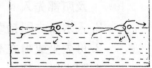

4. 可利用浮板或其他浮力較大的物體，練習打水動作。

5. 兩腿交互打水時，應伸直膝蓋，放鬆足頸。

6. 站立在淺水區，上體前俯練習兩手划水的動作。

㈡俯泳：由水平俯臥，兩臂屈肘胸前屈的姿勢，兩臂前伸，隨
卽兩腿由蛙式夾水，兩臂同時向後划水，使身體前進。

1. 兩臂划水時，手指稍併攏並輕壓水，以增浮力。

2. 兩臂及兩脚同伸，俟兩臂左右分開划水時，兩腿屈膝分腿
以便夾水前進。

3. 可使用浮板或其他浮力較大的物體，練習蛙式夾水的推進

動作。

4. 站在淺水區俯身水面，練習兩臂划水的動作。

㈢潛水：以俯泳方法潛水。

1. 潛水時兩臂划水的動作要大，可划至大腿側。

2. 入水前應盡量吸氣。

3. 潛水時應睜開眼睛，正視前進方向。

4. 潛水時應收下顎，以利入水。

㈣魚躍入水：由低跳台或池邊，双足起跳，兩臂伸直夾頭，以魚躍方式入水。

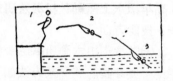

1. 入水前兩足微開立，蹬趾扣住跳台邊緣，由屈膝半蹲兩臂後舉的姿勢，向前擺臂伸膝蹬足魚躍入水。入水時應由手及頭部先入。

2. 入水後立即抬頭挺身，盡速浮出水面。

3. 可先坐或蹲在池邊練習魚躍入水。

4. 兩人成一組，一人扶持入水者的腰部，至入水者之重心前移，頭手接近水面時鬆手使其自行入水。

二、社會態度

㈠自行訂定練習計劃與目標，以小組長爲中心，互相研究各種游泳技術，從事有效的練習。

㈡遵守游泳常規，以維練習秩序。

㈢準備或整理練習游泳所須的器材。

三、健康安全的習慣

㈠遵守游泳須知，從事安全練習。

㈡入水前後做充分的準備運動和清便。

㈢天氣較涼時注意保溫，天氣過熱時應常潤濕頭部，以免中暑。

㈣入水時應注意水深或有無別人在游泳，以免發生危險。

㈤如發現有人溺水應大聲喊叫，以便救助。

㈥飯前飯後不宜游泳。

四、教學要點

㈠可在陸地上練習俯泳或爬泳之上下肢動作。

㈡以兒童的能力，給與適當的分組，以便練習。

㈢特別注意游泳時的安全問題和救生設備。

第十三章 體育教學的評鑑
及成績考核

第一節 前 言

　　體育教學的評鑑是以觀察、測驗、測量、問卷、檢查、晤談等方法，瞭解學生在體力、技術、人際關係、社會態度、體育知識等各方面的學習過程與效果，並發現學習過程中阻礙學習的各種困難或問題而實施的。

　　體育教學的評鑑對象，包括教學目標 、 教材、教學計劃、教學方法、運動技能、學習態度與精神、體育常識、教學環境、教學管理、社會態度、教學效果、教師素質等。體育的評鑑目的不僅在瞭解學生的現狀或學習的進步情形，更重要的是以評鑑手續發現體育教學設施的困難問題，使教師能夠針對實際情況，選擇適當教材，研究美好的教學法，促使學生能達到體育教學目標。

　　體育的評鑑不僅對學生需要，對教師來說亦極為重要。它可以提供許多寶貴資料給教師做為改進教學的參考，以提高教學效果。

　　體育的評鑑既能使教師與學生瞭解個人或團體的學習效果 ， 並提供檢討或反省的資料，以改進教學或學習方法；那麼為求完美的教學或學習效果，應如何實施評鑑呢？在實施評鑑以前，教師應充分研究教學目標，然後根據教學目標所列要求，採用觀察、晤談、檢查、測驗、測量等方法，在學年或學期開始時先行實施。然後再定期舉行相同檢查、測驗、晤談、觀察等以瞭解教學或學習效果。為求不斷的改進教學效果，每次評鑑後應立即整理資料加以分析檢討，並運用於實際教學才能夠收效。

體育的評鑑對象包括有關提高教學效果的各種因素。其中教師所負責的評鑑是學生的學習過程與學習效果（對教師本身來說是教學過程與教學效果）為中心。為求公平合理的評鑑，教師應具有正確的評鑑觀念，並能把握適當的評鑑內容。以目前我國學校體育來說，應以部頒各級學校體育課程標準所列體育目標做為評鑑的基本觀點。然後依據體育成績考核辦法的規定，分析各項運動教材的特性與其教育價值，以確定具體的評鑑觀念。確定評鑑觀念後再行研究評鑑的內容。通常體育教學的評鑑內容包括體育知識、學習精神及運動道德、運動技能等三方面，其評鑑比例，根據部頒新體育課程標準或體育實施方案即如下：

校　　別	運動技能	學習精神及運動道德	體育常識
小　　學	60%	30%	10%
國　　中	60%	30%	10%
高中（職）	60%	20%	20%
大　　專	60%	20%	20%

至於各項評鑑內容應包括那些？茲分別略述如下：

一、運動技能：包括多項運動的基本技能與應用技能，例如球類運動的基本動作與應用動作、游泳的基本動作、泳姿或速度等；好在部頒各級學校體育實施方案內有關體育成績考核辦法內有詳細規定運動技能的測驗項目與方法（列在本章第五節），可資各級學校體育教師執行成績考核之依據。

二、學習精神與運動道德：包括互助合作、禮節、公平競爭、服從、負責、守法、自主、積極等良好精神與品德。

三、體育常識：包括體育的意義、目的，各項運動教材的簡史、特性、價值、運動方法，有關規則與裁判法、策略、健康管理等知識。

第二節　體育教學法與教學過程的評鑑

甲、體育教學法的評鑑

「教學」是教師爲達到預期的教學目標，事先設計並佈置合理的教學環境，依據一定的教學計劃，選擇適當教材，以合理的方法或手續，指導學生在一定時間內學會教學（學習）內容的有企圖的一系列活動。爲達成預期的教學目標，在實施教學時，教師的教學法極爲重要。教學法並非一定不變的，應視教學目標、運動教材、教學對象、場地設備等環境條件而隨時加以改變。同樣的，評鑑教學法的方法極多，因受篇幅限制，僅提出對教學方法的評鑑重點，以做參考。

一、是否能十分把握教學目標的教學法？

有目的的行爲才易收效。教學是有目的的計劃性活動，教學前教師如能事先確定具體可達成的教學目標，並且使學生認識學習目標時，可以加強學生的學習動機。因此評鑑體育教學法的第一重點是檢討教學時有無充分把握住該單元教學目標。

二、是否適合學生發育階段的教學法？

不少教師往往期望高度的教學效果，忽視學生的身心發育狀態。結果使得學生在學習過程中感覺不勝負荷，對體育教學發生高不可攀或畏懼不前的心理。同樣的，教材如太容易，也不能滿足學生活動慾望或需求。換言之，教學前或教學時必需慎重考慮學生的發育程度（ Readiness ）問題，以便選擇適合學生身心需要的教材與方法。當然所使用的言語也應考慮學生的程度，以增瞭解。因此在評鑑教學法時應考慮教學法是否適合學生的發育狀態。

三、是否適合個別差異的教學法？

教學的最後目的在幫助每一個學生發展完美的身心機能與公民態度。教師雖然瞭解學生的一般身心發展概況，但是如不能進一步認識個別差異時，仍無法期望個別的教學效果。換一句話說，教師應進一步瞭解每一個學生的各種能力、身心特徵、生活條件、健康程度等，以便採用適合個別差異的教學法。對性別差異來說亦應如此，不論從生理、心理、社會性等各方面瞭

解男女性別差異，如此才能收到良好的教學效果。所以評鑑體育教學法的第三重點就是有無注意個（性）別差異。

四、是否屬於自主學習的教學法？

一般來說，各種教學法多易成教師爲中心的由上而下的灌輸性教學法。對學生來說這種教學法，容易構成被動消極的學習，無法期待良好的教學效果。不論怎麼說，學習的主體在學生，學習的主要目標在透過學習活動發展學生身心機能、良好社會態度與有關知識、習慣等。因此對學生來說，學習應該是積極自主的而非被動消極的。教師從事教學時應重視學生的興趣或關心，以獎勵積極自主的學習才好。所以評鑑體育教學法的第四重點是有無檢討是否一種重視自主的教學法。

五、是否使學生有效學習教學內容的教學法？

教學時應隨時注意學生在教學的活動中，做有效的學習。教學是有目標、有計劃的教育活動，在教學過程中一舉一動均具意義。因此，教師所採用的教學法應該是隨時配合教學內容的具體有效方法才對。爲求教學效果，不論採用分段教學法或全部教學法，應該不斷加以研究改進以期效果才好。爲此可利用視聽教育器材，小組討論與練習，互相觀察與幫助等以達成學習的預期目標。

六、是否增進師生及學生之間等人際關係的教學法？

一般人容易重視增進運動技能或體力的教學法，而忽視良好社會態度或人際關係的教學法。體育教學時最具有直接性、力動性的人際關係的場域，是可以提供別科所缺乏的培養良好社會性的機會。在教學時可以透過實際教學活動中指導學生體會人與人之間，培養良好的集團內行爲、態度、習慣；同時也可由競爭與合作經驗中，增進理想的生活經驗。因此評鑑體育教學法的第六重點是觀察教學時，有無十分注意上述人際關係的指導。

七、有無不斷檢討教學成果，以爲改進未來教學法？

不論何人，無法從事完美的教學。因此爲不斷改進教學法，必須不斷的評鑑每次教學的得失。因此站在這種論點，包含不斷的評鑑的教學才是眞正的教學。爲求教學效果可以創造新的方法，也可以嘗試新的方法。不過必須記住，有效的新創造的教學法並非適用於各種教學，或任何對象。應視對象、場面選擇或創造優異的方法才是。教學內容不同時，當然所採用的方法不一定相同；以加強體力爲中心課題的教學方法與培養合作爲目標的教學法爲例，不論在形態上或類型上來說，其教學方法是不同的。最重要的是不斷評鑑教學效果，視實際情形逐步加以改進教學方法才是上策。

以上曾就教學的立場提出評鑑的七個重點。總而言之，評鑑教學法時絕對不可脫離教學目標、教學內容、教學對象。因爲教學是一種促進學生全面發展的有企圖的活動。教學時如果不能時常檢討上述各點以求改進，就無法獲得有效的教學效果。

乙、體育教學過程的評鑑

教學是有具體目標與計劃的活動過程。體育教學方法的評鑑重點雖如前述，但是教學是有時間性的，必須經過一定時間之後才能瞭解教學的效果。故通常爲求改進教學方法所實施的評鑑應包括體育教學計劃（包括目標）、教學過程、教學結果等三種。兹站在教學過程的立場上介紹評鑑重點以爲參考。

教學應常伴著不斷的檢討或評鑑才能進步。故可說，教學過程與評鑑過程是具有一體兩面的關係，有教學的地方必有評鑑，而根據評鑑進行教學。

教學難期完美。具有優異教學技術的教師，在實際教學時難免會發生問題。因此教學是一種試行的過程，而使這種試行能保持正確方向的就是評鑑。應站在那一種觀點加以評鑑？雖然在第二段以重點方式加以說明，但是以教學過程來說，應注意下列觀點。一、成爲學習主體的學生，是否自主自動的參加學習活動？二、教學方法是否極有效？三、是否能提高學習集團的學習精神或士氣？站在上述觀點隨着

教學過程加以評鑑才好。其具體的評鑑如下：

一、準備過程的評鑑

㈠是否使學生充分瞭解學習內容或學習方法？

準備階段是整個教學過程的一部份，它的任務在於使用適當的方法誘導學生提高對某一單元教學的興趣與關係，使其積極從事學習活動的過程。但是這種誘導活動絕不可流於形式。如何引導學生對學習活動發生關係或興趣，使學生積極參加學習活動是一種極為重要的教學法。因此，採用何種過程與方法，使學生澈底瞭解學習內容或方法，提高學習慾望是教學時的重要課題。學生參加學習的方式、反應狀態、學習課題的決定方法等均成為教學的對象。

運動技能的學習是體育教學的主要內容，也是體育教學的特質。但是運動技能的教學並非體育教學的全部。體育教學還包括學習態度、精神及知識等學習內容。因此在準備階段中，不僅設計運動技術的教學過程，也應該注意到態度、精神、知識等學習的準備事項。否則在教學時無形中會偏重運動技能的傳授而忽視其他教學重點。

引起動機是準備活動的一個重點，是任何教學所不可缺少的手續與過程。這種引起動機絕不可視為例行的工作，或準備階段中的固定部份。應特別加以研究才能收效。

教學的引導不僅在開始教學時極為重要，每當產生教學新課題時均須有引導手續。學生在學習過程中遭遇問題時，指導學生以何種態度接受並解決問題便是引導。在教學活動的場域裏存在許多要引導的機會。

假如站在共通的觀念來說，準備階段如同發展或綜合階段一樣，在教學上佔極重要的部份。在學習之前使學生能夠獲得適當的助言與指示，澈底瞭解學習內容或學習方法，進一步經過學習後使學生能消化並吸收學習內容使其變成己有……這是準備階段最重要的重點。為此必須在準備過程中仔細觀察學生們

對於該節或單元的積極性學習言行，從事協助或引導學生能夠產生高度的學習慾望才對。

㈡分組是否適當？

要期望有效的體育教學，全體教學易失去其效果。通常多採用分組教學法較易收效。不過分組方法很多，有等質分組法、異質分組法，人數較多的分組法與人數較少的分組法等。在體育教學所採用的分組的大小與質的問題多視運動教材而決定。例如足球或籃球教學時，構成分組的人數較多，田徑、器械體操等較少。 以分組的「質」來說， 球類運動以採用異質分組法，而器械體操以等質分組較爲妥當。

但是這些分組會因教學內容而發生變化，也會受學生身心的發育情形的限制。假設教材雖屬器械體操，但是其教學重點放在培養良好社會性時，應採用異質分組法。同樣的小學生與高中生的分組人數因其年齡不同，身心機能與社會性不同，分組人數當然也不相同。

不論如何，實施分組時應該考慮教學內容或教學活動，進一步注意學生身心條件才行。換言之，其要點在於求教學效果而分組。因此，在分組時不僅以運動技能做爲分組基準，也要考慮到人際關係與其他因素才好。分組時最好由學生直接參加意見。如果年紀太小無法由學生本身決定時應由教師加以說明，使得全體學生瞭解並接受分組的目的。這種手續對於提高各組的學習精神極有效果。

二、發展過程的評鑑

㈠對教學內容（教材）是否做有效的教學？

在發展過程中，爲學會運動技能，學生會從事反覆練習。因此這個過程中的教學要點是有效的練習法，準備充分（足够）的練習場地、設備及器材、鼓勵學生積極參加練習的態度、促進學生對運動技術的充分瞭解。

如果練習方法正確而學生願意積極自動去練習時經過一段時

間後，一定可以學會該項運動技能（因爲在教學前，敎師已考慮過學生的能力，加以選擇適合學生程度的教材）。但是學習運動技能時，有顯然的個別差異，經過一段時間的學習後不一定每一個學生的學習成就是一樣的，有的可以在短時間內學會，有的却需要較長時間；有時在規定時間內完全學會，有的只能學會某種程度等。

許多敎師當遭遇到學生學不會某種運動技能時，會設法指示要點，甚至出手給予扶助使學生學會該項技能。這種教學法雖非錯誤，但仍有問題。在同樣條件下進行學習或練習時，爲什麼有些學生學不會運動技能？當然有其必然的理由。此時如果經由敎師的協助輕易消除學習過程中的障礙時，就失去學習的意義。敎學的意義在於指導學生發現問題，並且指示學生如何解決問題。此時最好的方法是敎師的暗示與同學的比較，同學們的互相評鑑等。

不論何種學習，學生在敎師或同學的助言與鼓勵下，憑自己的力量或能力解決學習課題才有意義與價值。運動技能的學習也是一樣。借助外來的力量使學生學會一般運動技能並不太困難。但是其學習價值並不一定很高。如能以學生本身所具有的技術結果做基礎，經過檢討與研究後修正技術的構想，改進練習的方法，採用不斷回饋、檢討、改進的學習才是最有價值的學習。對於這種觀點來說，敎師必須不斷的檢討或反省敎學的構想或敎學要點是否合理才對。

㈡敎學時是否注意到敎學內容間的平衡？

發展階段並非僅指導運動技能。對於其他內容也應加以適度的指導才對。這種情形隨着練習的進展，運動技能的進步，愈來愈重要。例如經過練習後技能愈會進步，競爭意識也會愈高；同時也會發生排他傾向，逃避者、受傷者、傷害健康者等。教育時不僅需要考慮合理的健康，安全的管理，進一步促使學生能靠自己的力量學習其需要與方法。

在教學時切勿過份拘泥運動技能的學習成就而忽視互助合作等良好社會態度的培養，以致發生運動技能雖進步，但是人際關係惡化的不良後果。應該注意到積極、明朗、快樂的學習情趣，培養良好的團體學習氣氛才是上策。

三、綜合過程的評鑑

（一）是否獲得預期的教學效果， 對教學效果的評鑑是否極有效率？

評鑑時應針對教學內容來實施。通常不必將未列入教學內容的項目列入評鑑的對象。不過對於教學過的一切應盡力做客觀正確的評鑑才是。為此應採用客觀的測驗或測量。對較難評鑑的社會態度，也應製作檢查目錄，評定尺度，然後根據平時的觀察，用三段或五段評分法，或以晤談、問卷、檢討等方法做比較仔細客觀的評鑑。

不過實施評鑑時會受時間的限制，無法採用多種方法。因此應選擇與教學內容或學習活動有關係的加以適度的評鑑卽可。

綜合過程的評鑑，一不小心會形成判定學生名次的傾向。因此學生們對於評鑑的態度不會積極的去做。因此必需使學生能澈底瞭解評鑑的意義與價值，同時教師在評鑑時所使用的詞句也應注意，以免引起學生不當的反應。

（二）有無準備或提供學生們自我評鑑與相互評鑑的機會？

上面已說明學生們應透過整個學習過程， 不斷評鑑的重要性。因此在綜合或整理階段時，仍須要指導學生能自我或相互評鑑。針對學習目標做正確的學習結果的評鑑也是極重要的學習活動之一。

使學生實施自我或相互評鑑時，必須先使學生的評鑑觀點具體化。切勿比較學習成果，誇張態度，以培養不正確的評鑑的觀念或態度。 應指導學生能夠冷靜客觀的觀察自己的學習成果， 瞭解自己的能力或狀態，進一步助長優點， 改正缺點才好。為此做教師者應注意學生的個別差異，設法採用適合個人

能力的教學法，使每一個學生能獲得進步。

根據上述論點，在評鑑教學綜合過程時，應盡量提供學生自我評鑑或相互評鑑的機會才好。

第三節　體育成績考核的意義

教育最終的目的在於達成教育目標，同樣的，體育教學的目的也是在於實現部頒所規定的體育目標。它包含身體的、心理的，社會、健康安全、技術、知識等內容。體育考核的意義是使用各種測驗、測量、觀察等手段，以評價兒童在上述各方面的學習效果，以做為教師今後之參考，使兒童了解學習的情形，做為今後努力的依據。

第四節　體育成績考核辦法

至今尚無具體而理想的體育成績考核辦法，茲介紹教育部最新頒佈課程標準體育成績考查（民國51年7月頒佈）的辦法如下。
根據教育部頒佈體育成績考查辦法，兒童的體育成績應包括下列各項。

甲、技能測驗：佔50%

　一、測驗項目

　　㈠舞蹈：就所學習之基本動作和舞蹈指定項目叫兒童表演，觀察其熟練與正確程度，以及儀表和韻律感。

　　㈡機巧運動：就所學習之動作，盡量根據客觀標準，以速度（次數）耐久（時間）等測驗兒童的成績，如仰臥起坐，仰臥舉雙腿，俯臥撐臂屈伸（以上計次數），閉目平均立，屈臂懸垂（以上計時間）等項目。

　　㈢田徑運動：就所學習之各項跑、跳、擲等項目，分別以速度、遠度、高度、測驗兒童的成績。

　　㈣球類運動：就學習之各種球類運動之基本動作，分別以速度（時間次數）、遠度、（距離）投準等方式，測驗兒童的成績，如傳球、運球、投籃與踢遠等項目。

　二、評分標準：以上各項測驗評分標準，在教育部未頒佈以前各校

自行訂定，惟應根據下列原則實施。

㈠應根據兒童的年齡、身高、體重分組測驗，以達到公平競爭的原則。

㈡應根據各組兒童的能力，製定各項運動成績與分數對照表。

㈢各兒童技能測驗的成績，應依照各項運動成績與分數對照表之規定給分。

三、分組方法：將年齡、身高、體重三項，各分成若干等級，每一等級依次編列一個數字為「指數」。根據各兒童的年齡、身高、體重三項指數之和，確定其組別。茲將年齡、身高、體重分組表列於下。（附年齡、身高、體重、指數分類表）

年齡身高體重指數分類表

指數	年齡（年 月）	身高（公分）	體重（公斤）	指數	指數之和	組別
1	8以下	115以下	20以下	1	8以下	
2	8.1—8.6	116—118	21——22	2	—14	
3	8.7—9	119—121	23——24	3	15—20	丁
4	9.1—9.6	122—124	25——26	4		
5	9.7—10	125—127	27——28	5		
6	10.1—10.6	128—130	29——30	6	21——26	丙
7	10.7—11	131—133	31——32	7		
8	11.1—11.0	134—136	33——34	8		
9	11.7—12	137—139	35——36	9	27—32	乙
10	12.1—12.6	140—142	37——38	10		
11	12.7—13	143—145	39——40	11		
12	13.1—13.8	146—148	41——42	12	33以上	甲
13	13.7—14	149—151	43——44	13		
14	14.1以上	152以上	45以上	14		

乙、**運動精神**：佔30％就兒童平時於各種體育活動中，所表現的行為態度等依照下表所列各項，隨時考查記載，給予適當輔導。（附運動精神記錄表）附註：根據兒童對於上列具體事實表現的情形評分，標準如下：

運 動 精 神 紀 錄 表

項目 \ 評分 \ 姓名											
運動精神	1.服　從　裁　判										
	2.遵守團體秩序										
	3.遵　守　規　則										
	4.尊重他人的權利										
	5.遵　守　諾　言										
	6.謙　讓　有　禮										
	7.公　平　信　實										
	8.同　情　友　善										
	9.互　助　合　作										
	10.愛　護　公　物										
學習態度	1.熱　情　愉　快										
	2.自　動　自　發										
	3.有　　恆　　心										
	4.奮　發　進　取										
	5.勇　敢　冒　險										
	6.富　有　創　造　力										
	7.守　　時　　間										
	8.負　　責　　任										
	9.勇於認錯和改過										
	10.服　務　努　力										
合　　計											

一、充分表現——５分。

二、很多表現——４分。

三、常常表現——３分。

四、很少表現——２分。

五、沒有表現——０分。

丙、體育常識與衞生習慣：

一、衞生習慣：佔10％就兒童平時對於衞生方面所表現的情形，依照

下表所列各項，隨時考查記載，並予適的輔導。（附衞生習慣記錄表）

附註：根據上列具體事實表現的情形，予以評分，標準如下：

—275—

衞 生 習 慣 紀 錄 表

評分 項目＼姓名									
1.坐、立、走的姿勢優美自然									
2.注意個人整齊清潔									
3.注意環境衞生									
4.定時遊戲運動									
5.運動前後穿脫外衣									
6.飯前飯後不作劇烈運動									
7.運動後洗手									
8.打掃時先洒水後掃地									
9.不亂吃東西									
10.不隨地吐痰及亂丟紙屑									
合計									

㈠充分表現──5分。

㈡很多表現──4分。

㈢時常表現──3分。

㈣很少表現──2分。

㈤沒有表現──0分。

二、**體育常識**：就兒童之各種運動方法、規則、衞生及有關常識等以筆試方式，測驗兒童的成績。（附體育成績報告表）

體育成績報告表

姓名_____ 性別_____ _____年級_____ 學期座號_____

體	格	狀		況		
實足年齡	歲 個月	身高	公分	體重	公斤	組別
身體缺陷						

技		能		測		驗		
紀錄 測驗次數 項目		一		二		三		
		成績	得分	成績	得分	成績	得分	
舞蹈機巧	基本步法							
	舞蹈動作							
	仰臥起坐 （次）							
	閉目平均立 （秒）							
	屈臂懸垂 （秒）							
田徑	40公尺 （秒）							
	60公尺 （秒）							
	80公尺 （秒）							
	100公尺 （秒）							
	立定跳遠 （公分）							
	急行跳遠 （公分）							
	急行跳高 （公尺）							
	疊球擲遠 （公尺）							
球類	籃球 一分鐘傳球（次）							
	運 球（秒）							
	一分鐘投籃（次）							
	足球 踢 遠（公尺）							
	盤 球（秒）							
	疊球 跑 疊（秒）							
	投 準（次）							
平 均 分 數								

體	育	成	績		
分數 測驗次數 項目	一		二		三
技 能 測 驗					
運 動 精 神					
體 育 常 識 與 衛 生 習 慣					
實 得 分 數					
任 課 教 師					
家 長 簽 章					

第五節　各項運動測驗法

　　各項運動教材是達成教學目標所用的教材，各項運動均具有獨特的價值，在考核時，應把握重點以免遺漏。

甲、徒手體操

一、基本動作的測驗　。（着重於關節的可動性與肌肉伸縮性的測驗）。

　　1. 下肢開立的距離（前後及左右）。

　　2. 上肢前後繞圈的間隔。

　　3. 直立前彎體，兩手與地面之距離。

　　4. 插腰直立後彎體，頭部與地面之距離。

　　5. 下肢前後擺振高度。

　　上述動作予以實際測驗，並統計各班成績。

二、應用動作的測驗。

　　1. 令兒童演示曾學習過的徒手體操教材，視其正確與熟練程度並以5.4.3.2.1記分法評分之。

　　2. 由兒童根據自己的能力，編製簡易徒手體操並自行演示。

乙、整隊行進

一、各種停止間的轉法，包括立正、稍息、向左、（右、後）轉，半面向左右轉等。

二、各種行進與停止法。

三、各種隊形的排列法。

　　以上動作均由教師觀察兒童的操作，以 5.4.3.2.1 記分法，評定。

　　動作正確熟練‥‥‥‥‥‥‥‥‥‥‥‥ 5分

　　動作相當正確也熟練‥‥‥‥‥‥‥‥‥ 4分

　　動作熟練‥‥‥‥‥‥‥‥‥‥‥‥‥‥ 3分

　　動作會做但不大熟練‥‥‥‥‥‥‥‥‥ 2分

　　動作不太會或是不會‥‥‥‥‥‥‥‥‥ 1分

丙、田徑運動：

一、基本項目包括，跑、跳、擲之項目：

各年級（3—6年級）測驗項目：50公尺跑，立定跳遠，軟式棒球擲遠。

測驗方法：

㈠50公尺跑：以站立式起跑，聞起跑號令，以最快速度在 1.22m 分道上跑完50m.以碼錶計其成績，記錄以0.1秒爲單位。

㈡立定跳遠：兩足並攏，站立於沙坑邊緣，依立定跳遠比賽的規則每人試跳二次，並記錄較優一次之成績，記錄以公分爲單位，不滿 1 公分者不記錄。

㈢軟式棒球擲遠：站立於直徑 2.5m 之投擲圈內以單手將球擲出，每人可試擲二次，使用皮尺或鋼尺丈量應從球之落地最近點，依該點於投擲圈中心所造成之直線，量至圈之內緣。成績記錄以公尺爲單位，不滿 1 公尺者四捨五入之。

二、高年級加試項目：

加試100公尺，急行跳遠，急行跳高。

㈠100公尺：測驗方法同50公尺跑（採用蹲踞式起跳）。

㈡急行跳遠：每一個兒童可依急行跳遠的規則試跳二次，並記錄較優一次的成績，成績記錄法與立定跳遠相同。（起跳地點可放寬至40公分以利起跳）。

㈢急行跳高：依據跳高比賽規則試跳，以最後跳過之高度爲成績。成績記錄單位爲公分。

丁、器械運動：

一、中年級：前後滾翻及簡單的連續動作。橫箱的並腿蹲騰越，單起双落。

二、高年級：

㈠墊上運動：連續前後滾翻，小魚躍，頭手倒立（任選二項）。

㈡跳箱：縱箱分腿騰越。

㈢單槓：向後廻環上，單膝勾廻環上，向後廻環等（任選二項）。

以上各項運動均使兒童試做二次，以較優者爲成績，成績則依其正確與熟練度以5.4.3.2.1.記錄之。

戊、舞 蹈：根據部頒課程標準規定。

就所學習之基本動作和舞蹈，指定項目叫兒童表演，觀察熟練與正確程度，以及優美和韻律感。以5.4.3.2.1.記錄之。

己、球類運動：

一、基本項目：躲避球擲遠，躲避球傳接，籃球投籃，足球踢遠。

　　㈠躲避球擲遠：測驗方法和軟式棒球擲遠相同。

　　㈡足球踢遠：以一足將置於踢球點上之足球向前方踢出，以丈量實際距離。每人可試踢二次，成績記錄以公尺爲計算單位，不滿1公尺者則四捨五入之。

　　㈢躲避球或籃球之傳接球。

　　　以二人爲一組，試傳球若干次，以觀察其正確與熟練程度，以5.4.3.2.1.分法記錄之。

　　㈣籃球投籃：使用少年籃球架，（有下列二種測驗法）。

　　　1.站立於罰球線上自由投籃十次，記錄投中次數。

　　　2.以籃圈爲中心，畫一直徑5m之半圓使兒童從圈外運球投籃計其在一分鐘內投進次數。

二、選擇項目：視各年級所學之情形加試若干球類運動之技術。可由任課教師自行選擇。

庚、水上運動：

一、分距離與時間兩種。

　　㈠距離：對不會游泳者的測驗。

　　　例：三年級15m.四年級25m.五年級50m.六年級100m.游泳姿勢不拘，只要能游到上述規定距離則及格或滿分。游多少距離應給多少分，最低分的標準可視各校兒童能力而定。最好先行測驗加以統計處理，訂定給分標準，則更合理。

　　㈡速度：適用已會游泳的兒童。

　　　辦法同上。

以上說明各項運動技能的測驗方法，至於運動精神、體育常識、衞生習慣等，均可參照，部頒所修訂之國校課程標準內，體育成績考核辦法實施。

辛、民國五十九年六月十八日教育部修正公佈之國民小學體育實施方案附錄……體育成績考察辦法

一、技能測驗項目：

國術、舞蹈及徒手體操、跳箱、墊上、平均台等運動項目，應指示兒童試作若干所學動作，以觀察其熟練與正確度，並依下列標準作評分之依據。

㈠動作正確完美……5分。　㈡動作頗正確……4分。

㈢動作熟練……3分。　㈣動作不熟練……2分。

㈤動作不會……1分。

其餘根據下列各項測驗：

㈠高年級：每學期至少在田徑運動中任選跑、跳、擲、體操與球類運動中各選一項測驗之。

　1.田徑運動：60公尺，急行跳遠、急行跳高、壘球擲遠、600公尺。

　2.體操：仰臥起坐、俯臥撐臂屈伸、折返跑、屈臂懸垂、引體向上（男）、斜體引體向上（女）。

　3.球類運動：牆上反彈接球（躲避球）、曲線往返運球、自由投籃、小型足球踢遠（男）、曲線往返盤球、壘球擲準。

㈡中年級：每學期至少在田徑運動中任選跑、跳、擲，體操（機巧）與球類中各選一項測驗。

　1.田徑運動：40公尺、立定跳遠、急行跳遠、急行跳高、少年棒球擲遠、400公尺。

　2.體操：仰臥起坐、折返跑、屈臂懸垂。

　3.球類運動：牆上反彈接球（躲避球）、直線往返運球、少年棒球擲準。

註：技能測驗方法，請參照59、6、18修正公佈之國小
體育實施方案附錄體育成績考察辦法。

壬、民國六十四年八月教育部公佈國民小學體育課程標準，第四、實
施方法中，陸、教學評鑑如下：

一、評鑑目的：評鑑兒童在體育教學及各種體育活動中之表現，
是否達到體育教學目標。

二、評鑑範圍：應包括下列各項。

㈠運動技能，佔總分百分之六十。

㈡運動精神與學習態度，佔總分百分之三十。

㈢體育常識，佔總分百分之十。

三、評鑑內容：應包括下列各項。

㈠運動技能：每學期運動技能測驗項目 ， 至少以三項為原
則。

1.田徑運動：中年級以跑、跳為主，高年級以跑、跳、擲
為主，但耐力跑不得列為測驗項目。

2.國術、體操、球類、舞蹈：就該學期所授之各項教材，
根據客觀標準，分別以速度、遠度、 高度、準確、 姿
勢、韻律及次數等測驗兒童之成績。

㈡運動精神與學習態度：根據兒童平時在體育課及體育活動
中所表現之精神、態度與曠缺紀錄等方面，評定之。

㈢體育常識：根據平時所授體育及保健知識，測驗兒童之成
績。

四、評鑑方法：

㈠運動技能之評鑑：應根據測驗紀錄與實技表演，參照兒童
之體位評定之（兒童體位須依據年齡、身高、體重三項指
數而定。參照教育部頒訂之體位標準行之）。

四 ㈡運動精神與學習態度之評鑑：應依據教師平時在體育教學
及體育活動中之觀察、紀錄等評定之。

㈢體育常識之評鑑：應以筆試、口試或接談等方式評定之。

㈣體育測驗之紀錄：根據紀錄表之規定辦理之。

五、成績處理：每學期之體育成績，應詳細紀錄，由學校保存，以便查考。

第六節　各項運動考核須知

一、考核的目的：在使兒童瞭解學習進步情形，並做爲教師改進教學之參考。因此考核的時間，並非一定在期末舉行，應隨着學習的經過隨時實施。

二、考核的範圍：各項運動考核的範圍，應包括下列五種。

㈠身體及基本運動能力：體育教學目標的第一條是培養強健的體魄；第二條是指導運用身體的基本方法與能力。考核的目的是要瞭解經過學習或練習以後之效果如何。因此身體的發達及基本運動能力，應包括在考核範圍之內。

㈡各項運動的技術：身體的發達須要長期才能見效，運動技術的學習則可在較短期中見效。以各項運動技術的學習效果或成績的高低，可做爲體育成績考核之一。

㈢學習精神與態度：提高各項運動的技術或成績，爲教學目標之一，但是更重要的是透過各項運動的學習或練習培養良好的運動精神與態度。這是體育與其他一般教育所不同的地方。有許多良好態度與習慣必須藉身體的經驗才能獲得。體育運動實具有此種特性，因此學習精神與態度也應列入考核範圍之內。

㈣各項運動的知識：除了從事實際練習以外應給兒童灌輸各種有關體育運動方面的常識，使其明瞭各項運動的特性、功效、練習法等以做爲日後自行練習之參考。因此體育（運動）常識，亦應列入考核範圍之內。

㈤保健知識與習慣：傳授有關保健知識與培養良好的衛生習慣是不可缺的。有了正確的保健知識與良好的衛生習慣才能使身體運動更有著效。因此傳授保健與培養衛生習慣也應包括

在成績考核範圍之內。

三、考核內容的比例：根據教育部修訂頒佈國小課程標準體育成績考核辦法內，所規定之考核內容的比例爲：

㈠運動技能佔60％。

㈡運動精神與態度佔30％。

㈢體育常識佔10％。（包括衛生知識與習慣）

然而運動技能應包括那些項目？如何確定各項運動技能成績所佔的比例等，並無明文規定。玆將提出下列辦法做爲參考。每學期運動技能的測驗應從田徑、機巧、球類、舞蹈四大類中選擇三類，而各類運動中，分爲基本項目（技能）與運用項目（技能）實施測驗。

㈠田徑運動：選擇項目，由教師自行從已授項目選擇1～2項。

㈡技巧運動：選擇項目，由教師自行從已授項目選擇1～2項。

㈢球類運動：選擇項目，從已授項目選擇 1～2 項。

㈣韻律運動：選擇項目，從已授教材中選擇 1～2 項。

由四項目所得分數之平均佔50％，田徑運動基本項目佔10％計60％。

四、考核的時間：有下列數種時間可資考核之用：

㈠每一單元教學完了時。

㈡每一個月後。

㈢期中和期末。

五、應採用分組測驗辦法：由學生輪流擔任測驗及記錄，在短時間內完成各項運動技能測驗，並非易事。如果完全由教師擔任測驗，須費相當長的時間。爲解決此困難，在教學時應指導有關測驗的方法與技能，使其臨時能够運用自如。

第七節　體育成績統計法

經過測驗後，必須利用統計方法來處理，以了解個人或團體的學

習效果。玆特介紹幾種統計方法以做參考：

甲、平均數：平均數包括算術平均（ Asithmetic mean ）幾何平均
（ Geomtric mean ）調和平均（ Hamonic mean ），加重平均（
Weighteel mean ）中位數（ medion ）衆數（ mode ）等，其中算
術平均在體育成績的統計上應用較廣，玆將其介紹如下：

一、算術平均的價值：

　　㈠能做爲觀察，變化的基準。

　　㈡可利用於比較兩種以上之情形。

　　㈢可成爲代表值。

二、算術平均的計算法：

　　計算用記號：

　　　　$\sum$＝Sigma＝總數，總和（＋）．　N＝Total number.

　　　　X＝項目（各個）　d＝各個(組)的數值與假定平均之差。

　　　　　　　　d'＝各組中點與假定平均之差（以組距
　　　　　　　　　　爲準）。

三、計算方法：

　　㈠ $Ma = \dfrac{\sum X}{N}$

　　實例：求 13. 16. 17. 18. 20. 22. 24. 24. 26 之平均。

　　　　$Ma = \dfrac{\sum X}{N} + \dfrac{180}{9} = 20$

　　上述方法是將所有數目之總和($\sum X$)以 total number 除去
　　的最普通的方法。此法可適用於 Total number 較少者。

　　㈡ $Ma = AM + \dfrac{\sum(d)}{N}$　實例（ A ）

　　個數 13. 16. 17. 18. 20. 22. 24. 24. 26.　N＝9.

　　差數　－7. －4. －3. －2.$_{-16}$AM＋2.＋4.＋4.＋6.$_{+16}$ $\sum e = 0$

　　　　$Ma = 20 + \dfrac{0}{9} = 20$

　　　　　　　　　　實例（ B ）

個數 122. 123. 137. 138. 143. 145. 153. 155. 160.　N＝9

差數 ―21. ―20. ―6. ―5. (2)AM ＋2. ＋10. ＋12.＋17.(+41)

$$Ma=143+\frac{-11}{9}=143-1.22=141.78=141.8.$$

(三)$Ma=AM+\dfrac{\sum fd}{N}$……分組時，求平均值之簡便法（A）

	f	d	fd	
13～15	3	―6	―18	
16～18	2	―3	―6	
19～21	5	0	0	AM＝20
22～24	6	＋3	18	
25～27	2	＋6	12	
	N＝18		$\sum fd=6$	

$$Ma=20+\frac{6}{18}=20+0.33=20.33$$

(四)$Ma=AM+\dfrac{\sum (fd')}{N}\times i$……分組時求平均值之簡便法（B）

成　績	中央值	人數(f)	與ＡＭ之差數(d)	差距(d')	fd'
20～25	22.5	1	―40	―8	―8
25～30	27.5	2	―35	―7	―14
30～35	32.5	2	―30	―6	―12
35～40	37.5	4	―25	―5	―20
40～45	42.5	7	―20	―4	―28
45～50	47.5	13	―15	―3	―39
50～55	52.5	18	―10	―2	―36
55～60	57.5	20	―5	―1	―20(―177)
60～65	62.5(AM)	12	0	0	
65～70	67.5	9	5	1	9
70～75	72.5	9	10	2	18
75～80	77.5	6	15	3	18

80~85	82.5	5	20	4	20
85~90	87.5	3	25	5	15
90~95	92.5	2	30	6	12
95~100	97.5	2	35	7	14(106)
		N=115	i=5		$\sum(fd')=-71$

$$Ma = AM + \frac{\sum(fd,)}{N} \times i = 62.5 + \frac{-71}{115} \times 5 = 62.5 - 3.097$$

$$\doteqdot 62.5 - 3.1 \doteqdot 59.4$$

乙、標準偏差 (Standard Deuiatan)

將各值自乘之總和再求平方根以求出偏差度。而標準偏差的價值是在，以所求出的偏差了解某團體成績之分佈程度的大小。統計學上的理論實出之於平均與標準偏差。以下卽以實例說明標準偏差的意義和計算法。

假如這裏有三群數量，其平均值相同，但是構成各群之數值不盡相同，如果要求了解各群數量、等質、程度則需要求其偏差度以做評價之根據。舉例說明如下：

甲的平均值（Ma）為3.其各個數值為3.3.3.

乙的平均值（Ma）也3.但其各個數值則為2.3.4.

丙的平均值（Ma）也3.但其各個數值則為1.4.4.

如果單看平均值則,甲、乙、丙三值相同,而不知各羣數字如何。

如果能求其偏差,卽可了解,那一組之數值較為密集或分散。

（甲）$\delta_1^2 = \frac{1}{3} \times \{(3-3)^2 + (3-3)^2 + (3-3)\} = 0$……各數值

的偏差值自乘之總和。

（乙）$\delta_2^2 = \frac{1}{3} \times \{(2-3)^2 + (3-3)^2 + (4-3)^2\} = \frac{2}{3} = 0.6$……

……同上。

（丙）$\delta_3^2 = \frac{1}{3} \times \{(1-3)^2 + (4-3)^2 + (4-3)^2\} = \frac{6}{3} = 2$………

……同上。

將上述偏差值自乘之總和給予開方求其平方根則可以了解偏差
度的大小。

$$\delta_1=0. \qquad \delta_2=\sqrt{0.6}=0.258. \qquad \delta_3=\sqrt{2}=1.414.$$

一、在不分組下求標準偏差則可使用下列公式：

$$\delta=\sqrt{\frac{1}{N}\sum(x-\overline{X})^2}\cdots\cdots上述例子則使用此公式$$

實例：

x		x^2
5	−4	16
6	−3	9
7	−2	4
8	−1	1
9	0	
10	1	1
11	2	4
12	3	9
13	4	16
N=9		$\sum x^2=60$

使用公式

$$\delta=\sqrt{\frac{\sum(x^2)}{N}}$$

$$=\sqrt{\frac{60}{9}}=\sqrt{6.667}\fallingdotseq2.582.$$

由上述兩個例子,可以瞭解標準偏差愈小者,其構成該群之各數
值,較靠近平均值,換言之較為集中,相反的,標準偏差愈大
者,則較為分散。以上所舉例子均為不分組求標準偏差的方法。

二、分組時,求標準偏差的方法。

分組求標準偏差所用之公式為：

$$\delta=\sqrt{\frac{\sum fd^2}{N}-\left(\frac{\sum fd}{N}\right)^2}\cdots\cdots\cdots\cdots\cdots\cdots\text{①}$$

$$\delta=\sqrt{\frac{\sum fd}{N}-\left(\frac{\sum fd}{N}\right)^2}\times i\cdots\cdots\cdots\cdots\cdots\text{②}$$

實例一

x(測量值)	f(人數)	$d\left(\genfrac{}{}{0pt}{}{與AM}{之差}\right)$	$d\left(\genfrac{}{}{0pt}{}{與AM}{之組距}\right)$	fd	fd′	fd²	fd′²
11″9~11″99	5	−0″3	−3	−1″5	−15	0″45	45
12″0~12″09	5	−0″2	−2	−1″0	−10	0″20	20
12″1~12″19	8	−0″1	−1	−0″8	−8	0″08	8
12″2~12″29(AM)	10	0	0	0	0	0	0
12″3~12″39	7	0″1	1	0″7	7	0″0	7
12″4~12″49	5	0″2	2	1″0	10	0″20	20
12″5~12″59	5	0″3	3	1″5	15	4″45	45
12″6~12″69	4	0″4	4	1″6	16	0″64	64

N=49

（人數總和）

$\sum fd = 1″5$ $\sum fd^2 = 2″09$

$\sum fd' = 15$ $\sum fd'^2 = 20$

使用第一公式計算：

$$\delta = \sqrt{\frac{\sum fd^2}{N} - \left(\frac{\sum fd}{N}\right)^2} = \sqrt{\frac{2.09}{49} - \left(\frac{1.5}{49}\right)^2}$$

$$= \sqrt{0.04265 - 0.00094} = \sqrt{0.04171\ 9} = 0.204 = 0″2$$

$$\delta = \sqrt{\frac{\sum fd'^2}{N} - \left(\frac{\sum fd'}{N}\right)^2} \times i = \sqrt{\frac{209}{49} - \left(\frac{15}{49}\right)^2} \times 0.1$$

$$= \sqrt{4.265 - 0.094} \times 0.1 = \sqrt{4.171} \times 0.1 = 2.042 \times 0.1 = 0.2042$$
$$= 0″2$$

實例二：求下列身高之標準偏差

164.5.$^{(cm)}$160. 168. 172. 161.5. 162. 165. 164. 165. 160. 166.

165.5. 166.5. 166. 170. 162. 166. 168. 160. 169. 171. 170.5.

176. 174. 176. 179. 178. 178.

分組：

x(測量值)	中央值	f	d′	fd′	fd²
157~159	158	2	−4	−8	32
159~161	160	4	−3	−12	36

161~163	162	2	−2	−4	8
163~165	164	1	−1	−1	1
165~167	166（AM）	6	0	0	0
167~169	168	4	1	4	4
169~171	170	3	2	6	12
171~173	172	0	3	0	0
173~175	174	1	4	4	16
175~177	176	3	5	15	75
177~179	178	2	6	12	72

$$N=28 \qquad \sum fd'=16 \qquad \sum fd'^2=256$$

$$\delta=\sqrt{\frac{\sum fd^2}{N}-\left(\frac{\sum fd'}{N}\right)^2}\times i=\sqrt{\frac{256}{28}-\left(\frac{16}{28}\right)^2}\times 2$$

$$=\sqrt{8.81}\times 2=2.96\times 2=5.92$$

三、標準偏差的特徵

(一)標準偏差受每一數值的影響。

(二)在一個常態分配上±1δ＝68.26%，±2δ＝95.46%

(三)標準偏差數值的大小，可以了解該集團數值之偏差和集中程度，可做爲比較研究之用。

丙、T分數：

所謂T分數是以平均值爲50分，以一個標準偏差爲10分，而做爲評價各項運動成績的分數。其公式如下：

$$T=50+10x\frac{(x-\bar{x})}{\delta}$$

T分數的特徵

一、最低分數爲20分，最高分數爲80分。

二、可爲各項性質不同的運動，做比較之用。

三、有對照表可用，立卽可算出T分數。

計算實例：

(一)北師52級體育科畢業生陳生。

跳遠　5.19m.　　　壘球58m.　　　　50m.7″2

該班之 δ 0.50m.　　　　7.8m.　　　　　0″34

跳遠的 T 分數　$T = 50 + 10 \times \dfrac{5.19 - 4.56}{0.5}$

$= 59 + 12.6 = 62.6$

壘球的 T 分數　$T = 50 + 10 \times \dfrac{58 - 54.9}{7.8}$

$= 50 + 4 = 54$

50m的 T 分數　$T = 50 + 10 \times \dfrac{7″2 - 7″41}{0″34}$

$= 50 + 6.2 = 56.2$

$\left.\vphantom{\begin{array}{c}1\\2\\3\\4\\5\\6\end{array}}\right\} 57.6$

(二)北師52級體育科畢業生張生

跳遠　4.20m　　　壘球38m　　　50m　7″6

該班之 δ 0.50m　　　　7.8m　　　　　0″34

跳遠的 T 分數　$T = 50 + 10 \times \dfrac{4.20 - 4.56}{0.5}$

$= 50 - 7.2 = 42.8$

壘球的 T 分數　$T = 50 + 10 \times \dfrac{38 - 54.9}{7.8}$

$= 50 - 21.6 = 28.4$

50m的 T 分數　$T = 50 + 10 \times \dfrac{7″6 - 7″41}{0″34}$

$= 50 - 5.6 = 44.4$

$\left.\vphantom{\begin{array}{c}1\\2\\3\\4\\5\\6\end{array}}\right\} 38.5$

附　錄

介紹基本體力要素測驗與基本運動能力測驗

體育是以身體活動爲方式的教育，其最終的目的和教育相同。惟其所用的教材，施教的方式，環境的佈置與其他教育不同。爲達到教育的效果，必須選擇適當的教材，聘請學術兼優，品德高尚的教師擔任教學，並且充實教學設備和器材，改善教學環境等。但是，更重要的莫過於澈底的瞭解教學對象的身心狀態和家庭背景。體育也是一樣。體育的教學目標，旣然包括鍛鍊強健的體魄，指導運用身體的方法和能力，理應更須瞭解兒童或學生的身心狀態。如此才能選擇適當的教材，運用純熟的教學方法，以期收到良好的教學效果。

我國實施體育教學已數十載，雖有相當效果，但距離體育教學目標尚遠。尤其近年來，由於升學主義瀰滿各地，爲了補習功課，兒童很少有從事體育運動的時間，無論在體型或體力方面，均有日漸衰退的趨勢。教育部曾於民國五十一年間聘請體育專家，從事大規模的體態測量和運動能力測驗，並與美、日、硫等國的學童比較，結果我國學童在體型體力方面均不如人。這一嚴重的事實雖引起全國各界的注意，但至今尚少具體的改進辦法，以解決這一可慮的現象。但願不久的將來，能訂定切實可行的辦法，由各級學校，以及家長等密切連繫，爲學童的將來着想，國家的前途打算，脚踏實地的推行體育教育。

爲瞭解學童們的身心狀態及能力，可採用各種身體能力及心理機能的測驗方法。玆因篇幅關係，謹介紹基本體力要素測驗與基本運動能力測驗，以資參考。

一、基本體力要素測驗：跑、跳、擲、攀、爬、游泳、滾翻等爲人類的最基本運動。然而構成這些基本運動的要素，經過體育專家的分析，可分爲敏捷性（Agility）、瞬發力（Powor）、肌力（Strength）、耐力（Endwance）、柔軟性（Floxibility）和調整能力（Coordination）等六種。爲瞭解學童們基本體力要素的優劣，可以實施基本體力要素測驗，測驗項目共有敏捷性、瞬發力、

— 292 —

肌力、耐力、柔軟性等五種，（調整能力的測驗可採用美國愛渥華（大學）卜瑞氏測驗（Iowa Brace Test）。

㈠敏捷性測驗法（反覆橫跨移動跳測驗，Side step test）

(1)準備：在地面（地板）上以中線爲基準，各間隔一公尺二十的地方，在左右各畫兩條平行線。（附圖1）

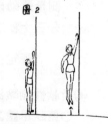

(2)方法：兩脚開立橫跨中線，聽令後即向右邊線橫跨移動跳觸至右線，然後立即向左移動跳觸至左邊線，如此繼續左右反覆橫跨移動跳二十秒鐘。每跨越或觸及左、右邊線即給一分。（右，中，左，中，如此來回即給四分）。以上述方法實施兩次，（中間男生休息十秒鐘，女生休息一分鐘），以較優的一次爲正式成績。

(3)注意事項：①以碼錶計時。②左（右）足必須超越或觸及兩側線才給分，否則不給分。③測驗時，必須由右方向開始做。

㈡彈性測驗法（垂直跳……Sargent jump）

(1)準備：將長一公尺五十，寬五十公分的測驗用厚紙或黑板懸掛在牆壁上或柱子上，並準備黑板擦、紅、藍、白粉筆等。

(2)方法：以左或右手指沾有色粉或墨水，身體與測驗紙板或黑板(可用牆壁代替)成直角，側立於牆壁邊。利用擺臂與腿的屈伸力量向上垂直跳，並以手指觸及黑板或測驗紙。然後側站於壁側舉單手（觸板手），測量垂直跳的高度。每人可試跳三次，以最高紀錄爲成績。（附圖2）

(3)注意事項：測驗前可在別的地方練習數次。

㈢肌力測驗法（背力及握力的測驗）

⊙背力測驗

(1)準備：背力測驗器。

(2)方法：兩足以間隔十五公分，站立於背力測量器踏台上，仲
　　膝兩手平握牽引柄，此時應調整拉鍊長度，使上身成三十度
　　前傾角度。然後兩手用力握住把柄，上身用力仰起牽引。惟
　　不可猛然力率以免受傷。測驗三次，以最高紀錄爲成績。

⊙握力測驗

(1)準備：使用能調節握距之握力測量器爲宜。

(2)方法：以手心頂壓握力測量器外把，以四指（拇指除外），
　　第二關節，握住內把（調節至四指之第二關節能在內把外邊
　　握壓（握力器要避免觸及身體或衣服）。左右兩手，交互測
　　驗二次，各以較高紀錄爲成績。

㈣耐力測驗法（升降台測驗……Harverd step test）

(1)準備：男子高四十公分，女子高三十五公分之平頂椅或踏台，
　　碼錶。

(2)方法：以一分鐘三十次的速度，繼續升降三分鐘。聽測驗者
　　一、二、三、四、的口令，以二秒鐘的速度上下一次。上台
　　腳應以同腳爲原則。如果疲勞可在中途變換二、三次上台腳，
　　在上台後應伸膝關節。如果無法繼續升降三分鐘，立卽紀錄
　　升降時間（以秒爲單位）。完成測驗後立卽靜坐於椅子上，
　　測量運動後一至一分三十秒；二分至二分三十秒；三分至三
　　分三十秒之間的三次脈搏次數。並以下列公式求評定指數。

$$評定指數 = \frac{踏台升降繼續時間 \times 100}{2 \times（三次測量脈搏數之總計）}$$

㈤柔軟性測驗法（俯臥舉體及直立前彎體的測驗）：

⊙俯臥舉體測驗法：

(1)準備：在地面上劃間隔四十五公分的左右平行線和木尺。

(2)成俯臥兩手背握，兩足尖放置於間隔四十五公分的左右平行
　　線上。輔助者位於被測驗者兩足間以兩膝輕按被測驗者的膝
　　蓋後面，兩手壓被測驗者的臀部。被驗者由此姿勢，收縮背
　　肌仰頭舉體。練習二、三次後正式測驗兩次，以較優記錄爲

成績。（附圖3）

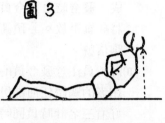

圖3

(3)丈量方法：由地面垂直丈量至
下顎的垂直高度。

⊙直立前彎體：

(1)準備：高度三十公分以上，椅
面為平坦的椅子。以椅面為零，
上二十公分・下三十公分的木尺（事先釘於椅子上）。

(2)方法：以兩足跟相拼，足尖分開五公分的姿勢直立於椅子上，
然後上體前彎兩臂順着木尺下垂（此時
兩腿不可彎屈），測量手指下垂的距離。
（附圖4）

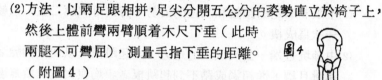

圖4

(3)注意：下垂的兩手指端在椅面上時加「
－」符號，椅面下加「＋」符號。每人
試做二次，以較優的一次為成績。

二、基本運動能力測驗

要求運動能力進步，必須從事跑、跳、擲、懸垂、爬、游泳、滑
行等基本運動的練習，促進敏捷性、瞬發力、彈性、肌力、耐力、
柔軟性等基本體力要素。下面所介紹的基本運動能力測驗，係測
驗規定項目後綜合所得的分數，做為個人的成績，以瞭解個人的
能力狀況，俾作將來努力的參考。

基本運動能力測驗項目共有五項，則六十公尺快跑，急行跳遠，
手球擲遠，引體向上或斜身引體向上，選擇項目（包括耐久跑、
游泳、滑冰滑雪等）。其測驗方法如下：

㈠六十公尺快跑：測量六十公尺直線全速度跑的時間，以 $\frac{1}{10}$ 秒做
為紀錄單位。

(1)六十公尺快跑必須在寬度一公尺二十二的跑道（分道）上舉
行。

(2)發令方法即由「各就各位」「預備」後，以紅旗為發令用具。
發令用紅旗須有長三公尺的竹桿，長寬六十公分之紅布所製

成。發令時由發令員撐桿，立於起跑線十公尺前方跑道側方，將紅旗平放。「預備」後二秒鐘將紅旗迅速豎起，以做爲起跑信號。

(3)計時員注意發令員的動作，由豎起紅旗的瞬間撥動碼錶，至跑者的軀體任何部份抵達終點時壓停碼錶，以計測成績。最好有三名計時員同時計時。

㈡急行跳遠：助跑適當距離後，以單足起跳，並丈量其跳躍距離。

(1)不限制助跑的距離和跳遠的姿勢，每人可試跳二次，以較優一次爲成績。

(2)由砂坑近端一公尺以上的地方，設起跳板，以便被測驗者有起跳目標，惟超過或踏不到起跳板者，均與丈量成績無關。

(3)丈量方法：丈量身體任何部位的最近落地點與起跳足前緣的距離。

(4)裁判員共須四名，一名裁判起跳點，一名注視落地點，二名丈量距離。

圖5

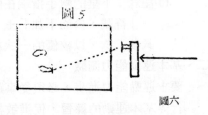

圖六

㈢手球擲遠：擲手球（使用女子用手球）並丈量投擲成績。……在我國並無手球運動，可用壘球代替。

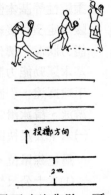

(1)限用女子用手球，其規格爲外周圍五十六公分至五十八公分，重量三七五公克至四二五公克皮製或橡皮製。

(2)試擲時應在寬度二公尺的投擲區域內完成。投擲後必須站穩，後由投擲區域的後線出來，否則試擲無效。（附圖6）

↑投擲方向

2m

(3)每人可試擲兩次，以較遠紀錄爲成績。如果兩次均失敗，可給予加試一次。如第三次均失敗，該項測驗應以零分計算。

(4)丈量方法：由落地點丈量至投擲線前緣的垂直距離投擲成績

的紀錄，以公尺爲單位。不到一公尺則四捨五入之。

㈣引體向上：分爲男子正懸垂引體向上，女子斜身懸垂屈臂引體
兩種。

㈠正懸垂引體向上：

圖7

(1)使用高單槓或橫木，由伸臂懸
垂部位屈臂引體向上，然後還
原，如此反覆運動計記引體次
數。（附圖7）

(2)方法：使用高單槓（懸垂時足尖不觸地的
高度），以肩寬正握懸垂的姿勢，屈臂引
體向上至下顎超槓爲止，然後靜伸上臂伸
肘還原，如此反覆至不能做爲止。

㈡斜身懸垂屈臂引體：

(1)使用胸（乳頸）部高度
之低單槓，反覆斜身引
體向上，並且記錄其次
數。（附圖8）

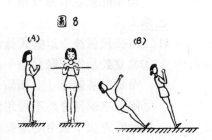

圖8

(A) (B)

(2)以肩寬度兩手正握抵單
槓成斜身懸垂。臂與身
體成九十度爲宜。

(3)斜身懸垂時頭、軀體、下肢均須挺直成直線，兩足尖併攏
向上。可由幫助者以手握壓足頸以便固定足部。

(4)由上述姿勢屈臂引體向上至胸或下顎下邊然後還原，如此
反覆引體向上。

(5)不可利用反動力量或有變樣的情形，也不可中途休息。

㈤選擇項目

甲類：

(1)一千五百公尺耐久跑（男）或一千公尺耐久跑（女）：以個
人的能力，以適當的速度跑完上述距離，並計其時間。

①以站立式起跑，聽「各就各位」「預備」口令後，視紅旗上擺而起跑。

②原則上每人應各用一隻碼錶計時，如果碼錶不足，可由一名計時員朗讀時間，另一裁判員判定到達時間。

③參加測驗者，事先應由醫生檢查身體，如有疾病者禁止參加。參加測驗者的準備運動，由各人自行先做。

(2)一千五百公尺（男）一千公尺（女）快步行走：以最快的速度走完一定的距離。行走間不可以跑或休息。

①快走時不可以兩足同時離地的時間，必須有一足接觸地面。

②發現犯規，得予警告，警告三次者取消測驗資格。

③裁判員至少由一名主任，三名裁判員所組成。裁判員應在徑賽跑道內側隨着移動觀察被測驗者之行走動作。如發現犯規以白旗指出犯規者號碼或姓名、使其注意。警告三次出示紅旗並取消資格，令其步出徑賽場。

乙類：

(1)二百公尺俯泳：以蛙式泳法，游完二百公尺並計時間。

①站立於池端，聽發令，以雙足起跳由手及頭部入水。其口令為「各就位」「預備」。發令用具可用發令槍或哨子。

②除入水或轉身外不可用潛泳方式。

③計時方法：發令時撥動碼錶，游完全程，兩手觸池端時停錶。

(2)二百公尺自由式游泳：以自由式游泳二百公尺，並計其時間。

①入水法同俯泳。

②計時方法同二百公尺俯泳，惟游完全程後以一手觸池端即可停錶。

丙類：

(1)一千五百公尺滑冰：在標準滑冰場內的滑道上，滑冰一千五百公尺，並計其時間。採用速度滑冰規則，並防止危險以實施測驗。

⑵一千公尺滑雪：在平地設滑雪道（圓形或直線），舉行千公尺平地滑雪並計其時間。滑法可任意採用巴斯堪式滑行，二步滑行，三步滑行等方法。

①被測驗者每人以三十秒間隔起滑。

②起滑時兩足（SKii）必須並齊。

③起滑口令之順序為十五秒、五秒，在三秒前發「預備」口令，起滑時以手槍或哨子發令。

④計時法：以秒為單位，秒以下卽四捨五入。

三、實施測驗時的一般注意事項：

⑴裁判員應隨時注意，被測驗者之健康狀態，如發現有異常現象，應卽令停止測驗。

⑵被測驗者的服裝以輕便舒適為原則，跑、走、跳躍等項目均不可穿用釘鞋。

⑶計測用具包括碼錶及布製皮尺。

⑷測驗項目的順序，應視設備、器材、參加人數、裁判員等條件而定。原則上可以下列順序實施之。

①六十公尺快跑②手球擲遠（壘球擲遠）③急行跳遠④引體向上⑤一千五百公尺（一千公尺）耐久跑或快步行走。游泳、滑雪、滑冰項目應另行擇日實施測驗。

⑸測驗並不須要在同一天完成所有項目，惟應盡力在短時間內完成。最好在一年之間實施數次，以了解進步情形。

⑹測驗前應集體做充分的體操和慢跑，以便調節良好的身心狀態。

四、民國五十九年六月十八日教育部修正公佈之國民小學體育實施辦法附錄二，體能測驗項目及方法。

㈠50公尺快跑

1.場地及用具：50公尺跑道兩條，跑錶兩隻。

2.方法：站立起跑，發令員發「預備」「跑」口令，同時舉臂揮下，告知計時員計時。

3.規則：

(1)每人得試跑兩次，以最佳一次爲紀錄。

(2)其他規則與田徑賽規則同。

4.紀錄：計自起跑至終點之時間爲成績。並以 $\frac{1}{10}$ 秒爲單位。

㈡立定跳遠：

1.場地及用具：沙坑、皮尺。

2.方法：雙足立於起跳線後， 兩足稍分開， 用力向前跳遠，起跳時可以擺手屈膝助勢。

3.規則：

(1)每人可試跳三次。 (2)以身體任何部份之着地點與起跳線之最短距離爲成績。

4.紀錄：以公分爲紀錄單位。

㈢600 公尺耐力跑

1.場地及用具：跑道或利用道路，跑錶兩隻。

2.方法：站立式起跑。

3.規則：每人測驗一次，以跑爲原則，跑不動者中途可用走步。

4.紀錄：計自起跑至終點之時間，以秒爲紀錄單位。

㈣屈臂懸垂：

1.場地及用具：單槓直徑爲2.8 公分，其高度以被測驗者懸體時足不觸地爲原則。

2.方法：預備時，被測驗者站在台上，雙手正握槓屈臂，使下顎高過槓上，當發「開始」口令時，即將台移去，作屈臂懸垂，直至下顎降低於單槓水平線爲止。

3.規則：(1)每人測驗一次。(2)下顎必須保持高於槓上而不與槓接觸，否則如置於槓上或低於單槓水平線，即停止計時。

4.紀錄：(1)以自開始至懸垂終了之時間爲成績。(2)以 $\frac{1}{10}$ 秒爲單位。

(五)折返跑：

1.場地及用具：平地 、 木塊（5×5×10公分）兩個一組，跑錶。

2.方法：地面畫兩條平行線，相隔10公尺，被測驗者站在起跑線後，聞動令後即跑向另一線，並將放在另一線外之木塊取回一個，輕放於起跑線外，然後再跑去取回第二個木塊，跑回起跑線時第二個木塊不必放下。

3.規則：(1)每人測驗一次。(2)第一個木塊不得拋擲。

筆者註：按國際標準體能測驗本項目測驗規定，被測驗者每人測驗二次，以較優紀錄為成績。故如果有時間，最好能測驗二次，以便與他國同年齡兒童比較。

4.紀錄：(1)以起跑後至第二個木塊取回衝刺起跑線之時間為成績。(2)以 ½ 秒為單位。

(六)仰臥起坐

1.場地及用具：墊子或草坪（草蓆）。

2.方法：預備時，被測驗者應仰臥墊上，雙腿伸直，雙足分開約60公分，五指交叉抱頭後，同時應有一人為助理員， 雙手按住被測驗者之兩足踝， 以免仰體時兩足抬起。測驗時，被測驗者自仰臥部位坐起，並轉體以右肘觸左膝後，即還原至仰臥部位為一次，再坐起轉體以左肘觸右膝後還原又為一次。如次續行30秒鐘即停止，中間不得休息。

3.規則：(1)每人測驗一次。(2)仰臥或起坐時。雙腿必須接觸地面，俟起坐後以左（右）肘觸右（左）膝時，雙腿可稍彎曲。(3)仰臥時兩肘應觸及地面。(4)如犯下列情形之一者，視為失敗不計成績。

①手離開頭後者。②仰臥起坐者，腿彎起或足抬起者。③利用雙肘下壓力量起坐者。

4.紀錄：以30秒鐘內所做的反覆次數爲成績。

備註：上述體能測驗係國際標準體能測驗的一部份，是屬於
運動成就測驗。1970年我國參加在泰國曼谷舉行之第六屆亞
洲運動會時，同時派員出席亞洲標準體能測驗委員會議，並
提出我國實施國際標準體能測驗結果以資與各國比較。今後
爲瞭解各年齡青少年的體能並與他國比較起見，實有定期實
施標準體能測驗之必要。

簡易體能測驗與健康操

　　隨着科學文明的進步，人類的社會生活愈來愈緊張複雜。爲了適應這種社會生活，愈感健康的重要性。促進健康的方法很多，但是身體運動是其中最有效的方法之一。

　　玆爲提供男女老幼促進健康之用，介紹日本東京教育大學及筑波大學教授古藤高良博士監製之簡易體能測驗與健康操做爲參考。這些體操運動簡單易行並且富情趣，不妨納入日常生活的一小部份。如是當可保持良好健康狀態。

　　　　　民國65年10月28日　　　　　譯者謹識

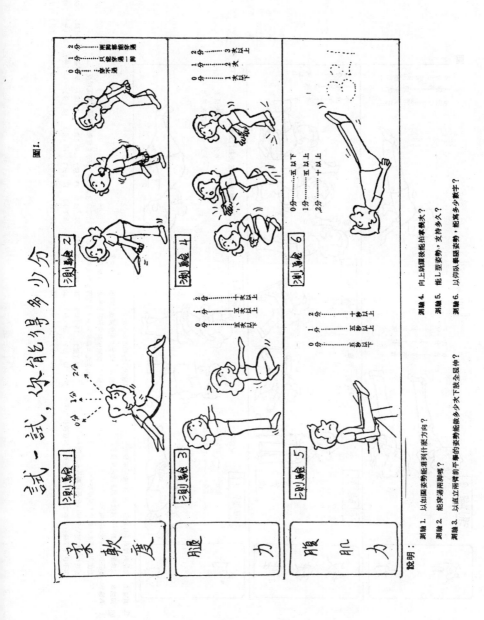

試一試，你能得多少分

圖1.

說明：

測驗 1. 以仰臥姿勢你能看到什麼方向？
測驗 2. 能穿過兩腳嗎？
測驗 3. 以直立兩臂前平舉的姿勢能做多少次下肢全屈伸？
測驗 4. 向上跳躍後能拍家幾大？
測驗 5. 他L型姿勢，支持多久？
測驗 6. 以仰臥彎腿姿勢，能寫多少數字？

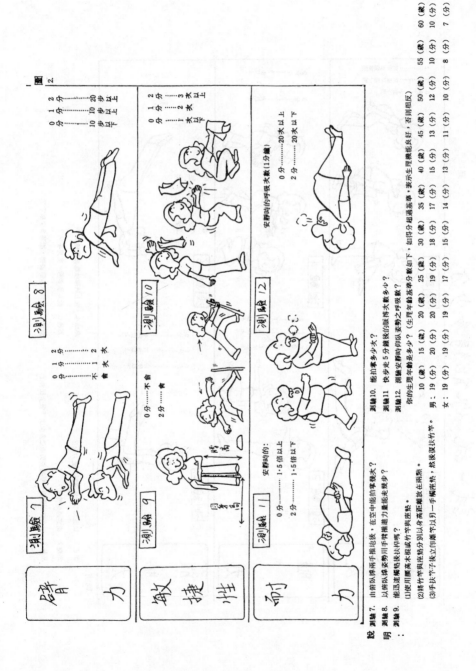

圖2.

說明：

測驗7. 由蹲踞以兩手撐地後，在空中能作撐地的次數幾大？

測驗8. 以蹲踞姿勢用手腕推進力最能走幾步？

測驗9.
(1)以使用腰背或伸腰的力量而定。
(2)將竹竿與木棍高木棍或測以身高距離隔放在兩端。
(3)手扶竹竿立即屈平以另一手獨抱胸，然後彼說狀竹竿。

測驗10. 他的脈搏多少大？

測驗11. 快步走5分鐘後的脈搏次數多少大？

測驗12. 測驗安靜時的仰臥姿勢之呼吸數？

你的生理年齡是多少？（生理年齡基準分數如下，如得分超過基準，表示生理機能良好，否則相反。）

	10（歲）	15（歲）	20（歲）	25（歲）	30（歲）	35（歲）	40（歲）	45（歲）	50（歲）	55（歲）	60（歲）
男：	19（分）	20（分）	20（分）	19（分）	18（分）	17（分）	15（分）	13（分）	12（分）	10（分）	10（分）
女：	19（分）	20（分）	19（分）	17（分）	15（分）	14（分）	13（分）	11（分）	10（分）	8（分）	7（分）

每日健身操

圖3.

運動 1

運動 2

運動 3

運動 4

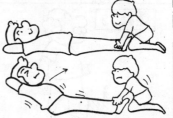

說明：

運動 1. 直立前後彎體，前後彎體各五次。

運動 2. 分腿直座上體捻轉手觸足弓，以右手觸左足弓，以左手觸右
足弓。左右各做五次。

運動 3. 左：反覆直立坐椅。坐椅時，坐在椅子前緣。
右：反覆直立蹲伸。
視個人的體力情況，自行選擇一項實施。

運動 4. 左：併腿 L 型直坐後，反覆上體後仰斜椅墊。
右：反覆仰臥起坐。

圖 4

說明： 運動5. 左：斜體推牆，由屈臂斜體部位反覆伸臂推牆運動。
　　　　 右：俯臥撐，臂屈伸。
　　　 運動6. 跳橡皮筋：高度以膝蓋以下為準，反覆做雙足左右跳運動。
　　　 運動7. 連續蹲伸跳：連續反覆(1)——(4)的動作。
　　　 運動8. 反覆登樓梯。
　　　 運動9. 快步行進：每分鐘以100——110步的速度快步行進。

圖 5

大家一齊來運動

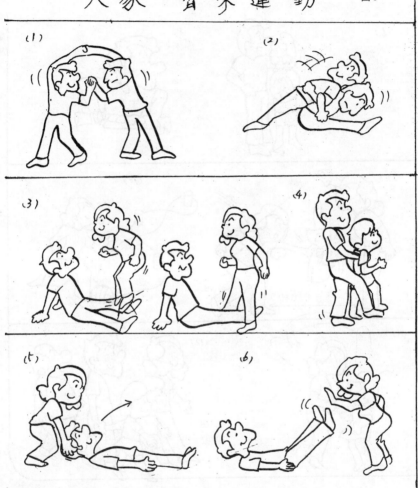

説明：　(1)　雙人牽手側彎體。

　　　　(2)　雙人互背直坐前彎體。

　　　　(3)　雙人下肢開合跳躍：1人直坐併分腿，另1人配合併分腿動作，做開合跳。可以輪流交換運動。

　　　　(4)　父子母好行進：讓孩子兩足踩在父母雙足上兩人配合向前行進。

　　　　(5)　抬銅人。

　　　　(6)　配合站立者的手部動作，仰臥者以兩足做相同動作。

━━ · 大家一齊來運動 · ━━

(7) 屈肘舉臂吊孩子。

(8) 用力反覆絞緊毛巾，反覆向左、右絞緊動作。

(9) 捉手巾或毛巾：兩人相距 1 人身高，反覆做捉毛巾動作。

(10) 蛇行盤球（力求快速）。

(11) 父子（母女）跳繩。

(12) 全家步行。

生活體操

圖 7.

(1) 起床後

(二)

(3) 刷牙時

(4) 解手後

說明：

(1) 早晨睡醒後，先伸四肢、軀幹，然後擺振四肢各關節。

(2) 下床後，做開立前後左右彎體運動。

(3) 刷牙時，順便做頸部的前後屈，左右轉，左右繞環運動。

(4) 上廁所後，做全身蹲伸運動。

(5) 穿襪衣前

(6) 穿長褲前

(7) 等公車或紅灯時

(8) 辦公中每隔1小時做

(5) 穿襪衣以前，做肩關節的前後繞環運動。

(6) 穿褲前，做足尖立，或交互屈膝舉腿運動。

(7) 等公車或紅燈時，做收腹運動。

(8) 辦公中，每隔1小時後，做頸部運動與肩部運動。

主要參考書籍

1. 部頒修訂國校課程標準
   （民國五十一年七月修訂公佈）……………教育部國民教育司
2. 國民學校體育教材及教法…………溫兆宗編著（臺北育英社）
3. 新體育原理………………………江良規　著（商務印書館）
4. 平均台運動圖解……………朱重明、鄧志寬共編（幼獅社）
5. 兒童心理學………………………黃翼編著（正中書局）
6. 小學球類運動………………宋景濤編著（臺北師專叢書）
7. 國民學校體育教材與教法…………潘源編著（國校研習會編印）
8. 小學球類遊戲及球類運動………………………………吳萬福編
9. 小學校體育指導書……………………………………日本文部省
10. 樂しい繩跳運動………………………………………相馬武美著
11. ボール遊び、ボール運動……………松譯平一著（小川書房）
12. 體育科圖說……………前川峯雄、石渡義一 共著（岩崎書店）
    　　　　　　　　　　佐藤正、畠中富久子
13. 兒童心理學…………………………山下俊郎著（光文社）
14. 體育心理學…………………………末利博著（上下）（逍遙書院）
15. 體育心理學………………………松井三雄著（體育の科學社）
16. コーチのための測定及び統計………大石三四郎著（逍遙書院）
17. 體育測定…………………………………日本東京教育大學體育
    　　　　　　　　　　　　　　　學部體育心理學研究室
18. 青年心理學………………………望月衞著（光文社）
19. 保健體育學大系(1)…………（身心のはたらき）…（中山書店）
20. 保健體育學大系(5)……………（發達と體育）…（中山書店）
21. 體育學原論………………………………前川峯雄（中山書店）
22. 體育學概論……………寺識嚴男 監修（協同出版株式會社）
    　　　　　　　　　　池上金治
23. 體育測定法………………松井三雄外二名著（體育の科學社）

24. 民國五十七年一月教育部公佈國民小學暫行課程標準
　　　　　　　　　　教育部國民教育司編（正中書局）
25. 民國六十四年八月教育部公佈國民小學課程標準
　　　　　　　　　　教育部國民教育司編（正中書局）
26. 師專輔導叢書……………………行為目標式教學設計
　　　　　夏起晉、王鴻年、柯維俊、吳元杰、吳永英合編
27. 國術教學研究……………溫兆宗編（省立臺北師範專科學校）
28. 學校體育大事典………………松田岩男等編（大修舘書店）
29. 民國五十九年六月十八日修正公佈國民小學體育實施方案

國家圖書館出版品預行編目資料

增訂重編・體育教材教法研究

吳萬福著.—初版.—臺北市：臺灣學生，1976[民 65]

面；公分

ISBN 957-15-0674-5 (平裝)

1.體育–教學法

528.92   84001834

增訂重編・體育教材教法研究 (全一冊)

著　作　者：吳　　　　萬　　　　福
出　版　者：臺　灣　學　生　書　局
發　行　人：孫　　　　善　　　　治
發　行　所：臺　灣　學　生　書　局
　　　　　　臺北市和平東路一段一九八號
　　　　　　郵 政 劃 撥 帳 號 0 0 0 2 4 6 6 8 號
　　　　　　電　話：(0 2) 2 3 6 3 4 1 5 6
　　　　　　傳　真：(0 2) 2 3 6 3 6 3 3 4
本書局登
記證字號：行政院新聞局局版北市業字第玖捌壹號
印　刷　所：宏　輝　彩　色　印　刷　公　司
　　　　　　中 和 市 永 和 路 三 六 三 巷 四 二 號
　　　　　　電　話：(0 2) 2 2 2 6 8 8 5 3

定價：平裝新臺幣二二〇元

西 元 一 九 七 六 年 七 月 增 訂 再 版
西 元 一 九 九 九 年 九 月 再 版 六 刷